[改訂版]

速読英単語

Vocabulary Building × Rapid Reading

中学版

風早 寛 著

小学復習から高校入試突破までの必須2300語

目次

まとめてチェック

はじめに

現在，日本の英語教育のあり方が大きく変わろうとしています。ごく簡単に言うと，それは**「読む」，「書く」を学習の中心とする方法から，「聴く」，「話す」の割合を増やそう**というものです。また，小学校での英語教育が始まり，**「小学生から中学生の間に（つまり高校生になる前に）およそ2200～2500語を学習する」**という方針が学習指導要領で示されています。これまで中学では1200語程度の学習だったわけですから，大幅増ですね。

今後の国際社会の情勢等を考えると，単語力を土台に上記の4技能すべてを磨いておくのが賢明です。さあ，本書をうまく利用して大いに実力をつけてください。

本書は，シリーズコンセプトである

【中学3年間での単語集に必要な内容を厳選】

- **入試問題や検定教科書などを分析し必要語彙を選定する**
- **必要かつ十分な数の熟語表現・単語の用法を掲載する**

【長期間の知識の定着に向けた工夫】

- **ワクワクし心に残るような「ストーリーの中で学習」できる**
- **英文に登場する見出し語から単語の知識を広げられる（「自分がすでに知っていること」や「興味を持っていること」に関連付けて覚えられる）**

という特長を継承しつつ，今回掲載した単語について以下の点を念頭に検討を行いました。

① どんな単語をいくつ覚えるのか

「小学生から中学生の間に（つまり高校生になる前に）およそ2200～2500語を学習する」ということは最初にお伝えしました。では，どんな英単語を学習すればよいのでしょうか。実は，その答えは明確には示されていません。

一方で欧米を中心に，CEFR（Common European Framework of Reference for Languages: Learning, teaching, assessment：外国語の学習・教授・評価のためのヨーロッパ共通参照枠）という，「その言語を使って何ができるか」を測る尺度が発表されています。その考え方は日本でも考慮されているのですが，その中で一つ一つの英単語のレベルが基本的なものから順にA1，A2，B1，B2で分類されています（CEFR-J Wordlist）。それによると，A1＋A2（約2300語）がおよそ上記の語数と一致します。

よって本書は，**その基準（レベル）を参考にして，また中学校検定教科書や高校入試問題等の分析による多くのデータに基づいて取り扱う単語2274語（派生語も含みます）を決定**しています。

②　驚くべき事実

2274語と聞いた時，「そんなに多いのか」とみなさんは驚いたでしょう。でも，実はその驚きは間違いなのです。

本書で扱う英単語は2274語ですが，実はそのうち約1100語は，「すでにみなさんが，その音と意味を十分に体得してしまっている単語」なのです。

例えば，apple, banana, bus, family, friend, calendar という英単語に関してどんなことを考えますか。「見たことも聞いたこともない難しい英単語」でしょうか。

答えは No ですよね。これらと同じように，すでになじみがある英単語（「すでに日本語になっている」と言ってもよいし，「カタカナ語」あるいは「外来語」と言われることもあります）がおよそ1100語もあるのです。それは実に本書の約48％ですよ。**つまり，みなさんにとって，「あまり聞いたことがない」英単語は残りの半分しかないのです。**2274語に比べると，かなり負担が減った感じですね。今回，負担感を少しでも軽くしてもらうために，**すでに日本語になっていると考えられる単語（いわゆる外来語あるいはカタカナ語）には，すべて【✦】マークを右上に付けておきました。ただし，日本語になっている発音と本来の発音とは異なる場合も多いので注意して学習してくださいね。**

こうした単語は，みなさんの記憶の中にしっかりと定着しているのですから，わざわざ英語長文の中で出会う必要はないかもしれません。例えば，restaurant, menu といった単語や desk, bed, sofa などの日常語は英語長文を離れて十分に学習することができますね。そのような語は，コラム「まとめてチェック」の中で扱っている場合があります。

それでは，4 技能を身につけるための具体的な学習の方法として，何をすればよいのでしょうか。その答えとして，**本書を活用して毎日の学習の中で受信・発信両方の力をつけていく**ことを提案します。それには次のような方法がいいでしょう。

⑴　まず，付属の音声を聴きます。（何度聴いてもいいですよ。）

この時，「わからない英単語」や「わからない英文法」等が出てきますね。そこが肝心です。英語の音を聴いている時には，「わからないまま」でいいのです。**ただひたすら音声を耳に残しましょう。**そして「音を尊重し，音をまねて発声」しましょう。

⑵　その音が耳に残っているうちに，英文の本文を読みましょう。できるだけ音読しましょう。遠慮しないで大きな声で何度でも音読します。この段階では日本語の意味を考えなくていいです。

(3)　さあ，いよいよ英文の意味を考えてみましょう。初めて見る英単語は，日本語の意味を見てもいいですし，その意味を推測する練習をしてもいいですね。**英文の意味を把握したら，また音読や速読を繰り返して定着させましょう。**

英語の文の意味を考える時，現在完了とか関係代名詞とか，中学 1 年生では学習しないような文法事項が（ときどきですが）登場します。その場合，本書では，「その語句の意味が理解できればそれでよい」という方針を取っています。文法事項は順次，2 年生や 3 年生になれば自ずと理解できるようになるからです。本書はあくまでも英単語集であって，英文法の本ではないので，みなさんは基本的にそのような感覚で先に進んでください。

みなさんは小学生のころから，国際語である英語を聴き，話し，読み，書くことを実行してきました。今，中学生になり，やがて高校生，大学生，社会人になっていきますが，その過程で，本シリーズを活用しながら英語力をどんどんつけていけたらいいですね。本書は，単語集でありながら，**Listening や Reading，そして発信力までも意識した内容**になっていますので，どうか安心して取り組んでください。

本書の改訂にあたり，編集部の二宮瑛子さん，浅野藍さんをはじめ，多くの方々のお世話になりました。この場をお借りしてお礼申し上げます。

風早　寛

本書の構成と効果的活用法

生きた文脈ごと単語にふれて，単語力と英語力を同時に身につける！

本書は，1レッスンが「英文＋和訳ページ」＋「単語ページ」のセットで構成されています。

英文＋和訳ページ　Repeat ▼ Input　単語解説ページ

1　英文を読む

単語ページを読む前に，英文ページをしっかり読みこみましょう。和訳を確認する時は，赤シートで全訳中の赤字を隠して，意味を推測しながら，読んでみると効果的です。

1-1 第1章（英文番号❶～❽）の場合

この章は小学英語の復習を目的とした章で，英文ページは対話文で構成されています。無理なく英文にふれられるよう，細かくStepを分けています。

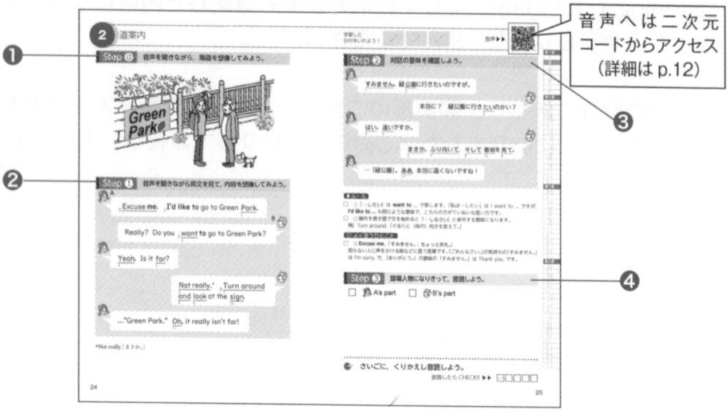

❶ **Step ⓪**：音声を聞きながらイラストを見て，場面を想像してみましょう。

❷ **Step ①**：音声を聞きながら英文を見て，内容を想像しましょう。音読もしながら音に慣れてください。

❸ **Step ②**：音としてなじんだら，対話の意味を確認しましょう。「ルール」と「よく使うひとこと」の説明も参考にしましょう。音声中では説明は読み上げていないので，Step2に取り組む際はいったん音声を止めて読みましょう。

❹ **Step ③**：各人物になりきって，音読練習をしましょう。人物ごとにロールプレイできる音声が聞けますので，ぜひ活用してみてください。一通り終えたあとも何度も音読しましょう。

1-2 第2章以降（英文番号❾～⓺⓪）の場合

第2章は中学1年生，第3章は中学2年生，第4章は中学3年生相当のレベルを意識した英文を掲載しています（学年レベルを超えていると考えられる表現が登場する場合は注釈をつけています）。未習事項がある場合は「わからないから読めない」と立ち止まらずに，注釈や和訳で意味を押さえながら読み進めてください。ルールは学校で習ってから理解できればそれでかまいません。

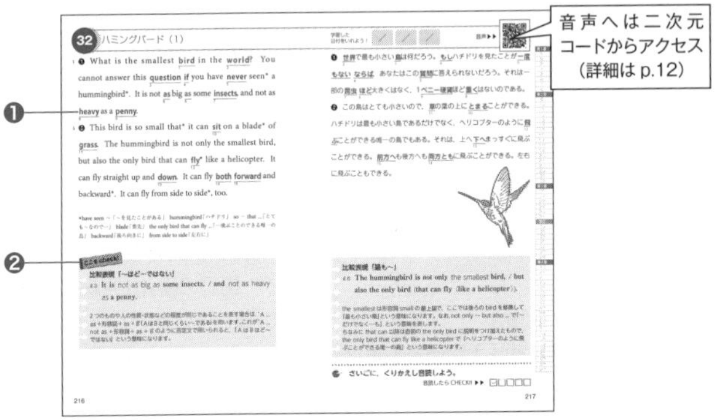

❶**赤太字**：中学段階で押さえてほしい重要語です。訳中では重要語の訳が英単語と同じ番号で示されているのですぐに確認することができます。

❷ ここをcheck!：英文に登場する文法事項や，重要熟語・構文を取り上げています。学年レベルを超える事項についても補足的に説明していることがありますが，学校で習った際に理解できればかまいません。

2　単語を覚える

英文ページの単語イメージを活かしながら，色のついた囲みの単語（＝英文で出てきた語）の意味を赤シートで隠して，確実に覚えます。この核となる語を覚えたら，次に，派生語や類義語・反意語・関連語の意味を覚えて，単語の知識を広げていきましょう。単語の定着をより確実にするために，右ページの例文もあわせて確認し，音声も活用して音読してください。

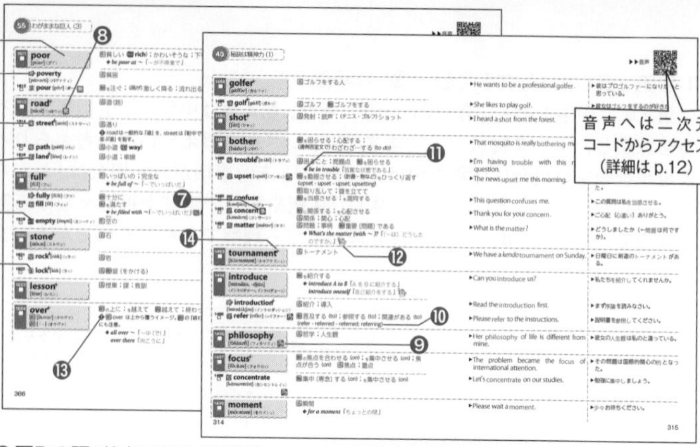

❶**囲みの語**：英文に出てくる単語
❷⇔：反意語*1
❸＝：類義語*1, *2
❹派：派生語*1
（派は派生元となる語）
❺関：関連語（単語と意味上関連する語）*1
❻注：発音やつづりなどが似ている注意語
❼多：覚えておきたい多義語
❽発：発音に注意
❾アク：アクセントに注意
❿注意を要する動詞の活用
（原形－過去形－過去分詞；...ing形の順）
※形容詞・副詞の場合は，注意を要する形容詞・副詞の変化（原級－比較級－最上級の順）
⓫◆：覚えておきたい熟語
⓬：発表や議論の際に便利な熟語
⓭❗：覚えておきたい用法
⓮✦：すでにカタカナで定着している語

＊1　上記の反意語，類義語は囲みの語に対しての分類です。一方，派生語については，囲みの語，反意語，類義語，関連語などいずれの語に対しても派生の関係である場合は派生語扱いとしています。本書では派生語アイコン以外の語を番号付きの語としています。

＊2　類義語は，必ずしも互いに代用可能というわけではありませんので注意してください。

3　単語の知識を広げる

まとめてチェック には，「数字」「乗り物」などのテーマに関する語をまとめてあります。

テーマとの関連を意識しながら，まとめて覚えてしまいましょう。

4　英文をもう1度読む

最後に，もう1度英文を読みましょう。おおよその意味はつかめているはずなので，スピードを意識して読んでみましょう。単語の記憶定着率が一層高まります。何度も音読することも効果的です。

◆本書の略号・記号，見出し語，通し番号

①品詞の略号

動：動詞　助：助動詞　名：名詞　複：複数形　形：形容詞
副：副詞　前：前置詞　接：接続詞　代：代名詞　間：間投詞
冠：冠詞

②その他

to *do*：to 不定詞　...ing：動名詞あるいは現在分詞
〔　　〕：言い換え可能　(　　)：省略可能

③見出し語

単語ページの見出し語として色のついた囲みの中で示したのは，英文中に出てくる語です。

④通し番号

派生語グループの中で1つを代表的な語（＝基本語）として位置づけて通し番号をつけました（例：music, musicalなら基本形のmusicにのみ通し番号がついています）。

この番号のついた語は，派生語グループの中で覚えるべき核となる語と考えてください※。（この通し番号は全部で約2,000語についています。）

1つの基本語を覚える際に，派生する単語も含めて一緒に覚えることができるようにしてあります。

※英文中で派生語の形で出ている場合は，基本形ではなく派生語のほうを見出し語にしている場合があります。それにともない，類義語や関連語などのひもづいている語も派生語の形のほうでひもづけて通し番号をつけていることがあります。

⑤発音記号

原則，米語の発音を中心に掲載しています。品詞や語義によって発音が異なる語で，入試において重要なものについては，複数の発音を掲載しました。　※[*r*]などのイタリック部分は省略可能です。

また，学習の便宜のためにカタカナの発音表記も記載しました。ただし，カタカナ表記は英語音を正確に表せるものではないため，あくまで参考としてください。なお，カタカナ表記中の太字は強く読む部分を表しています。（本書の発音表記は大修館書店『ベーシックジーニアス英和辞典第2版』を参考としています。）

音声コンテンツと利用法

音声へのアクセス方法

◆ストリーミングの場合

各英文番号の英文ページ，単語ページの冒頭の右上にある，二次元コードをスマートフォンで読み込んでください。❶～60の各英文番号の音声再生ページにいき，音声をストリーミング方式で再生して聞くことができます。

※英文ページの音声は，著作権の関係上，一部の英文について再生時にパスワードを求められます。以下のパスワードを入力して再生してください。

> ストリーミングのパスワード：**zkaiSokutanC●●**
> ※「●●」の部分には該当の英文番号（**01**～**60**）を半角で入れてください。
> 例）「24サンフランシスコ沖の巨大クジラ (6)」を聞きたい場合は「**zkaiSokutanC24**」

❶～60の各ページへのリンクが一覧できるページは以下です。
https://service.zkai.co.jp/books/sokutan-churdl/

◆ダウンロードの場合

上記 URL（リンクが一覧できるページ）にアクセスすると，上記ページ末尾からダウンロード用の音声を提供しているページにアクセスすることができます（PCでのアクセス推奨）。

ダウンロードページにおいても，著作権の関係上，第 2 章以降の英文はダウンロード時にパスワードを求められます。以下のパスワードを入力してください。

> ダウンロード（PC推奨）のパスワード：**zkaiSokutanCDL●●**
> ※「●●」の部分には該当の英文番号の章（**02**,**03**,**04** のいずれか）を半角で入れてください。
> ※英文番号❾～25は第 2 章，英文番号26～39は第 3 章，英文番号40～60は第 4 章です。
> 例）第 2 章をダウンロードしたい場合は「**zkaiSokutanCDL02**」

収録コンテンツ

以下の音声コンテンツを聞くことができます。

・英文音声

・単語とその語義，例文，まとめてチェックの単語とその語義

※第 1 章の英文ページの音声は，Step 0～Step3 の通しの音声が収録されています (Step2 は指示文のみ)。Step3 ではロールプレイ用に人物ごとの音声（人物 B のみの音声→人物 A のみの音声の順）が収録されています。

※単語ページの音声は，英文番号ごとに，英単語→語義（を以下，同じ英文番号内の最後まで），例文（を以下，同じ英文番号内の最後まで），まとめてチェックの英単語→語義（を以下，同じ英文番号内の最後まで），の順で収録しています。

※語義は書籍で冒頭に記載している語義のみを読み上げています。その他の意味や助詞の有無，補足事項については本書や辞書で確認してください。(まとめてチェック㊴については多義語のコラムのため複数の意味を読み上げていますが，すべて読み上げているわけではありませんので，書籍で確認してください。)

※「発音記号のまとめ」「英文を読む前に」「英文の全訳」「単語の活用・比較」「熟語とその訳」「例文の訳」「不規則動詞の例」は収録していません。
※吹き込みは米語音です。

リスニング対策

◆リスニング対策の一般的な注意点

英語のリスニングについて,「個別の単語なら聞き取れるのに,文章になると内容が聞き取れなくなる」という人も多いのではないでしょうか。英語では,まとまった語句や文を読み上げる際,個々の単語を発音する時とは異なる音に変化したり,音が消えたりする場合があります。また,話し手の感情,読み上げられる内容の重要さに応じて,読み上げる調子・声の高さが変わったり,特定の語が強く読まれたりすることもあります。

リスニングの訓練をする際には,このような英語のリズムの基本的な法則や,英文の強勢〔アクセント〕に気をつけながら,耳に英語の音をなじませましょう。

また,実際にリスニング問題に取り組む際には,

- 5W1H (When (いつ), Where (どこで), Who (誰が), What (何を), Why (どうして), How (どのように)) に注意して聞く
- こまめに話の流れや要点のメモをとる
- 場面から話の展開を予測しながら聞く

ことも重要です。

◆音声コンテンツの効果的活用法

「単語ページ」については,ネイティブ・スピーカーの音声を注意深く聞き,必ずそれに続けて,自分でも発音してみてください。その際,各単語の第一強勢〔アクセント〕がどこに置かれているのか,各発音記号はどのように発音すればよいのか,の2点に特に注意を集中してください。自分自身で発音できない単語は聞いても理解できません。発 や アク マークがついているものは発音やアクセントを特に注意したい単語ですので,重点的に音声を聞いて何度も発音してみましょう。

また,単語には日本語の意味の音声も収録されていますので,英語が読まれたあとに日本語の意味を瞬時に推測する訓練をしてみましょう。

英文・単語を学習する際,目と耳と口と手をすべて使うようにしましょう。耳に音が残っている間に,目でつづりをよく見て,口で発音しながら,手で単語を何度も書いてみてください。

もちろん,そもそも知らない単語は音で聞いても理解することができません。リスニングの対策と並行して,単語力を伸ばすことが重要です。書籍と音声を上手に併用して,単語力とリスニング力をしっかり伸ばしましょう。

発音記号のまとめ

各単語は本冊に登場しています。該当箇所の二次元コードから音声にアクセスし，発音を確認しましょう。

◆母音

[ɪ]	city [síti] 〈スィティ〉	[i]	sorry [sá:ri] 〈サリ〉
[e]	bed [béd] 〈ベド〉	[æ]	back [bǽk] 〈バク〉
[ɑ:]	father [fá:ðə*r*] 〈ファーザ〉	[ʌ]	come [kʌ́m] 〈カム〉
[ʊ]	put [pʊ́t] 〈プト〉	[ə]	about [əbáʊt] 〈アバウト〉
[i:]	see [sí:] 〈スィー〉	[ɔ:]	fall [fɔ́:l] 〈フォール〉
[u:]	cool [kú:l] 〈クール〉	[ə:*r*]	first [fə́:*r*st] 〈ファースト〉

◆二重母音

[eɪ]	take [téɪk] 〈テイク〉	[aɪ]	life [láɪf] 〈ライフ〉
[ɔɪ]	point [pɔ́ɪnt] 〈ポイント〉	[aʊ]	out [áʊt] 〈アウト〉
[oʊ]	grow [gróʊ] 〈グロウ〉	[ɪə*r*]	here [híə*r*] 〈ヒア〉
[eə*r*]	hair [héə*r*] 〈ヘア〉	[ɑ:*r*]	heart [hɑ́:*r*t] 〈ハート〉
[ɔ:*r*]	morning [mɔ́:*r*nɪŋ] 〈モーニング〉	[ʊə*r*]	tour [tʊ́ə*r*] 〈トゥア〉

◆子音

[p]	stop [stá:p] 〈スタプ〉	[b]	job [dʒá:b] 〈ヂャブ〉
[t]	table [téɪbl] 〈テイブル〉	[d]	drive [dráɪv] 〈ドライヴ〉
[k]	cut [kʌ́t] 〈カト〉	[g]	go [góʊ] 〈ゴウ〉
[f]	from [frʌ́m] 〈フラム〉	[v]	very [véri] 〈ヴェリ〉
[θ]	think [θíŋk] 〈スィンク〉	[ð]	other [ʌ́ðə*r*] 〈アザ〉
[s]	sell [sél] 〈セル〉	[z]	noise [nɔ́ɪz] 〈ノイズ〉
[ʃ]	she [ʃí:] 〈シー〉	[ʒ]	usual [jú:ʒuəl] 〈ユージュアル〉
[h]	hot [há:t] 〈ハト〉	[tʃ]	teach [tí:tʃ] 〈ティーチ〉
[dʒ]	just [dʒʌ́s*t*] 〈ヂャスト〉	[m]	move [mú:v] 〈ムーヴ〉
[n]	name [néɪm] 〈ネイム〉	[ŋ]	king [kíŋ] 〈キング〉
[l]	believe [bəlí:v] 〈ビリーヴ〉	[r]	road [róʊd] 〈ウロウド〉
[w]	well [wél] 〈ウエル〉	[j]	young [jʌ́ŋ] 〈ヤング〉

●まずおさえておこう！　基本の4単語

☐ **a(n)** [ə(ən)] 〈ア(ン)〉

冠 1つの

◆数えられる名詞の単数形の前につける。母音の前では an を用いる。

◆twice a month (1月につき2度) のように,「～につき」という意味もある。

☐ **the** [ðə] 〈ザ〉

冠 その

◆母音の前では発音が [ði] 〈ズィ〉となる。

◆前に出た名詞・状況から特定できる名詞につけられる。また，ただ1つしかないもの（sun など），最上級，序数（first など）にもつけられる。

☐ **do** [dúː] 〈ドゥー〉

動 をする

(do – did[díd]〈ディド〉– done [dʌ́n]〈ダン〉; doing)

◆3人称・単数・現在は does[dʌ́z] 〈ダズ〉 となる。

◆助動詞として一般動詞の疑問文や否定文にも使われる。

◆同じ動詞やそれを含む語句の反復を避ける場合にも使われる。
“Who said that?” “I *did*.”（「誰がそう言ったの？」「私です。」）

☐ **be** [bɪ] 〈ビ〉

動 助 be 動詞の原形

◆命令文，助動詞のあと，不定詞で用いられる。

◆主語や時制に応じて使われる形が異なる点に注意しよう。

<table>
<tr><th>原形</th><th>現在形</th><th>過去形</th><th>過去分詞</th></tr>
<tr><td rowspan="3">be</td><td>am [əm] 〈アム〉
※主語が I</td><td rowspan="2">was [wəz] 〈ワズ〉
※主語が I または
3人称・単数</td><td rowspan="3">been [bɪn] 〈ビン〉</td></tr>
<tr><td>is [ɪz] 〈イズ〉
※主語が3人称・単数</td></tr>
<tr><td>are [ər] 〈ア〉
※主語が you または複数</td><td>were [wər] 〈ワ〉
※主語が you または複数</td></tr>
</table>

●語形変化の基本ルール

◆名詞の複数形と動詞の3人称・単数・現在

単語の種類	変化のさせ方	例
ほとんどの語	-sをつける	**thing** →[複数形] **things** **live** →[3単現] **lives**
s，o[*1]，x，ch，shで終わる語	-esをつける	**bus** →[複数形] **buses** **wash** →[3単現] **washes**
〈子音字＋y〉[*2]で終わる語	yをiに変えて-esをつける	**story** →[複数形] **stories** **try** →[3単現] **tries**

＊1　piano →[複数形] pianosのように-esではなく，-sをつけるものもある。

＊2　子音字とはa，e，i，o，u以外の文字のこと。＜母音字(a，e，i，o，uの文字)＋y＞の時はそのまま-sをつける。(例) way →[複数形] ways　say →[3単現] says

◆動詞の…ing形

単語の種類	変化のさせ方	例
ほとんどの語	-ingをつける	**stand** → **standing**
eで終わる語	eをとって-ingをつける	**come** → **coming**
〈アクセントのある短母音＋子音字〉で終わる語	子音字を重ねて-ingをつける	**run** → **running**
ieで終わる語	ieをyに変えて-ingをつける	**die** → **dying**

◆動詞の過去形・過去分詞　※不規則変化の動詞については巻末で確認しよう。

単語の種類	変化のさせ方	例
ほとんどの語	-edをつける	**ask** → **asked**
eで終わる語	-dをつける	**like** → **liked**
〈子音字＋y〉[*1]で終わる語	yをiに変えて-edをつける	**study** → **studied**

＊1　＜母音字＋y＞の時はそのまま-edをつける。(例) play → played

◆形容詞・副詞の比較級・最上級

単語の種類	変化のさせ方	例
ほとんどの語	-er，-est をつける	**small → small<u>er</u>，small<u>est</u>**
e で終わる語	-r，-st をつける	**wide → wide<u>r</u>，wide<u>st</u>**
〈子音字＋ y〉で終わる語	y を i に変えて -er，-est をつける	**early → earl<u>ier</u>，earl<u>iest</u>**

◆人称代名詞

		意味	主格 （～は〔が〕）	所有格 （～の）	目的格 （～を〔に〕）	所有代名詞 （～のもの）
単数	1人称	私	**I** [áɪ]〈アイ〉	**my** [maɪ]〈マイ〉	**me** [mi]〈ミ〉	**mine** [máɪn]〈マイン〉
	2人称	あなた	**you** [júː]〈ユー〉	**your** [jʊ́ər]〈ユア〉	**you**	**yours** [jʊ́ərz]〈ユアズ〉
	3人称	彼	**he** [híː]〈ヒー〉	**his** [hɪz]〈ヒズ〉	**him** [hɪm]〈ヒム〉	**his**
		彼女	**she** [ʃíː]〈シー〉	**her** [hər]〈ハ〉	**her**	**hers** [hə́ːrz]〈ハーズ〉
		それ	**it** [ɪt]〈イト〉	**its** [ɪts]〈イッ〉	**it**	—
複数	1人称	私たち	**we** [wíː]〈ウィー〉	**our** [áʊər]〈アウア〉	**us** [əs]〈アス〉	**ours** [áʊərz]〈アウアズ〉
	2人称	あなたたち	**you**	**your**	**you**	**yours**
	3人称	彼(女)ら 〔それら〕	**they** [ðéɪ]〈ゼイ〉	**their** [ðéər]〈ゼア〉	**them** [ðəm]〈ゼム〉	**theirs** [ðéərz]〈ゼアズ〉

◆再帰代名詞（～自身）

	単数	複数
1人称	**myself** [maɪsélf]〈マイセルフ〉	**ourselves** [àʊərsélvz]〈アウアセルヴズ〉
2人称	**yourself** [jʊərsélf]〈ユアセルフ〉	**yourselves** [jʊərsélvz]〈ユアセルヴズ〉
3人称	**himself** [hɪmsélf]〈ヒムセルフ〉	**themselves** [ðəmsélvz]〈ゼムセルヴズ〉
	herself [həːrsélf]〈ハーセルフ〉	
	itself [ɪtsélf]〈イトセルフ〉	

1 ショッピング

Step 0 音声を聞きながら，場面を想像してみよう。

Step 1 音声を聞きながら英文を見て，内容を想像してみよう。

A: I'll* go[1] shopping[2]! ③Can you[3] write[4] down* this*[5] list[6] for[7] me?

B: Sure[8]!

A: "Milk,"...

B: OK..., ④**just a minute.** We need milk? Hey, wait[9]! I ①bought[10] some* yesterday.

A: Sorry[11].... I ②**was** thirsty.

*I'll ...「私は…するつもりだ」 write down ～「～を書きとめる」 this「(これから述べることを指して) 次の」 some = some milk

学習した
日付をいれよう！　／　／　／

音声▶▶

Step ② 対話の意味を確認しよう。

買い物に[2] 行く[1]ね！　僕のために[7] この〔次の〕[5]
リスト[6] を書き[4]とめてくれる[3]？

もちろん[8]！

「牛乳」，…

よし，ちょっと待って。牛乳が必要なの？　ねえ，待って[9]！
私，昨日いくらか買った[10]わよ。

ごめん[11]…。のどがかわいていたんだ。

▶ルール

□ ① **buy**「買う」— **bought**「買った」。現在と過去では単語の形が変わります。

□ ② **was** は「…でした」という意味です。今のどがかわいている場合は I am thirsty. です。

☺ よく使うひとこと

□ ③ **Can you ...?**「…してくれる？」
「あなたは…できますか。」という意味もありますが，相手に何か頼む時にも使います。

□ ④ **Just a minute.**「ちょっと待って。」
電話で「ちょっと待ってて。」と言う時にも使う表現です。

Step ③ 登場人物になりきって，音読しよう。

□  A's part　□  B's part

さいごに，くりかえし音読しよう。

音読したら CHECK!! ▶▶ ☑□□□□

1 □ **go**✦ [góʊ] 〈ゴウ〉 発

動 行く；去る（＝ **leave**）（⇔ **come**）
(go - went [wént] 〈ウェント〉 - gone [gɔ́:n] 〈ゴーン〉; going)
❗ 3人称・単数・現在はgoes。
◆ *go back*「もどる」
go ahead「先に進む；さあどうぞ」
be going to do「…するつもりだ」
go ...ing「…しに行く」
go out「出て行く；（火などが）消える」
go on (...ing)「…し続ける」

---

2 □ **shop**✦ [ʃá:p] 〈シャプ〉

名 店（＝ **store**）　動 買い物をする
❗ 過去形・過去分詞はshopped。
◆ *go shopping*「買い物に行く」

派 **shopping**✦ [ʃá:pɪŋ] 〈シャピング〉 — 名 買い物

3 □ 関 **mall**✦ [mɔ́:l] 〈モール〉 — 名 ショッピングモール

4 □ 関 **price**✦ [práɪs] 〈プライス〉 — 名 価格

5 □ 関 **rate** [réɪt] 〈ゥレイト〉 — 名 率；割合

6 □ 関 **cheap**✦ [tʃí:p] 〈チープ〉 — 形 安い（⇔ **expensive**）
❗「安い値段」はa cheap priceではなくa low priceが自然。

---

7 □ **can** [kǽn] 〈キャン〉

助 …（することが）できる；…してもよい
◆ *Can I ...?*「…してもいいですか。」

8 □ 関 **could** [kʊ́d] 〈クド〉

助 …する能力があった；…するかもしれない
❗ canの過去形。
❗ 会話ではCould I ...?（…してもよろしいですか。）やCould you ...?（…していただけませんか。）などの表現に注意しよう。これらはそれぞれ，Can I ...? やCan you ...?をさらに丁寧に表現する決まり文句。

---

9 □ **write** [ráɪt] 〈ゥライト〉

動 (を) 書く；(に) 手紙を書く (write - wrote [róʊt] 〈ゥロウト〉 - written [rítn] 〈ゥリトン〉; writing)
◆ *write down* ～「～を書きとめる」
write to ～「～に手紙を書く」

派 **writer**✦ [ráɪtər] 〈ゥライタ〉 — 名 作家；書き手

10 □ 関 **alphabet**✦ [ǽlfəbèt] 〈アルファベト〉 — 名 アルファベット

▶▶音声

▶I'm **going** to the store.	▶私は店に行くところだ。
▶We can buy it from the **shop**.	▶それは店で買える。
▶Online **shopping** is convenient.	▶オンラインでの買い物は便利だ。
▶Let's meet in the **mall** at three.	▶３時にショッピングモールで会いましょう。
▶What is the **price** of this new game?	▶この新しいゲームの値段はいくらですか。
▶The pass **rate** is only 30%.	▶合格率はたった 30 パーセントだ。
▶My new phone is a **cheap** one.	▶私の新しい電話は安物だ。
▶**Can** you help me?	▶手伝ってくれる？
▶**Could** you help me with these packages?	▶これらの荷物を運ぶのを手伝ってくださいますか。
▶Please **write** your name here.	▶ここにあなたの名前を書いてください。
▶She is my favorite **writer**.	▶彼女は私のお気に入りの作家だ。
▶'A' is the first letter of the **alphabet**.	▶「A」はアルファベットの最初の文字だ。

11 **this** [ðís]〈ズィス〉
代 これ　形 この

派 **these** [ðíːz]〈ズィーズ〉
代 これら　形 これらの
❗ this の複数形。
◆ ***these days***「近頃」

12 関 **that** [ðǽt]〈ザト〉
代 あれ　形 あの　接 …ということ

派 **those** [ðóuz]〈ゾウズ〉
代 それら　形 それらの
❗ that の複数形。
◆ ***those days***「当時」

13 **list**✦ [líst]〈リスト〉
名 一覧表；リスト

14 **for** [fɔ́ːr]〈フォー〉
前 のために；に向かって；の間

15 **sure** [ʃúər]〈シュア〉
形 確信して；確かな
副 (依頼や質問の返事で) もちろん
◆ ***make sure*** 〜「〜を確かめる」
be sure (that) ... 〔***of*** 〜〕「…ということを〔〜を〕確信している」

16 **wait** [wéit]〈ウェイト〉
動 待つ
◆ ***wait for*** 〜「〜を待つ」

派 **waiter**✦ [wéitər]〈ウェイタ〉
名 ウェイター

派 **waitress**✦ [wéitrəs]〈ウェイトレス〉
名 ウェイトレス

17 **buy** [bái]〈バイ〉
動 (に)〜を買う (⇔ **sell**)
(buy - bought [bɔ́ːt]〈ボート〉 - bought; buying)
❗「buy＋人＋もの」の語順で目的語を2つとることができる。

18 関 **trade**✦ [tréid]〈トレイド〉
名 貿易；商売　動 (を)取引する；を交換する

19 **sorry** [sɑ́ːri]〈サリ〉
形 気の毒で；すまなく思って；残念で
◆ ***be sorry (that) ...*** 〔***for*** 〜〕「…ということを〔〜を〕すまないと〔気の毒に〕思う」
be sorry to do「…してすまないと〔気の毒に〕思う」

▶Is **this** your pen?	▶これはあなたのペンですか。
▶You look busy **these** days.	▶近頃忙しそうですね。
▶What's **that**?	▶あれは何ですか。
▶I wasn't happy in **those** days.	▶当時は楽しくなかった。
▶I made a **list** for the party.	▶私はパーティーの名簿（招待客のリスト）を作った。
▶This present is **for** you.	▶このプレゼントはあなたへです。
▶Can I use the bathroom? — **Sure**.	▶トイレを使ってもいいですか。─もちろん。
▶Please **wait** here for ten minutes.	▶ 10 分程ここで待ってください。
▶I work part-time as a **waiter**.	▶私はウェイターとしてパートタイムで働いている。
▶The **waitress** took our order.	▶そのウェイトレスは私たちの注文をとった。
▶We can **buy** some drinks here.	▶ここで飲み物を買える。
▶Can you **trade** this one for that one?	▶これをそれと交換してくれる？
▶I'm **sorry** that I didn't call you.	▶電話をしなくてごめんなさい。

2 道案内

Step 0 音声を聞きながら，場面を想像してみよう。

Step 1 音声を聞きながら英文を見て，内容を想像してみよう。

A

③**Excuse me**[1]. ①**I'd like to** go to Green **Park**[2].

B

Really? Do you ①**want**[3] **to** go to Green Park?

Yeah[4]. Is it **far**[5]?

Not really[6].* ②**Turn around**[7] **and**[8] **look**[9] at the **sign**[10].

…"Green Park." **Oh**[11], it really isn't far!

*Not really.「まさか。」

学習した
日付をいれよう！　／　／　／

音声▶▶

Step ❷ 対話の意味を確認しよう。

すみません[1]。緑公園[2]に行きたいのですが。

本当に？　緑公園に行きたい[3]のかい？

はい[4]。遠い[5]ですか。

まさか[6]。ふり向いて[7]，そして[8] 看板[10]を見て[9]。

…「緑公園」。ああ[11]，本当に遠くないですね！

▶ルール

□ ①「…**したい**」は **want to** ... で表します。「私は…したい」は I want to ... ですが，**I'd like to ...** も同じような意味で，こちらの方がていねいな言い方です。

□ ② 動作を表す語で文を始めると「…**しなさい**」と命令する意味になります。
例）Turn around.「ぐるりと（体の）向きを変えて。」

☺ よく使うひとこと

□ ③ **Excuse me.**「**すみません。；ちょっと失礼。**」
知らない人に声をかける時などに言う言葉です。「ごめんなさい。」の気持ちの「すみません。」は I'm sorry. で，「ありがとう。」の意味の「すみません。」は Thank you. です。

Step ❸ 登場人物になりきって，音読しよう。

□  A's part　　□  B's part

さいごに，くりかえし音読しよう。

音読したら CHECK!! ▶▶ □□□□□

20 excuse 発
動 [ɪkskjúːz] 〈イクスキューズ〉
名 [ɪkskjúːs] 〈イクスキュース〉

動 を許す　名 言い訳
❗ 動詞と名詞で発音が異なるので注意しよう。
◆ *Excuse me, but ...*「すみませんが，…」

21 同 **pardon** [pάːrdn] 〈パードン〉　動 を許す　名 許し

22 park
[pάːrk] 〈パーク〉

名 公園　動 (を) 駐車する

派 **parking**
[pάːrkɪŋ] 〈パーキング〉　名 駐車 (場)

23 関 **bench** [béntʃ] 〈ベンチ〉　名 ベンチ

24 want
[wʌ́nt] 〈ワント〉

動 が欲しい
◆ *want to do*「…したい」
want ～ to do「～ (人) に…してもらいたい」

25 関 **avoid** [əvɔ́ɪd] 〈アヴォイド〉　動 を避ける

26 yeah
[jéə] 〈イエア〉

副 うん；はい

27 far
[fάːr] 〈ファー〉

副 遠くに；はるかに
形 遠い (far - farther - farthest / far - further - furthest)
◆ *far away*「遠く離れて」
far (away) from ～「～から遠い；決して～でない」
How far ...?「(距離・程度が) どれくらいか。」

28 not
[nάːt] 〈ナト〉

副 …でない〔しない〕
◆ *not ... any more*「もう…ない」
not A but B「A ではなく B」
not only A but (also) B「A だけでなく B も (また)」

29 turn 多
[tə́ːrn] 〈ターン〉

動 回る；を回す；(を) 曲がる；変わる；を変える
名 回転；順番
◆ *turn out ～*「～になる；～だとわかる 」
turn up「(紛失物が) 見つかる；現れる」
turn down ～「～を拒否する」
turn (a)round「回転する；向きを変える」
turn on 〔*off*〕 ～「～ (テレビなど) をつける〔消す〕」

30 関 **return** [rɪtə́ːrn] 〈ゥリターン〉　動 を返す；戻る　名 返すこと；戻ること
◆ *in return*「お返しに」

31 関 **roll** [róʊl] 〈ゥロウル〉 発　動 転がる；を転がす；を丸める

▶▶音声

▶Please **excuse** me.	▶どうぞお許しください。
▶**Pardon** me!	▶失礼！
▶We walk in the **park** every day.	▶私たちは毎日公園を歩く。
▶You can **park** your car here.	▶ここに駐車してもいいですよ。
▶No **parking**.	▶駐車禁止。
▶Let's sit on that **bench**.	▶あのベンチに座ろう。
▶Do you **want** a drink?	▶飲み物が欲しいですか。
▶My father **avoids** busy trains.	▶私の父は混んでいる電車を避ける。
▶Is this yours? — **Yeah**, thanks.	▶これはきみの？—うん，ありがとう。
▶Brazil is very **far** from here.	▶ブラジルはここからはとても遠い。
▶This soup is **not** hot.	▶このスープは熱くない。
▶**Turn around** and show me.	▶向きを変えて私に見せて。
▶Can you **return** my book to me?	▶私の本を返してくれる？
▶My dog **rolled** over on the ground.	▶私の犬は地面の上を転がった。

32 **around** [əráʊnd]〈アラウンド〉

前 の周りに；のあちこちに
副 周りに；あちこちに
◆ *all around*「そこら中に」

33 **and**✦ [ǽnd]〈アンド〉

接 ～と…；そして；(命令文の後ろで) そうすれば
◆ *～ and so on*「(物事を列挙したあとで) ～など」

34 関 **plus**✦ [plʌ́s]〈プラス〉

前 (を) 加えて　形 好ましい；プラスの

35 **look** [lʊ́k]〈ルック〉

動 見る；…に見える
❗「…に見える」の意味では，主に「look＋形容詞」の形をとる。
◆ *look at ～*「～を見る」
look down「下を見る」
look into ～「～の中をのぞく；～を調べる」
look out「外を見る；気をつける」
look up「見上げる」
look after ～「～の世話をする」
look for ～「～を探す」
look forward to ～〔*...ing*〕「～〔…すること〕を楽しみに待つ」

36 **sign**✦ 多 [sáɪn]〈サイン〉

名 標識；合図；記号　動 に署名する
❗有名人からもらう「サイン」はautograph。

派 **signal**✦ [sígnl]〈スィグヌル〉

名 信号；合図

37 **oh**✦ [óʊ]〈オウ〉

間 おお；ああ

まとめてチェック 1 色彩

38	**black**✦ [blǽk]〈ブラック〉	名 黒 (色)　形 黒い
39	**gray**✦ [gréɪ]〈グレイ〉	名 灰色　形 灰色の (＝grey (主に英))
40	**brown**✦ [bráʊn]〈ブラウン〉	名 茶色　形 茶色の
41	**red**✦ [réd]〈ゥレド〉	名 赤 (色)　形 赤い
42	**blue**✦ [blúː]〈ブルー〉	名 青 (色)　形 青い

▶I have friends **around** the world.	▶私は世界中に友人がいる。
▶Stephen **and** Sam are brothers.	▶スティーヴンとサムは兄弟だ。
▶Two **plus** three is five.	▶ 2 + 3 は 5 だ。
▶**Look** at that bird.	▶あの鳥を見なさい。
▶Please **sign** this birthday card.	▶この誕生日カードにサインをしてください。
▶Wait for the green **signal**.	▶青信号を待ちなさい。
▶**Oh**! That's great news!	▶まあ！　それはよい知らせです！

43 □	**purple** [pə́ːrpl] 〈パープル〉	名 紫色　形 紫（色）の
44 □	**pink** [píŋk] 〈ピンク〉	名 ピンク　形 ピンクの
45 □	**yellow** [jéloʊ] 〈イエロウ〉	名 黄色　形 黄色の
46 □	**green** [gríːn] 〈グリーン〉	名 緑（色）　形 緑（色）の

3 コーヒーショップ

Step 0 音声を聞きながら，場面を想像してみよう。

Step 1 音声を聞きながら英文を見て，内容を想像してみよう。

A

Hi. ①**Do you** know[1] a good[2] cafe near here[3]**?**

B

Yes[4]. ③**Why don't you** go to Mariko's Coffee Shop**?** The cake there[5] is really good.

A

That's nice[6]. Hey, wait a minute*.... Your shirt ②says[7] "Mariko's Coffee Shop!"

B

Yes, I'm Mariko. ④**Nice to** meet[8] **you.**

*wait a minute「ちょっと待って」

学習した
日付をいれよう！ ／ ／ ／

音声▶▶

Step ② 対話の意味を確認しよう。

こんにちは。この近くで[3] いい[2]カフェを知っています[1]か。

知っているわ[4]。「マリコのコーヒー店」に行ってみたら？ そこの[5]ケーキがすごくおいしいの。

それはいい[6]ですね。あれ，ちょっと待って…。あなたのシャツに「マリコのコーヒー店」って書いてある[7]！

そうです，私がマリコです。会え[8]てうれしいわ。

▶ルール

☐ ①「あなたは…しますか。」とたずねる時は **Do you ...?** で文を始めます。

☐ ② **say** は「～を言う〔話す〕」という意味ですが，言葉などが「～と書いてある」，表情などが「～を表す」という意味で使われることもあります。ここでは主語に合わせて says という形になっています。

☺ よく使うひとこと

☐ ③ **Why don't you ...?**「…したらどうですか。」
軽く提案したり，何かをすすめたりする時の表現です。

☐ ④ **Nice to meet you.**「初めまして。；会えてうれしいです。」
初めて会う人への親しみをこめたあいさつです。

Step ③ 登場人物になりきって，音読しよう。

☐ A's part ☐ B's part

さいごに，くりかえし音読しよう。

音読したら CHECK!! ▶▶ ☑☐☐☐☐

47 **know** [nóʊ]〈ノウ〉

動 (を) 知っている (know - knew [n(j)úː]〈ヌー〔ニュー〕〉 - known [nóʊn]〈ノウン〉; knowing)

❗ 動詞knowは「知っている」という状態を示すので，基本的に進行形にしない。

◆ *you know*「ねえ；…ですよね」

48 **good**✦ [gúd]〈グド〉

形 よい；上手な；楽しい (⇔ **bad**)
(good - better - best)

❗ 形容詞で「上手な」はgood，副詞で「上手に（…する）」はwell。この２つを混同しないこと。

◆ *be good at* ～「～が得意だ」

◆ *Good for you.*「えらいぞ。；よかったね。」

派 **goodness** [gúdnəs]〈グドネス〉

名 よさ；((My) Goodness! で) 何だと！

49 関 **well** [wél]〈ウエル〉 多

副 上手に；よく　形 健康な (well - better - best)
間 ええっと；ところで　名 井戸

◆ *do well*「うまくいく；成績がよい」
get well〔*better*〕「(病気から) 元気になる」
as well as ...「…と同様に；…と同じくらい上手に」

50 **near**
前 [nìər]〈ニア〉
形 副 [níər]〈ニア〉

前 の近くに　形 近い　副 近くに

51 関 **nearly** [níərli]〈ニアリ〉

副 ほとんど；もう少しで (＝ **almost**)

52 **here** [híər]〈ヒア〉

副 ここに〔で；へ〕

◆ *Here it is. / Here you are.*「はいどうぞ。；こちらです。」
here and there「あちこちに〔で〕」

53 **yes**✦ [jés]〈イエス〉

副 はい

54 **there** [ðéər]〈ゼア〉

副 そこに〔で；へ〕

◆ *There is*〔*are*〕～.「～がある〔いる〕。」

55 **nice**✦ [náɪs]〈ナイス〉

形 よい；親切な

▶▶音声

▶Do you **know** Hayato?	▶ハヤトを知っていますか。
▶That movie was **good**.	▶その映画はよかった。
▶Oh, **my goodness**!	▶ええ，何だって！
▶You play basketball **well**.	▶あなたはバスケットボールが上手ですね。
▶We have a **well** in the yard.	▶庭に井戸がある。
▶The park is **near** my house.	▶公園は私の家の近くだ。
▶I'm **nearly** finished.	▶私はほとんど終えている。
▶Please come **here**.	▶こちらへいらしてください。
▶Is your name Jim? — **Yes**.	▶あなたの名前はジムですか。一はい。
▶Your watch is **over there**.	▶あなたの時計はあそこにあります。
▶Your parents are very **nice**.	▶あなたのご両親はとても親切ですね。

56 **say** [séɪ]〈セイ〉
動 (を) 言う；(本などに) と書いてある
(say - said [séd]〈セド〉- said; saying)
❗ 3人称・単数・現在のsays [séz]〈セズ〉の発音に注意。
◆ ***they say (that)***...「…ということ〔うわさ〕だ」(≒ *I hear that* ...)

派 **saying** [séɪɪŋ]〈セイイング〉 名 ことわざ；言うこと

57 多 **express** [ɪksprés]〈イクスプレス〉 多 動 を表現する 形 急行の

派 **expression** [ɪkspréʃən]〈イクスプレション〉 名 表現；表情

58 関 **claim** [kléɪm]〈クレイム〉 動 を主張〔要求〕する 名 主張；要求

59 **meet** [míːt]〈ミート〉
動 (に) 会う；を出迎える；と知り合いになる
(meet - met [mét]〈メト〉- met; meeting)

派 **meeting** [míːtɪŋ]〈ミーティング〉 名 会議；集会

まとめてチェック 2 あいさつ

60 **hello** [helóʊ]〈ヘロウ〉 間 やあ；こんにちは；もしもし
◆ ***say hello to*** ～「～によろしく言う」

61 **hey** [héɪ]〈ヘイ〉 間 (喜び・驚き・注意などを表して) へえ；おや；まあ

62 **hi** [háɪ]〈ハイ〉 間 (あいさつに用いて) やあ；こんにちは

▶Don't **say** that again.	▶それを二度と言わないで。
▶That's a famous **saying**.	▶それは有名なことわざだ。
▶Can you **express** your opinion?	▶あなたの意見を述べてくれますか。
▶I like that **expression**.	▶私はその表現が好きだ。
▶Meg **claims** that she is right.	▶メグは自分は正しいと主張している。

▶Can you **meet** me after school?	▶放課後私と会えますか。
▶The **meeting** today ended without any problems.	▶今日の会議は無事に終わった。

63 □ **bye** ✦ [báɪ] 〈バイ〉	間 じゃあね
64 □ **greeting** [grí:tɪŋ] 〈グリーティング〉	名 あいさつ
派 **greet** [grí:t] 〈グリート〉	動 にあいさつする

4 飲食店にて

Step 0 音声を聞きながら，場面を想像してみよう。

Step 1 音声を聞きながら英文を見て，内容を想像してみよう。

A: I'd like* pork *katsu* curry.

B: Sorry, it's not on[1] the menu.

A: ①But[2] you have[3] curry and rice, right*?
What kind of*[4] curry do you have?

B: Pork ②or[5] beef.

A: ①**And** you have *tonkatsu*.... ③**Can I** have pork curry and can I have *tonkatsu* with[6] that**?**

B: ④Of course.[7] I'll bring[8] them at once*.

*I'd like ～.「～をください。」 ..., right?「…ですよね？」 What kind of ～?「どういう種類の～」 at once「すぐに」

学習した
日付をいれよう！　／　／　／

音声▶▶

Step ❷ 対話の意味を確認しよう。

ポークカツカレーをください。

申し訳ありませんが，メニューに[1]ありません。

でも[2]カレーライス**はあります**[3]よね？
どんな種類の[4]カレーがありますか。

ポークか[5]ビーフです。

そしてトンカツもある…。ポークカレーをいただいてもいいですか，そしてトンカツもそれ**と一緒に**[6]いただいてもいいですか。

もちろんです[7]。すぐにそれらを**お持ちします**[8]ね。

▶ルール

☐ ① 前の内容と反対のことや対比させることを言う時には **but**（しかし）を，前の内容を受けて「そして；それから」とつなげる時は **and** を使います。

☐ ② A **or** B は「A または B」で，どちらかを選ぶ時に使います。

☺ よく使うひとこと

☐ ③ **Can I ...?**「…してもいいですか。」
自分が何かをしてもいいか聞く時に使える表現です。

☐ ④ **Of course.**「もちろん（いいですよ）。」
頼みごとなどをされたり許可を求められた時に，喜んで引き受けたり許可したりする表現です。

Step ❸ 登場人物になりきって，音読しよう。

☐ A's part　☐ B's part

さいごに，くりかえし音読しよう。

音読したら CHECK!! ▶▶ ☑☐☐☐☐

65 □ **on** [ɑ́:n]〈アン〉

[前] の上に；～（日〔曜日〕）に；に関して

66 □ **but** [bʌ́t]〈バト〉

[接] しかし（**however**）

67 □ **have** [多] [hǽv]〈ハヴ〉

[動] を持っている；を食べる
(have - had [hǽd]〈ハド〉- had; having)
❗ 3人称・現在・単数はhasとなる。
❗「を持っている」という意味を中心に，「を経験する」「(パーティーなど) を催す」など，さまざまな意味をもつ。
◆ *have a good*〔*nice*〕*time*「楽しい時を過ごす」
have a hard〔*difficult*〕*time*「苦しい思いをする」
have to do「…しなければならない」
don't have to do「…する必要はない」

68 □ **what** [wʌ́t]〈ワト〉

[代] 何　[形] 何の〔どんな〕
◆ *What a* ～ *!*「なんと～なのでしょう！」
What about ～ *?*「(提案・誘い) ～はどうですか。；(意見を求めて) ～についてはどう思いますか。」
what to do「何を…したらよいか」

69 □ [関] **where** [wéər]〈ウェア〉

[副] どこに〔へ；で〕
◆ *where to do*「どこで〔へ〕…すべきか」

70 □ **of** [ʌ́v]〈アヴ〉

[前] の；の中の
❗ ofは「所属」や「部分」を表す。

71 □ **or** [ɔ́:r]〈オー〉

[接] または；(命令文の後ろで) さもないと；(否定語のあとで) ～でも…でもない

72 □ **with** [wíθ]〈ウィス〉, [wíð]〈ウィズ〉

[前] と一緒に；を持って；を使って

73 □ **course**✦ [kɔ́:rs]〈コース〉

[名] 進路；講座；課程
◆ *of course*「もちろん」

74 □ **process**✦ [prɑ́:ses]〈プラセス〉

[名] 過程；手順　[動] を (加工) 処理する

▶▶音声

▶Please put the book **on** the table.	▶本をテーブルの上に置いてください。
▶It's cloudy **but** warm today.	▶今日は曇っているが暖かい。
▶I **have** two tennis rackets.	▶私はテニスのラケットを２つ持っている。
▶**What** is that? ▶**Where** were you last night?	▶あれは何ですか。 ▶あなたは昨夜どこにいましたか。
▶Drawing is one **of** my hobbies.	▶絵を描くことは私の趣味の１つだ。
▶You can go there by train **or** bus.	▶そこには電車かバスで行けますよ。
▶Can I go **with** you?	▶あなたと一緒に行ってもいいですか。
▶Did you take a Spanish **course**? ▶Joining the club is a difficult **process**.	▶スペイン語の講座を取りましたか。 ▶そのクラブに加入するには手続きが大変だ。

75 **bring** [bríŋ]〈ブリング〉

動 を持って〔連れて〕くる
(bring - brought [brɔ́:t]〈ブロート〉- brought; bringing)

❗「bring＋人＋もの」の語順で目的語を2つとることができる。

◆ ***bring up*** ～「～を育てる」
bring back ～「～を持って帰る；～を返す；～を思い出させる」

76 関 **attract** [ətrǽkt]〈アトラクト〉 動（興味・人）を引きつける
派 **attractive** [ətrǽktɪv]〈アトラクティヴ〉 形 魅力的な

77 関 **charm** [tʃɑ́:rm]〈チャーム〉 名 魅力 動 を魅了する

まとめてチェック 3 食事

78 **breakfast** [brékfəst]〈ブレクファスト〉 名 朝食

79 **lunch** [lʌ́ntʃ]〈ランチ〉 名 昼食
80 関 **lunchtime** [lʌ́ntʃtàɪm]〈ランチタイム〉 名 ランチタイム

81 **meal** [mí:l]〈ミール〉 名 食事

まとめてチェック 4 レストラン／キッチン

85 **restaurant** [réstərɑ̀:nt]〈ウレストラーント〉 名 レストラン

86 **manner** [mǽnər]〈マナ〉 多 名 方法；態度；複 行儀

87 **menu** [ménju:]〈メニュー〉 名 メニュー

88 **cafe** [kæféɪ]〈キャフェイ〉 名 カフェ；喫茶店

89 **cafeteria** [kæ̀fətíəriə]〈キャフェティリア〉 名（学生食堂などの）カフェテリア

90 **chef** [ʃéf]〈シェフ〉 名 料理長；シェフ

91 **mix** [míks]〈ミクス〉 動 を混ぜる；混ざる

92 **wrap** [rǽp]〈ウラプ〉 発 動 を包む
❗過去形・過去分詞はwrapped，...ing形はwrappingとなる。つづりに注意しよう。

93 **gas** [gǽs]〈ギャス〉 名 気体；ガス
◆ ***gas station***「ガソリンスタンド」

▶I'll bring sandwiches to the picnic.

▶私はピクニックにサンドイッチを持って行くつもりだ。

▶We want to **attract** customers.

▶私たちは顧客を引きつけたい。

▶I think this building is **attractive**.

▶この建物は魅力的だと思う。

▶Your town has a lot of **charm**.

▶あなたの町にはたくさんの魅力がありますね。

82 □	**dinner**✦ [dínər]〈ディナ〉	名 夕食；(1日の主要な) 食事
83 □	**diet**✦ [dáɪət]〈ダイエト〉	名 食事；ダイエット 動 ダイエットをする
84 □	**balance**✦ [bǽləns]〈バランス〉	名 バランス；平衡

94 □	**fire**✦ [fáɪər]〈ファイア〉	名 火 (事)
95 □	**oven**✦ [ʌ́vn]〈アヴン〉 発	名 オーブン
96 □	**pan** [pǽn]〈パン〉	名 (平) なべ
97 □	**plate**✦ [pléɪt]〈プレイト〉	名 皿；(1皿分の) 料理； 板；(地球表面の) プレート
98 □	**bowl**✦ [bóʊl]〈ボウル〉	名 ボウル；はち
99 □	**pot**✦ [pá:t]〈パト〉	名 (深い) なべ；ポット
100 □	**pottery** [pá:təri]〈パタリ〉	名 陶器類
101 □	**bottle**✦ [bá:tl]〈バトル〉	名 びん
102 □	**chopstick** [tʃá:pstìk]〈チャプスティク〉	名 箸《はし》

❗通常は複数形の chopsticks として使う。

まとめてチェック 5 料理

103 **pasta** [pá:stə] 〈パーㇲタ〉 名 パスタ

104 **spaghetti** [spəgéti] 〈スパゲティ〉 名 スパゲッティ

105 **omelette** [á:mlət] 〈アムレㇳ〉 名 オムレツ (omelet もあり)

106 **hamburger** [hǽmbə̀:rgər] 〈ハンバーガ〉 名 ハンバーガー

107 **burger** [bə́:rgər] 〈バーガ〉 名 ハンバーガー (hamburger のくだけた言い方)

108 **curry** [kə́:ri] 〈カーリ〉 名 カレー

109 **pie** [páɪ] 〈パイ〉 名 パイ

110 **pizza** [pí:tsə] 〈ピーツァ〉 名 ピザ

111 **steak** [stéɪk] 〈ステイㇰ〉 名 ステーキ

112 **barbecue** [bá:rbɪkjù:] 〈バービキュー〉 名 バーベキュー

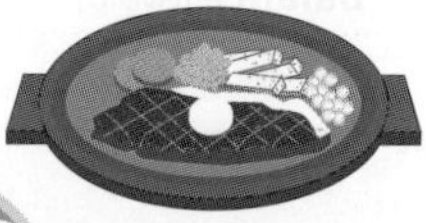

steak

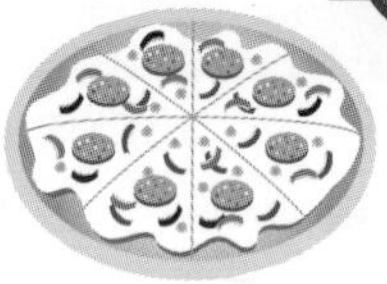

pizza

113 □ **salad** [sǽləd] 〈サラド〉　名 サラダ

114 □ **sandwich** [sǽn*d*wɪtʃ] 〈サンドウィチ〉　名 サンドイッチ

115 □ **soup** [súːp] 〈スープ〉　名 スープ

❗ 基本的には数えられない名詞として用いられる。

116 □ **sour** [sáʊə*r*] 〈サウア〉　形 酸っぱい

117 □ **spicy** [spáɪsi] 〈スパイスィ〉　形 香辛料の効いた

118 □ **hungry** [hʌ́ŋgri] 〈ハングリ〉　形 空腹の (hungry - hungrier - hungriest)

派 **hunger** [hʌ́ŋgə*r*] 〈ハンガ〉　名 飢《う》え

119 □ **greedy** [gríːdi] 〈グリーディ〉　形 食いしんぼうな；欲ばりの

5 週末の予定

Step 0 音声を聞きながら，場面を想像してみよう。

Step 1 音声を聞きながら英文を見て，内容を想像してみよう。

A: What can we do on the weekend[1]?

B: ①**Let's**[2] go on a picnic[3]. It'll be* sunny ②**on** Saturday.

A: ③**Sounds**[4] **good.** Oh, wait a minute. I have a soccer game[5] on Saturday.

B: ④**That's too bad.** Wait..., I have a soccer game, too[6].

A: That's because* we play[7] for the same[8] soccer team[9]! How about Sunday?

B: Sorry. Sure, let's do it on Sunday.

*It'll be ...「…になるだろう」 That's because ...「それは…だからだ」

学習した
日付をいれよう！　／　／　／

音声▶▶

Step ❷ 対話の意味を確認しよう。

週末[1]は何ができるかな？

ピクニック[3]に行こうよ[2]。土曜日は晴れの予定だよ。

よさそうだね[4]。あ，ちょっと待って。土曜日はサッカーの試合[5]があるよ。

それは残念。待って…，僕も[6]サッカーの試合があるよ。

同じ[8]サッカーチーム[9]でやっている[7]からね！
日曜日はどう？

ごめん。いいよ，日曜日にしよう。

▶ルール

☐ ①「…しよう」と相手を誘う時は **Let's ...** と言います。
☐ ②「○曜日に」の「～に」は **on ～** を使います。

☺ よく使うひとこと

☐ ③ **Sounds good.**「いいね。; よさそうだね。」
sound は「～に聞こえる；～に思われる」という意味です。他にも Sounds great!「とてもいいね！」, Sounds interesting.「おもしろそう。」など応用できます。主語を省略せず, That〔It〕sounds good! と言うこともあります。

☐ ④ **That's too bad.**「残念だね。; 大変だね。; 困ったね。」
相手に同情する言い方で，くだけた表現です。言い方によっては「いい気味だ」という意味になることもあるので気をつけましょう。

Step ❸ 登場人物になりきって，音読しよう。

☐ A's part　☐ B's part

さいごに，くりかえし音読しよう。

音読したら CHECK!! ▶▶ ☐☐☐☐☐

5 週末の予定

120 **weekend** [wíːkènd]〈ウィーケンド〉
名 週末

121 関 **week** [wíːk]〈ウィーク〉
名 週
❗ weak (形 弱い) とつづりは異なるが同じ発音。
◆ *once a week*「1 週間に 1 度」

派 **weekly** [wíːkli]〈ウィークリ〉
形 毎週の；週 1 回の　副 毎週

---

122 **let** [lét]〈レト〉
動 (Let's の形で) …しよう；(let A *do*) A が…するのを許す；A を…の状態にさせる
◆ *Let me see.*「(会話の途中で) ええっと。」

123 ≡ **allow** [əláu]〈アラウ〉発
動 を許す

---

124 **picnic** [píknɪk]〈ピクニク〉
名 ピクニック
◆ *go on a picnic*「ピクニックに行く」

---

125 **sound** [sáund]〈サウンド〉
動 …のように聞こえる　名 音
◆ *sound like* ～「～のように聞こえる」

126 ≡ **tone** [tóun]〈トウン〉
名 口調；(声の) 調子

127 関 **audio** [ɔ́ːdiòu]〈オーディオウ〉
名 形 音 (の)；音響 (の)

128 関 **audience** [ɔ́ːdiəns]〈オーディエンス〉
名 観客；聴衆 (関 **guest**)

---

129 **game** [géɪm]〈ゲイム〉
名 ゲーム；試合

130 ≡ **match** [mǽtʃ]〈マチ〉
名 試合；マッチ (棒)　動 (と) 合う〔調和する〕

131 ≡ **contest** [kɑ́ːntest]〈カンテスト〉
名 コンテスト；競争

---

132 **too** [túː]〈トゥー〉
副 もまた；あまりに…すぎる
◆ *too* ～ *(for A) to do*「～すぎて (A は) …できない」

---

133 **play** [pléɪ]〈プレイ〉
動 遊ぶ；(スポーツ) をする；(楽器) を演奏する
名 遊び；劇

派 **player** [pléɪər]〈プレイア〉
名 選手；演奏者

134 関 **playground** [pléɪgràund]〈プレイグラウンド〉
名 (学校の) 運動場；遊び場

135 注 **pray** [préɪ]〈プレイ〉
動 祈る

▶▶音声

▶My father plays golf every **weekend**.	▶父は毎週末ゴルフをする。
▶Are you busy this **week**?	▶今週は忙しいですか。
▶Ann reads **weekly** magazines.	▶アンは週刊誌を読む。
▶**Let's** go shopping.	▶買い物に行きましょう。
▶Please **allow** me to go out.	▶私に外出させてください。
▶They went on a **picnic** together.	▶彼らは一緒にピクニックに行った。
▶That **sounds** interesting.	▶それはおもしろそうですね。
▶She was speaking in a sad **tone**.	▶彼女は悲しい調子で話していた。
▶You can play **audio** CDs on my computer.	▶私のパソコンで音声 CD を再生していいですよ。
▶The **audience** cheered loudly.	▶聴衆は大きな歓声をあげた。
▶I like playing online **games**.	▶私はオンラインゲームをするのが好きだ。
▶Do you have a tennis **match** today?	▶あなたは今日テニスの試合をしますか。
▶The hat **matches** your skirt.	▶帽子がスカートに合っているね。
▶We will have a dance **contest** on Sunday.	▶日曜日にダンスコンテストがある予定だ。
▶Do you like *sushi*, **too**?	▶あなたも寿司が好きですか。
▶It's **too** hot today.	▶今日は暑すぎる。
▶I **play** baseball well.	▶私は野球をするのが得意だ。
▶Who is your favorite soccer **player**?	▶あなたのお気に入りのサッカー選手は誰ですか。
▶We have a **playground** near my house.	▶私の家の近くに遊び場がある。
▶He **prays** every morning.	▶彼は毎朝祈る。

5 週末の予定

136 □ **same** [séɪm] 〈セイム〉

形 (通例the) 同じ (⇔ **different**)
代 (the) 同じもの〔こと〕
◆ *at the same time*「同時に」
the same A as B「Bと同じA」

137 □ 関 **similar** [símələr] 〈スィミラ〉 形 似ている (to)

138 □ **team** [tíːm] 〈ティーム〉

名 チーム

139 □ 関 **teammate** [tíːmmèɪt] 〈ティームメイト〉

名 チームメイト

まとめてチェック 6 曜日

140 □ **Sunday** [sʌ́ndeɪ] 〈サンデイ〉 名 日曜日

141 □ **Monday** [mʌ́ndeɪ] 〈マンデイ〉 名 月曜日

142 □ **Tuesday** [túːzdeɪ, tjúːz-] 〈トゥーズデイ, テューズデイ〉 名 火曜日

143 □ **Wednesday** [wénzdeɪ] 〈ウェンズデイ〉 発 名 水曜日

144 □ **Thursday** [θə́ːrzdeɪ] 〈サーズデイ〉 名 木曜日

まとめてチェック 7 月日

149 □ **January** [dʒǽnjuèri] 〈ヂャニュエリ〉 名 1月

150 □ **February** [fébjuèri] 〈フェビュエリ〉 名 2月

151 □ **March** [máːrtʃ] 〈マーチ〉 名 3月

152 □ **April** [éɪprəl] 〈エイプリル〉 名 4月

153 □ **May** [méɪ] 〈メイ〉 名 5月

154 □ **June** [dʒúːn] 〈ヂューン〉 名 6月

155 □ **July** [dʒuláɪ] 〈ヂュライ〉 名 7月

156 □ **August** [ɔ́ːgəst] 〈オーガスト〉 名 8月

▶This is the **same** answer as Riko's.	▶これはリコと同じ答えだ。
▶Your bag is **similar** to mine.	▶あなたのバッグは私のものと似ています。
▶I'm on the *kendo* **team**.	▶私は剣道チームの一員だ。
▶I practiced hard with my **teammates**.	▶私はチームメイトと共に一生懸命練習した。

145 **Friday** [fráɪdeɪ] 〈フライデイ〉 名 金曜日

146 **Saturday** [sǽtərdeɪ] 〈サタデイ〉 名 土曜日

147 **holiday**✦ [hɑ́:lədèɪ] 〈ハリデイ〉 名 休日

148 **vacation**✦ [veɪkéɪʃən] 〈ヴェイケイション〉 名 休暇

❗一般的に長い休暇について述べる時はholidayではなくvacationを使う。

157 **September** [septémbər] 〈セッテンバ〉 名 9月

158 **October** [ɑ:któʊbər] 〈アクトウバ〉 名 10月

159 **November** [noʊvémbər] 〈ノウヴェンバ〉 名 11月

160 **December** [dɪsémbər] 〈ディセンバ〉 名 12月

161 **calendar**✦ [kǽləndər] 〈キャレンダ〉 アク 名 カレンダー

162 **schedule**✦ [skédʒu:l] 〈スケチュール〉 名 予定（表）

163 **date**✦ [déɪt] 〈デイト〉 名 日付；デート

6 放課後

Step 0　音声を聞きながら，場面を想像してみよう。

Step 1　音声を聞きながら英文を見て，内容を想像してみよう。

A

①**A lot of** homework[1]!　②**How about**[2] going to your house[3] after school[4]? Let's study[5] together!

B

That sounds good, but my father[6] is cooking* dinner tonight[7].　He's making* his famous[8] pasta.

A

③**I know.**　I love[9] your dad[10]'s pasta.

B

④Remember[11], we have a lot of homework!

A

OK[12], let's study after dinner!

*is cooking〔making〕～「～を作ることになっている」(ここでは確定した予定を表している)

学習した
日付をいれよう！　／　／　／

音声▶▶

Step ❷ 対話の意味を確認しよう。

宿題[1]がたくさん！　放課後[4]あなたの家[3]に行くのはどう[2]？　一緒に勉強し[5]ようよ！

いいね，でも今晩は[7] 父[6]が夕飯を作ることになっているんだ。有名な[8]パスタを作ることになっているんだ。

そうよね。私はあなたのパパ[10]のパスタが大好きなの[9]。

いいかい[11]，たくさん宿題があるんだよ！

大丈夫[12]，夕食後に勉強しようね！

▶ルール

□ ① **a lot of ～**「たくさんの～」
例）a lot of books「たくさんの本」

☺ よく使うひとこと

□ ② **How about (...ing)?** は「(…するのは) どうですか。」と提案したり誘ったりする時に使います。

□ ③ **I know.**「そうだね。; わかるよ。」
相手に同意したり共感したりする時に打つあいづちです。いい考えを思いついた時に「いい考えがある」のような意味で使われることもあります。

□ ④ **remember** は「～を覚えている ; ～を思い出す」。Remember, と呼びかけるように使う時は「いいですか ; 念のために言っておくけれど」のような意味になります。

Step ❸ 登場人物になりきって，音読しよう。

□ A's part　□ B's part

さいごに，くりかえし音読しよう。

音読したら CHECK!! ▶▶ □□□□□

6 放課後

164 homework [hóʊmwə̀ːrk] 〈ホウムワーク〉

名 宿題

❗ 数えられない名詞として用いられる。

◆ *do one's homework*「宿題をする」

165 how [háʊ] 〈ハウ〉

副 どのようにして；どれほど；どんな具合で

❗「How＋形容詞〔副詞〕（＋S V）！」で「（〜は）なんて…だろう！」という驚きを表す感嘆文になる。

◆ *How are you?*「お元気ですか。」
How do you like 〜?「（好み・感想をたずねて）〜をどう思いますか。」
how to do「…の仕方」

166 about
前 [əbàʊt] 〈アバウト〉
副 [əbáʊt] 〈アバウト〉

前 について　副 およそ

◆ *be about to do*「まさに…しようとしている」
How about 〜?「（提案や誘いで）〜はどうですか。」

167 house [háʊs] 〈ハウス〉

名 家

❗ 複数形houses [háʊzɪz] 〈ハウズィズ〉の発音に注意。

168 after [ǽftər] 〈アフタ〉

前 のあとに　接 …したあとで（⇔ **before**）

◆ *after all*「結局」
soon after ...「…のあとすぐに」

169 school [skúːl] 〈スクール〉

名 学校

◆ *after school*「放課後に」
at school「学校で」
go to school「学校へ行く」

170 ≒ **college** [kɑ́ːlɪdʒ] 〈カレヂ〉　名（単科）大学

171 関 **club** [klʌ́b] 〈クラブ〉　名 クラブ

172 study [stʌ́di] 〈スタディ〉

名 勉強；研究　動（を）勉強する；（を）研究する

❗ 3人称・単数・現在はstudies，過去形・過去分詞はstudiedとなる。

◆ *study abroad*「留学する」

173 関 **student** [stúːdnt, stjúː-] 〈ストゥードント，ステュードント〉　名 学生；生徒

174 関 **pupil** [pjúːpl] 〈ピュープル〉　名 生徒；弟子

▶▶音声

▶Do you have any **homework** tonight?	▶今晩は何か宿題がありますか。
▶**How** big is it?	▶それはどのくらい大きいのですか。
▶You know a lot **about** Japan.	▶あなたは日本についてたくさん知っていますね。
▶Hiro is **about** 165 cm tall.	▶ヒロの身長は約 165 センチメートルだ。
▶This **house** has four bedrooms.	▶この家には寝室が 4 つある。
▶Can we go to the library **after school**?	▶私たちは放課後図書館に行けますか。
▶Do you go to **school** here?	▶ここの学校に通っているの？
▶My sister is a **college** student.	▶私の姉〔妹〕は大学生だ。
▶Join our **club**!	▶私たちのクラブに参加して！
▶I **study** two hours a day.	▶私は 1 日 2 時間勉強する。
▶This song is popular with the **students**.	▶この歌は学生に人気がある。
▶Our school has over one thousand **pupils**.	▶私たちの学校には 1,000 を超える生徒がいる。

175 **father** [fáːðər] 〈ファーザ〉
[名] 父（親）

176 [関] **parent** [péərənt] 〈ペアレント〉
[名] 親；[複] 両親

177 [関] **grandparent** [grǽnpèərənt] 〈グランペアレント〉
[名] 祖父；祖母；[複] 祖父母

178 [関] **grandfather** [grǽnfàːðər] 〈グランファーザ〉
[名] 祖父

179 [関] **grandpa** [grǽnpàː] 〈グランパー〉
[名] おじいちゃん（grandfatherよりもくだけた言い方）

180 [関] **grandchild** [grǽntʃàɪld] 〈グランチャイルド〉
[名] 孫

181 [関] **grandson** [grǽnsʌ̀n] 〈グランサン〉
[名] 孫息子

182 [関] **granddaughter** [grǽndɔ̀ːtər] 〈グランドータ〉
[名] 孫娘

183 [関] **ancestor** [ǽnsestər] 〈アンセスタ〉
[名] 先祖

184 **tonight** [tənáɪt] 〈トゥナイト〉
[副] 今晩（は）　[名] 今晩

185 [関] **night** [náɪt] 〈ナイト〉
[名] 夜
◆ *all night (long)*「一晩中」　*at night*「夜に」

186 [関] **midnight** [mídnàɪt] 〈ミドナイト〉
[名] 午前0時

187 **famous** [féɪməs] 〈フェイマス〉
[形] 有名な
◆ *be famous for* 〜「〜で有名だ」

188 **love** [lʌ́v] 〈ラヴ〉
[動] を愛している　[名] 愛
❗ 動詞loveは「愛している」という状態を示すので，基本的に進行形にしない。

[派] **lovely** [lʌ́vli] 〈ラヴリ〉
[形] かわいらしい

189 [⇔] **hate** [héɪt] 〈ヘイト〉
[動] を嫌う

190 [関] **hug** [hʌ́g] 〈ハグ〉
[動] を抱きしめる　[名] 抱きしめること

191 **dad** [dǽd] 〈ダド〉
[名] お父さん；パパ（fatherよりもくだけた言い方）

192 [≒] **daddy** [dǽdi] 〈ダディ〉
[名] パパ（dadよりも親しみをこめた言い方）

▶My **father** came home early today.	▶今日，父は早く家に帰って来た。
▶Are these your **parents**?	▶この方々があなたのご両親ですか。
▶Where do your **grandparents** live?	▶あなたのおじいさんとおばあさんはどこに住んでいますか。
▶My **grandfather** can play tennis.	▶私の祖父はテニスができる。
▶How old are you, **Grandpa**?	▶何歳なの，おじいちゃん？
▶She has nine **grandchildren**.	▶彼女には９人の孫がいる。
▶Our **grandson** is visiting today.	▶私たちの孫息子が今日訪ねてくる。
▶They love their **granddaughter**.	▶彼らは孫娘を愛している。
▶An **ancestor** of mine died in the war.	▶私の先祖は戦争で亡くなった。

▶I want pasta for dinner **tonight**.	▶今晩は夕食にパスタが食べたい。
▶I played video games all **night**.	▶私は一晩中テレビゲームをした。
▶We will arrive at **midnight**.	▶私たちは午前0時に着くでしょう。

▶Is she a **famous** writer?	▶彼女は有名な作家ですか。

▶I **love** my pets.	▶私は自分のペットを愛している。
▶That's a **lovely** sweater.	▶あれはかわいいセーターだ。
▶I **hate** this subject.	▶私はこの科目が嫌いだ。
▶Please **hug** me.	▶私を抱きしめてください。

▶My **dad** is working today.	▶私のお父さんは今日働いている。
▶**Daddy**, please look at my picture!	▶パパ，私の絵を見て！

193 **remember** [rɪmémbər] 〈ゥリメンバ〉

動 (を) 覚えている；(を) 思い出す
◆ ***remember me to*** ～「～によろしくと伝える」
remember ...ing「…したことを覚えている」

194 動 **memorize** [méməràɪz] 〈メマライズ〉

動 を記憶する

派 **memory**✦ [méməri] 〈メマリ〉

名 記憶 (力)；思い出 (複 memories)

195 **OK**✦ [óʊkéɪ] 〈オウケイ〉

形 よろしい；大丈夫な；まあまあの　副 うまく

まとめてチェック 8 家具・日用品

196 **furniture** [fə́ːrnɪtʃər] 〈ファーニチャ〉　名 家具

197 **desk**✦ [désk] 〈デスク〉　名 机

198 **chair**✦ [tʃéər] 〈チェア〉　名 いす

199 **sofa**✦ [sóʊfə] 〈ソウファ〉 発　名 ソファー

200 **bed**✦ [béd] 〈ベド〉　名 ベッド
◆ ***go to bed***「寝る」

201 **stove**✦ [stóʊv] 〈ストウヴ〉　名 ストーブ；(主に《米》) レンジ

202 **lamp**✦ [lǽmp] 〈ランプ〉　名 ランプ

203 **curtain**✦ [kə́ːrtn] 〈カートン〉　名 カーテン

204 **blanket**✦ [blǽŋket] 〈ブランケト〉　名 毛布

205 **towel**✦ [táʊəl] 〈タウエル〉　名 タオル

206 **shower**✦ [ʃáʊər] 〈シャウア〉　名 シャワー

207 **soap**✦ [sóʊp] 〈ソウプ〉　名 せっけん

208 **shampoo**✦ [ʃæmpúː] 〈シャンプー〉　名 シャンプー

▶Do you **remember** our trip?	▶私たちの旅行を覚えていますか。
▶Can you **memorize** these words?	▶これらの単語を記憶できますか。
▶I don't have a good **memory**.	▶私は記憶力がよくない。
▶This pasta is **OK**.	▶このパスタはまあまあよい。

209 □ **brush** [brʌ́ʃ] 〈ブラシュ〉	名 ブラシ
210 □ **bucket** [bʌ́kət] 〈バケト〉	名 バケツ
211 □ **clock** [klɑ́:k] 〈クラク〉	名 時計
212 □ 関 **o'clock** [əklɑ́:k] 〈オクラク〉	副 〜時
213 □ **alarm clock** [əlɑ́:rm klɑ́:k] 〈アラーム クラク〉	名 目覚まし時計
214 □ 関 **alarm** [əlɑ́:rm] 〈アラーム〉	名 恐れ；警報；目覚まし時計 動 を驚かせる
215 □ **iron** [áɪərn] 〈アイアン〉 発	名 アイロン；鉄
216 □ **camera** [kǽmərə] 〈キャマラ〉	名 カメラ
217 □ **toy** [tɔ́ɪ] 〈トイ〉	名 おもちゃ
218 □ **doll** [dɑ́:l] 〈ダル〉	名 人形
219 □ **card** [kɑ́:rd] 〈カード〉	名 カード；トランプ
220 □ **album** [ǽlbəm] 〈アルバム〉	名 アルバム

7 映画のあと

Step 0 音声を聞きながら，場面を想像してみよう。

Step 1 音声を聞きながら英文を見て，内容を想像してみよう。

A: ①**What did you think about** the movie[1]?

B: It was a little bit[2] long[3].

A: ②Really[4]? ③**I didn't think so.** I loved it.

B: But you were sleeping* in the middle[5] of the movie!

A: Yes, but I liked[6] the ending[7]. That was my favorite[8] bit*. Let's get Part I from[9] the DVD store[10] tomorrow[11].

B: Sure! But ④no[12] **sleeping,** okay?

*were sleeping「眠っていた」 bit「一場面」

学習した
日付をいれよう！　／　／　／

音声▶▶

Step ② 対話の意味を確認しよう。

映画[1]についてどう思った？

ちょっと[2] 長かった[3]ね。

ほんと[4]？　私はそうは思わなかったけれど。私は大好きだったわ。

でも映画の途中で[5]寝ていたじゃないか！

ええ，でも結末[7] は好きだった[6]わ。気に入った[8]場面よ。
明日[11]DVD の店[10] から[9]パート 1 を手に入れましょう。

もちろん！　でも居眠り禁止[12]だよ，いいかい？

☺ よくつかうひとこと

□ ① **What did you think about ～?**「～についてどう思った？」は，感想や意見を聞く時によく使われる表現です。

□ ② **Really?**「ほんと？；え？」
相手の言うことが信じられない時，驚いた時などに使います。

□ ③ **I didn't think so.**「私はそう思わなかった。」は相手の意見に賛成しない時に言う言葉です。現在の時の場面では I don't think so.（そうは思いません。），同意する時は I think so.（そう思います。）が使えます。

□ ④ **no sleeping**「居眠り禁止」
no ...ing や no ＋名詞は掲示でよく見られる表現です。例）No parking「駐車禁止」

Step ③ 登場人物になりきって，音読しよう。

□ A's part　□ B's part

さいごに，くりかえし音読しよう。

音読したら CHECK!! ▶▶ ☑□□□□

第1章 1 2 3 4 5 6 7 8
第2章 9 10 11 12 13 14 15 16 17 18 19 20 21 22 23 24 25
第3章 26 27 28 29 30 31 32 33 34 35 36 37 38 39
第4章 40 41 42 43 44 45 46 47 48 49 50 51 52 53 54 55 56 57 58 59 60

7 映画のあと

221 □ **movie**✦ [mú:vi] 〈ムーヴィ〉
名 映画
◆ *go to the* 〔*a*〕 *movie* 「映画を見に行く」

222 □ **bit** [bít] 〈ビト〉
名 (a ～) 少し；(映画などの) 一場面；ビット (情報量の単位)

223 □ **long**✦ [lɔ́:ŋ] 〈ローング〉
形 長い　副 長い間
◆ *as long as ...* 「…するかぎり (接続詞)」
How long ...? 「…の長さはどれくらいか。」
no longer 〔*not ... any longer*〕 「もはや…でない」

派 **length** [léŋkθ] 〈レンクス〉 名 長さ
224 □ ⇔ **short**✦ [ʃɔ́:rt] 〈ショート〉 形 短い；背が低い

225 □ **really** [rí:li] 〈ゥリーリ〉
副 本当に；実際は

派 **real**✦ [rí:əl] 〈ゥリーアル〉 形 本当の；現実の
派 **realize** [rí:əlàɪz] 〈ゥリーアライズ〉 動 を認識する；を実現する
226 □ ≒ **indeed** [ɪndí:d] 〈インディード〉 副 本当に；実際は；実に

227 □ **in** [ín] 〈イン〉
前 の中に〔で〕；(時間が) ～たって；を使って
副 中で〔へ〕
❗ 場所や時の他に，手段・材料を表す際にも使われる。

228 □ **middle**✦ [mídl] 〈ミドル〉
名 真ん中
◆ *in the middle of* ～ 「～の真ん中に」

229 □ ≒ **center**✦ [séntər] 〈センタ〉 名 中心
230 □ 関 **capital** [kǽpətl] 〈キャピトル〉 名 首都 (= capital city)；資本 (金)；大文字
形 大文字の；主要な；資本の
231 □ 関 **local**✦ [lóʊkl] 〈ロウクル〉 形 地元の；地方の

232 □ **like** [láɪk] 〈ライク〉
動 (を) 好む　前 のような〔に〕
◆ *Would you like* ～ *?* 「～はいかがですか。」
if you like 「もしよろしければ」
look like ～ 「～に似ている」

233 □ **ending**✦ [éndɪŋ] 〈エンディング〉
名 最終部分；結末

234 □ 関 **end**✦ [énd] 〈エンド〉 多
名 終わり；目的　動 を終える；終わる
◆ *at the end of* ～ 「～の終わりに」
in the end 「結局」

▶▶音声

▶My sister plays a waitress in the **movie**.	▶姉〔妹〕はその映画にウェイトレス役で出る。
▶It's a **bit** cold today.	▶今日は少し寒いですね。
▶How **long** is this track?	▶この道はどのくらいの長さですか。
▶The rope is 10 meters in **length**.	▶そのロープの長さは 10 メートルだ。
▶Let's take a **short** break.	▶短い休憩をとりましょう。
▶It was **really** hot today.	▶今日は本当に暑かった。
▶This is a **real** diamond.	▶これは本物のダイヤモンドだ。
▶I didn't **realize** you were there.	▶あなたがそこにいたのに気づきませんでした。
▶This is **indeed** a surprise.	▶これは実に驚きだ。
▶The ball went **in** the goal.	▶ボールはゴールに入っていった。
▶He arrived in the **middle** of the meeting.	▶彼は会議の最中に到着した。
▶The station is in the **center** of town.	▶駅は町の中心にある。
▶The **capital** of Japan is Tokyo.	▶日本の首都は東京だ。
▶Please write your name in **capitals**.	▶名前を大文字で書いてください。
▶The **local** festival is very interesting.	▶その地方の祭りはとてもおもしろい。
▶I **like** this singer.	▶私はこの歌手が好きだ。
▶What is she **like**?	▶彼女はどんな様子？
▶The movie has a sad **ending**.	▶その映画は悲しい結末で終わる。
▶This is the **end** of the street.	▶これが通りの終わりだ。

235 **favorite** [féɪvərət] 〈フェイヴァリト〉
形 お気に入りの　名 大好きなもの

派 **favor** [féɪvər] 〈フェイヴァ〉
動 を支持する　名 親切な行為；支持

236 **from** [frʌ́m] 〈フラム〉
前 から

237 **store** 多 [stɔ́ːr] 〈ストー〉
名 店（＝ **shop**）　動 を蓄える

238 関 **sell** [sél] 〈セル〉
動 を売る；売れる（⇔ **buy**）
(sell - sold [sóʊld] 〈ソウルド〉 - sold; selling)

派 **sale** [séɪl] 〈セイル〉
名 販売；特売

239 **tomorrow** [təmɑ́ːroʊ] 〈トマロウ〉
副 明日（は）　名 明日

240 ＝ **future** [fjúːtʃər] 〈フューチャ〉
名 未来
◆ *in the future*「将来は」

241 関 **yesterday** [jéstərdeɪ] 〈イエスタデイ〉
副 昨日（は）　名 昨日

242 関 **past** [pǽst] 〈パスト〉
形 過去の　名 過去　前 を過ぎて

243 **no** [nóʊ] 〈ノウ〉
形（名詞の前に用いて）少しの…もない

▶Which flavor is your **favorite**?	▶どちらの風味がお気に入りですか。
▶Can you do me a **favor**?	▶お願いがあるのですが。(←私に1つ親切をしてくれますか。)
▶I got this **from** my mother.	▶私はこれを母からもらった。
▶The **store** opens at ten.	▶その店は 10 時に開店する。
▶I **sold** my old games.	▶私は古いゲームを売った。
▶Not For **Sale**	▶【掲示】非売品
▶How about going to the zoo **tomorrow**?	▶明日動物園へ行くのはどうですか。
▶No one can know the **future**.	▶誰にも未来はわからない。
▶What did you do **yesterday**?	▶昨日は何をしましたか。
▶Your problems are all in the **past**.	▶あなたの問題はすべて過去のことだ。
▶I have **no** time today.	▶今日は時間がない。

8 数学の宿題

Step 0　音声を聞きながら，場面を想像してみよう。

Step 1　音声を聞きながら英文を見て，内容を想像してみよう。

A: Can you take a look at* my math homework? I just ①**can't** understand[1] question eight.

B: ③**Let's see ...**, oh, yes. I can help you.

A: Thanks[2] a lot! I'll help you with science later[3].

B: I ②do**n't** need **any** help. I've already[4] finished* it.

A: You've finished* it? Can I take a look?

B: ④**No way!**[5]

*take a look at ～「～をちょっと見る」 I've〔You've〕finished ～「私は〔あなたは〕～を終えてしまった」

学習した
日付をいれよう！　／　／　／

音声▶▶

Step ② 対話の意味を確認しよう。

僕の数学の宿題をちょっと見てくれる？
なかなか問 8**がわから**[1]ないんだけど。

ええと，ああ，いいよ。手伝ってあげる。

どうも**ありがとう**[2]！　**あとで**[3]理科を手伝ってあげるね。

助けは何もいらないよ。それは**もう**[4]終わらせたから。

もう終わったの？　ちょっと見てもいい？

だめだよ[5]！

▶ルール

□ ① **can't ...** は「…できない」という意味です。「…できる」は can ... です。

□ ② **not ... any ～** は「何の～も…ない」を表します。don't need any help は「何の助けも必要ない」という意味です。

☺ よく使うひとこと

□ ③ **Let's see ...**「ええと」
何かを考えたり思い出そうとしたりする時に言います。考え中であることを相手に伝えるための言葉です。

□ ④ **No way!**「いやだ！；とんでもない！」
絶対に引き受けられない依頼を断る場合や，強く否定する時などに使います。

Step ③ 登場人物になりきって，音読しよう。

□ A's part　□ B's part

さいごに，くりかえし音読しよう。

音読したら CHECK!! ▶▶ □□□□□

8 数学の宿題

244 understand [ʌ̀ndərstǽnd] 〈アンダスタンド〉

動 (を) 理解する (understand - understood [ʌ̀ndərstúd] 〈アンダストゥド〉 - understood; understanding)

245 ≒ **follow** [fɑ́:loʊ] 〈ファロウ〉

動 のあとに続く；(命令など) にしたがう；を理解する

派 **following** [fɑ́:loʊɪŋ] 〈ファロウイング〉

形 (the) 次〔以下〕の

246 thank [θǽŋk] 〈サンク〉

動 に感謝する　名 複 感謝

◆ *Thank you for ～.*「(～について) ありがとうございます。」

thank A for B「B のことで A (人) に感謝する」

thanks to ～「～のおかげで」 

247 later [léɪtər] 〈レイタ〉

副 あとで　形 もっと遅い

派 **late** [léɪt] 〈レイト〉

形 (時間的に) 遅い　副 遅く (⇔ **early**)

◆ *be late for ～*「～に遅れる〔遅刻する〕」

248 関 **recent** [rí:snt] 〈ゥリースント〉

形 最近の

派 **recently** [rí:sntli] 〈ゥリースントリ〉

副 最近

249 already [ɔ:lrédi] 〈オールゥレディ〉

副 すでに；もう

250 way 多 [wéɪ] 〈ウェイ〉

名 道；方法；方向

◆ *all the way (to ～)*「(～まで) ずっと；はるばる」

by the way「ところで」

in this way「このようにして」

lose one's way「道に迷う」

on one's 〔*the*〕 *way (to ～)*「(～へ行く) 途中で」

251 関 **railway** [réɪlwèɪ] 〈ゥレイルウェイ〉

名 鉄道

252 関 **subway** [sʌ́bwèɪ] 〈サッウェイ〉

名 《米》地下鉄 (≒《英》**tube**, 《英》**underground**)

▶▶音声

▶I can't **understand** this sentence.	▶私はこの文が理解できない。
▶**Follow** me! I'll show you the way.	▶私についてきて！　道を教えてあげましょう。
▶Please read the **following** points.	▶次の要点を読んでください。
▶Did you **thank** the teacher yet?	▶もう先生にお礼を言いましたか。
▶I'll call you **later**.	▶あとで電話します。
▶You are **late** for class!	▶授業に遅刻していますよ！
▶Is this a **recent** photo?	▶これは最近の写真ですか。
▶**Recently**, I started a new hobby.	▶最近私は新しい趣味を始めた。
▶We are **already** late for the show.	▶私たちはすでにそのショーに遅刻している。
▶Please tell me the **way** to your house.	▶あなたの家への道を教えてください。
▶The **railway** runs near here.	▶鉄道がこの近くを通っている。
▶Let's take the **subway**.	▶地下鉄に乗りましょう。

まとめてチェック 9 学習

No.	単語	意味
253	**English** [íŋglɪʃ] 〈イングリシュ〉	形 英語の；イギリス（人）の　名 英語
	派 **England** [íŋglənd] 〈イングランド〉	名 イングランド
254	**mathematics** [mæ̀θəmǽtɪks] 〈マセマティクス〉	名 数学
255	略 **math** [mǽθ] 〈マス〉	名 数学（= mathematics）
256	**calculate** [kǽlkjəlèɪt] 〈キャルキュレイト〉 アク	動 を計算する；と見積もる
257	**Japanese** [dʒæ̀pəníːz] 〈ヂャパニーズ〉	形 日本の；日本人〔語〕の　名 日本人〔語〕
	派 **Japan** [dʒəpǽn] 〈ヂャパン〉	名 日本
258	**science** [sáɪəns] 〈サイエンス〉	名 科学；理科
	派 **scientific** [sàɪəntífɪk] 〈サイエンティフィック〉 アク	形 科学の；科学的な
	派 **scientist** [sáɪəntəst] 〈サイエンティスト〉	名 科学者
259	**social studies** [sóʊʃəl stʌ́diz] 〈ソウシャルスタディズ〉	名 社会科
260	**P.E.** [píːíː] 〈ピーイー〉	名 体育（physical education の略）
261	**calligraphy** [kəlígrəfi] 〈カリグラフィ〉	名 書道
262	**moral education** [mɔ́ːrəl èdʒəkéɪʃən] 〈モーラル エヂュケイション〉	名 道徳教育

263 □	**textbook** [tékstbùk] 〈テクストブク〉	名 教科書
264 □	**notebook** [nóutbùk] 〈ノウトブク〉	名 ノート
265 □	**dictionary** [díkʃənèri] 〈ディクショネリ〉	名 辞書（複 dictionaries）
266 □	**vocabulary** [voukǽbjəlèri] 〈ヴォウキャビュレリ〉 アク	名 語彙《ごい》
267 □	**spell** [spél] 〈スペル〉	動（語）をつづる
268 □	**lecture** [léktʃər] 〈レクチャ〉	名 講義；講演 動（に）講義〔講演〕する
269 □	**class** [klǽs] 〈クラス〉	名 クラス；授業
270 □	関 **classmate** [klǽsmèɪt] 〈クラスメイト〉	名 同級生
271 □	関 **classroom** [klǽsrù:m] 〈クラスウルーム〉	名 教室
272 □	**blackboard** [blǽkbɔ̀:rd] 〈ブラクボード〉	名 黒板
273 □	**presentation** [prì:zentéɪʃən] 〈プリーゼンテイション〉	名 発表；提示；贈呈
	派 **present** 名 形 [préznt] 〈プレズント〉 動 [prɪzént] 〈プリゼント〉 多 アク	名 贈り物；現在 形 出席している；現在の 動 を贈る；（問題など）を提起する

9 アンディとジミー（1）

❶ A **cat**[1] **lived**[2] in a house. The cat was **called**[3]* Andy. He was always **trying to* catch**[4] mice*.

❷ One **day**[5], Andy **finally**[6] caught a **little**[7] **mouse**[8] called Jimmy. He said **to**[9] Jimmy, “Are you **ready**[10]? **Now**[11] I’m going to* **eat**[12] you.” (41 words)

*was called ～「～と呼ばれていた」 try to *do*「…しようとする」 mice「ネズミ（mouse の複数形）」 I’m going to *do*「私は…するつもりだ」

ここを check!

一般動詞の過去形（規則的に変化する動詞）

ℓ.1 A cat lived in a house.

規則的に変化する動詞の場合，原則後ろに -ed をつければ過去形になります。live や like のように e で終わるものは -d のみをつけます。

the の使い方

ℓ.1 The cat was called Andy.

すでに登場したものなど，特定のものを表す名詞には，the をつけます。この英文では，前の文にある a cat と同じものを表すので，cat の前に the をつけています。

学習した
日付をいれよう！　／　／　／

音声▶▶

❶ 1匹の**ネコ**[1]が，ある家に**住んでいた**[2]。そのネコは，アンディ**と呼ばれ**[3]ていた。彼は，いつもネズミ**をつかまえようとし**[4]ていた。

❷ ある**日**[5]，アンディは，ジミーと呼ばれる**小さな**[7] **ネズミ**[8]を**ついに**[6]つかまえた。彼はジミー**に**[9]言った。「**用意はいい**[10]かい？　**これから**[11]，僕はきみ**を食べる**[12]つもりだよ。」

一般動詞の過去形（不規則に変化する動詞）

ℓ.3 One day, Andy 〈finally〉 caught
a little mouse called Jimmy.

caught は catch の過去形で，不規則に変化する動詞です。同じような変化をする動詞には，teach（taught），buy（bought），bring（brought），think（thought）などがあります。なお，called Jimmy は「ジミーと呼ばれる」という意味で，mouse を後ろから説明しています。

さいごに，くりかえし音読しよう。

音読したら CHECK!! ▶▶ ☑□□□□

第1章 1 2 3 4 5 6 7 8
第2章 9 10 11 12 13 14 15 16 17 18 19 20 21 22 23 24 25
第3章 26 27 28 29 30 31 32 33 34 35 36 37 38 39
第4章 40 41 42 43 44 45 46 47 48 49 50 51 52 53 54 55 56 57 58 59 60

9 アンディとジミー (1)

274 **cat**✦ [kǽt] 〈キャト〉
名 ネコ

275 関 **dog**✦ [dɔ́:g] 〈ドーグ〉 名 イヌ

276 ≒ **kitten** [kítn] 〈キトン〉 名 子猫

277 関 **puppy** [pʌ́pi] 〈パピ〉 名 子犬

278 **live**✦ 動 [lív] 〈リヴ〉 形 [láɪv] 〈ライヴ〉
動 住む；生きる　形 生きている
◆ *live a ... life*「…な生活を送る」

派 **living**✦ [lívɪŋ] 〈リヴィング〉 名 暮らし　形 生きている

279 ≒ **alive** [əláɪv] 〈アライヴ〉 形 生きている
❗ ふつう，名詞の前では用いない。

280 ≒ **survive** [sərváɪv] 〈サヴァイヴ〉 動 生き残る；(災害など) から生きのびる；(人など) より長生きする

281 **call**✦ [kɔ́:l] 〈コール〉
動 (を) 呼ぶ；(に) 電話をかける
◆ *call A B*「A を B と呼ぶ」
call back ～「～に電話をかけ直す」

282 **try**✦ [tráɪ] 〈トライ〉
動 (を) 試す；…しようと (努力) する
名 試み；努力
❗ 3人称・単数・現在はtries，過去形・過去分詞はtried。
◆ *try ...ing*「試しに…してみる」
try to do「…しようとする」 
try on ～「～を試着する」

283 ≒ **attempt** [ətémpt] 〈アテンプト〉 動 を試みる；(to *do*) …しようとする
名 試み；努力

284 **catch**✦ [kǽtʃ] 〈キャチ〉
動 をつかまえる；(乗り物) に間に合う
(catch - caught [kɔ́:t]〈コート〉 - caught; catching)
名 とること；捕球
◆ *play catch*「キャッチボールをする」

285 ≒ **receive**✦ [rɪsí:v]〈ゥリスィーヴ〉 動 を受け取る

286 関 **notice** [nóʊtəs] 〈ノウティス〉 動 に気づく　名 通知；掲示

▶▶音声

▶My aunt's **cat** always sleeps during the day.	▶私のおばのネコは日中いつも寝ている。
▶Shall we take the **dog** for a walk?	▶イヌを散歩に連れて行きましょうか。
▶My cat had eight **kittens**.	▶私の猫は８匹の子猫を生んだ。
▶My mother bought me a **puppy** for my birthday.	▶私の母は私の誕生日に子犬を買ってくれた。
▶We **live** in an apartment.	▶私たちはアパートに住んでいる。
▶My grandfather makes his **living** as a barber.	▶祖父は床屋として生計を立てている。
▶Is the plant still **alive**?	▶この植物はまだ生きていますか。
▶The building **survived** the fire.	▶その建物は火事を切り抜けて残った。
▶I **called** my dog from the garden.	▶私は私のイヌを庭から呼んだ。
▶Please **try** these cookies.	▶どうぞこのクッキーを食べてみてください。
▶We **attempted** to win the game.	▶私たちは試合に勝とうとした。
▶Jade **caught** the train to New York yesterday.	▶ジェイドは昨日，ニューヨーク行きの電車に間に合った。
▶Did you **receive** the e-mail?	▶そのメールを受け取りましたか。
▶Sorry, I didn't **notice** your call.	▶ごめんなさい，あなたの電話に気づきませんでした。

287 **day**✦ [déɪ] 〈デイ〉

名 (1) 日；昼間；複 時代

◆ *day after day*「来る日も来る日も」
all day (long)「1日中」 *day and night*「昼も夜も」
one day「(過去の) ある日」
some day「(将来の) いつか」
in those days「当時 (は)」

派 **daily**✦ [déɪli] 〈デイリ〉 形 毎日の；日常の

288 **finally** [fáɪnəli] 〈ファイナリ〉

副 ついに

派 **final**✦ [fáɪnl] 〈ファイヌル〉 形 最後の

289 **little**✦ [lítl] 〈リトル〉

形 小さい；少しの；ほとんどない
副 少し；ほとんど…ない
代 少しのもの；少ししかないもの
❗ a little だと「少しの」, a がつかないと「ほとんどない」の意味になる。

◆ *a little* 〜「少しの〜；小さな〜」
little by little「少しずつ」

290 関 **less** [lés] 〈レス〉 形 より少ない 副 より少なく
❗ little の比較級。

291 関 **least** [líːst] 〈リースト〉 形 最も少ない 副 最も…(で) なく
❗ little の最上級。

◆ *at least*「少なくとも」

292 関 **atom**✦ [ǽtəm] 〈アトム〉 名 原子；少量

293 **mouse**✦ [máʊs] 〈マウス〉

名 ハツカネズミ (複 mice)

294 **to** [túː] 〈トゥー〉

前 へ；まで
❗「〜へ」は「方向」・「到達」・「対象」,「〜まで」は「範囲」を表す。

295 **ready** [rédi] 〈ゥレディ〉

形 準備〔用意〕ができた

◆ *be ready for* 〜〔*to do*〕「〜の〔…する〕用意ができた」

296 **now**✦ [náʊ] 〈ナウ〉

副 今；さて

◆ *just now*「たった今」
right now「今すぐに (≒ at once)；ちょうど今」

297 **eat**✦ [íːt] 〈イート〉

動 (を) 食べる
(eat - ate [éɪt]〈エイト〉 - eaten [íːtn]〈イートン〉; eating)

▶Twenty-four hours make one **day**.

▶ 24 時間で 1 日になる。

▶I write a **daily** diary.

▶私は日単位の日記をつけている。

▶I **finally** finished my homework.

▶私はついに宿題を終えた。

▶This is the **final** event.

▶これが最後のイベントだ。

▶That is my **little brother**.

▶あちらは私の弟です。

▶We have **less than** two minutes.

▶私たちには 2 分もない。

▶She spent the **least** money on presents.

▶彼女は贈り物に最少金額しか使わなかった。

▶The **atom** bomb killed many people.

▶原子爆弾で多くの人が亡くなった。

▶Do you have a pet **mouse**?

▶ペットにハツカネズミを飼っていますか。

▶Let's go **to** the book shop.

▶本屋さんへ行きましょう。

▶Are you **ready** to go?

▶行く用意はできた？

▶Let's go there **now**.

▶今そこに行きましょう。

▶I **eat** breakfast at 7:00.

▶私は 7 時に朝食をとる。

まとめてチェック ⑩ 生物

298 **chimpanzee**✦ [tʃìmpænzí:]〈チンパンズィー〉 名 チンパンジー (省略形はchimp)

299 **gorilla**✦ [gərílə]〈ゴリラ〉 名 ゴリラ

300 **elephant** [éləfənt]〈エレファント〉 名 ゾウ

301 **fox** [fá:ks]〈ファクス〉 名 キツネ

302 **horse** [hɔ́:rs]〈ホース〉 名 ウマ

303 **bull** [bʊ́l]〈ブル〉 名 雄牛

304 **cow**✦ [káʊ]〈カウ〉 名 雌牛《めうし》；乳牛

305 **cattle** [kǽtl]〈キャトル〉 名 (集合的に) ウシ

306 **lion**✦ [láɪən]〈ライオン〉 名 ライオン

307 **panda**✦ [pǽndə]〈パンダ〉 名 パンダ

308 **pig** [píg]〈ピグ〉 名 ブタ

309 **rabbit**✦ [rǽbət]〈ゥラビト〉 名 ウサギ

310 **rat**✦ [rǽt]〈ゥラト〉 名 ネズミ

311 **sheep** [ʃí:p]〈シープ〉 名 ヒツジ
❗ 複数形もsheepで形が変わらない点に注意。

312 **tiger**✦ [táɪgər]〈タイガ〉 名 トラ

313 **turtle**✦ [tə́:rtl]〈タートル〉 名 ウミガメ；カメ

314 **wolf**✦ [wʊ́lf]〈ウルフ〉 名 オオカミ (複 wolves)

315 **zebra** [zí:brə]〈ズィーブラ〉 発 名 シマウマ

316 **camel** [kǽml]〈キャムル〉 名 ラクダ

317 **dolphin** [dá:lfɪn]〈ダルフィン〉 名 イルカ

318 **seal**✦ [sí:l]〈スィール〉 多 名 アザラシ；印《いん》 動 に封をする

319 **tuna**✦ [tú:nə, tjú:-]〈トゥーナ, テューナ〉 名 マグロ

320 **salmon**✦ [sǽmən]〈サモン〉 名 サケ

321 **shell** [ʃél]〈シェル〉 名 (貝) 殻

322	**penguin** [péŋgwɪn]〈ペングウィン〉	名ペンギン
323	**duck** [dʌ́k]〈ダク〉	名アヒル；カモ
324	**turkey** [tə́ːrki]〈ターキ〉	名七面鳥
325	**crane** [kréɪn]〈クレイン〉	名ツル；クレーン
326	**crow** [króʊ]〈クロウ〉	名カラス
327	**owl** [áʊl]〈アウル〉発	名フクロウ
328	**bat** [bǽt]〈バト〉	名コウモリ；バット　動バットで打つ
329	**nest** [nést]〈ネスト〉	名巣
330	**feather** [féðər]〈フェザ〉	名羽；羽毛
331	**snake** [snéɪk]〈スネイク〉	名ヘビ
332	**frog** [frɑ́ːg]〈フラグ〉	名カエル
333	**bug** [bʌ́g]〈バグ〉	名(一般に)虫；(プログラムの)欠陥
334	**ant** [ǽnt]〈アント〉	名アリ
335	**bee** [bíː]〈ビー〉	名ミツバチ；(総称)ハチ
336	**beetle** [bíːtl]〈ビートル〉	名カブトムシ
337	**butterfly** [bʌ́tərflàɪ]〈バタフライ〉	名チョウ (複 butterflies)
338	**spider** [spáɪdər]〈スパイダ〉	名クモ
339	**dinosaur** [dáɪnəsɔ̀ːr]〈ダイノソー〉	名恐竜
340	**dragon** [drǽgən]〈ドラゴン〉	名竜
341	**zoo** [zúː]〈ズー〉	名動物園
342	**pet** [pét]〈ペト〉	名ペット
343	関 **cage** [kéɪdʒ]〈ケイヂ〉	名鳥かご；おり
344	**wild** [wáɪld]〈ワイルド〉	形野生の
345	関 **bite** [báɪt]〈バイト〉	動名かむ(こと) (bite-bit [bít]〈ビト〉-bitten [bítn]〈ビトン〉；biting)
346	**species** [spíːʃiːz]〈スピーシーズ〉発	名(動植物の)種《しゅ》

10 アンディとジミー（2）

❶ Jimmy **answered**[1], "OK, **go ahead**[2]. But I would like to* do one thing **before**[3] you eat me." "What is that?" said Andy.

❷ Then Jimmy said, "**Please give**[4] me **time***[5] to say **goodbye***[6] to my **family**[7]." "OK," Andy **agreed**[8]. "You know I'm a **very**[9] **kind**[10] cat." Jimmy thanked him and **shouted**[11], "**Come**[12] out, **everyone**[13]." All Jimmy's family **appeared**[14] in front of them.

(61 words)

*would like to *do*「…したい」 give A B「AにBを与える」 time to say goodbye「別れのあいさつを言うための時間」

ここを check!

What ～？でたずねる場合

ℓ.2 "What is that?" (O) said (V) Andy (S).

疑問詞（＝たずねたい内容）のある疑問文の場合，疑問詞を文頭に出します。そのあとは is that のように疑問文の語順です。たずねたい内容が「何か」の場合，what を用います。ちなみに，said Andy のように say の主語が代名詞（he や she など）でない場合は，VS の順番になることがあります。

学習した
日付をいれよう！　／　／　／

音声▶▶

❶ ジミーは**答えた**[1]。「いいですよ，さあ**どうぞ**[2]。でも，きみが僕を食べる**前に**[3]，僕は１つのことをしたいのです。」「それは何だい？」と，アンディは言った。

❷ それからジミーは言った。「**どうか**[4]，僕の**家族**[7]に**別れのあいさつ**[6]を言うための**時間**[5]を僕**にください**[4]。」「いいだろう」とアンディは**同意した**[8]。「知ってのとおり，僕は**とても**[9] **親切な**[10]ネコなのだ。」ジミーは彼にお礼を言って，**叫んだ**[11]。「外に出て**おいで**[12]，**みんな**[13]。」ジミーの家族全員が，彼らの前に**現れた**[14]。

I'm ～ の文

ℓ.5 **"You know I'm a very kind cat."**

I'm は I am の短縮形で，I am ～ で「私は～である」と主語の'状態'や'様子'を表します。am は主語の I と a very kind cat をつなぐはたらきをします。なお，You know ... で「あなたは…ということを知っている（＝知ってのとおり）」という意味です。

さいごに，くりかえし音読しよう。

音読したら CHECK!! ▶▶ ☑☐☐☐☐

347 **answer**✦ [ǽnsər]〈アンサ〉

動 (に〔と〕) 答える (⇔ **ask**)　名 答え (⇔ **question**)

348 ≒ **response**✦ [rɪspɑ́ːns]〈ゥリスパンス〉

名 反応；答え

349 ≒ **reply** [rɪpláɪ]〈ゥリプライ〉

動 返事をする；(と) 答える　名 返事

❗ 3人称・単数・現在はreplies，過去形・過去分詞はrepliedとなる。

350 **ahead** [əhéd]〈アヘド〉

副 (位置的に) 前方に〔へ〕；(時間的に) 前に (⇔ **behind**)

351 **before**✦ 接 前 [bɪfɔ́ːr]〈ビフォー〉 副 [bɪfɔ́ːr]〈ビフォー〉

接 …する前に　前 の前に　副 以前に (⇔ **after**)

◆ *than before*「以前よりも」

352 **please**✦ [plíːz]〈プリーズ〉

動 を喜ばせる　間 どうぞ；どうか

❗「喜ぶ」という意味ではない点に注意。

353 **give**✦ [gív]〈ギッ〉

動 (に) ～を与える；(パーティーなど) を催す (give - gave [géɪv]〈ゲイッ〉 - given [gívn]〈ギヴン〉; giving)

❗「give＋人＋もの」の語順で目的語を2つとれる。

◆ *give away* ～「～をただで与える；～を配る」
give up (～)「～をあきらめる；～をやめる」

354 関 **borrow** [bɑ́ːroʊ]〈バロウ〉

動 を借りる

355 関 **lend** [lénd]〈レンド〉

動 を貸す (lend - lent [lént]〈レント〉 - lent; lending)

❗「lend＋人＋もの」の語順で目的語を2つとれる。

356 関 **rent** [rént]〈ゥレント〉

動 を賃貸〔借〕する　名 賃貸〔借〕料

357 **time**✦ [táɪm]〈タイム〉

名 時 (間)；～回；複 ～倍

◆ *all the time*「いつも；ずっと」　*at a time*「1度に」
at that time「その時 (は)」
for a long time「長い間」
for some time「しばらくの間」
How many times ...?「何回…か。」
many times「何度も」
in time「(時間に) 間に合って；やがて」
on time「(時間が) ちょうどぴったりで」
A times as ... as ～「～のA倍の…」

358 関 **timetable**✦ [táɪmtèɪbl]〈タイムテイブル〉

名 時刻表；時間割

▶▶音声

▶Write your **answer** on the paper.
▶用紙に答えを書きなさい。

▶What is your **response** to the question?
▶その質問に対するあなたの答えは何ですか。

▶Please **reply** by Friday.
▶金曜日までに返事をしてください。

▶Sydney is now two hours **ahead** of Tokyo.
▶今，シドニーは東京より２時間進んでいる。

▶**Before** I got up, I e-mailed my friend.
▶私は起き上がる前に友だちにメールを送った。

▶Can I have a drink, **please**?
▶飲み物をいただけますか。

▶My mother **was pleased** with my score.
▶母は私の成績を喜んだ。

▶Please **give** me some money.
▶お金をいくらか私にください。

▶Can I **borrow** a pen?
▶ペンを借りてもいいですか。

▶Would you **lend** me some money?
▶私にお金をいくらか貸してくださいませんか。

▶We **rent** a house in the city.
▶私たちは市内に家を賃借している。

▶What **time** is it?
▶何時ですか。

▶They changed the **timetable** at the train station.
▶その電車の駅は時刻表を変更した。

359 **goodbye**✦
[gʊ̀dbáɪ]〈グドバイ〉
間 さようなら　名 別れのあいさつ
◆*say goodbye to* ～「～に別れのあいさつをする」

360 **family**✦
[fǽməli]〈ファミリ〉
名 家族；家庭 (複 families)

361 関 **familiar**
[fəmíljər]〈ファミリャ〉
形 (人に) なじみのある (to)；(物事に) 精通した (with)

362 関 **background**✦
[bǽkgràʊnd]〈バックグラウンド〉
名 経歴；背景

363 **agree**
[əgríː]〈アグリー〉 アク
動 同意する；意見が一致する
❗「～に賛成だ」のように，対象を表す場合には前置詞が必要。
◆*agree with* ～「～(人)と意見が同じだ〔に賛成だ〕」

派 **agreement**
[əgríːmənt]〈アグリーメント〉
名 同意；一致；協定

364 ⇔ **disagree**
[dìsəgríː]〈ディサグリー〉
動 意見が合わない

365 関 **complain**
[kəmpléɪn]〈コンプレイン〉
動 不平を言う (about, of)；と不平を言う (that)

366 ≒ **nod** [nɑ́ːd]〈ナド〉
動 うなずく　名 うなずき；同意

367 関 **argue** [ɑ́ːrgjuː]〈アーギュー〉
動 (を) 議論する；(と) 主張する

派 **argument**
[ɑ́ːrgjəmənt]〈アーギュメント〉
名 口論；議論；論拠

368 関 **discuss** [dɪskʌ́s]〈ディスカス〉
動 について話し合う〔討議する〕

派 **discussion**✦
[dɪskʌ́ʃən]〈ディスカション〉
名 議論

369 関 **debate**✦ [dɪbéɪt]〈ディベイト〉
名 議論；論争　動 (を) 討論〔議論〕する

370 **very**✦
[véri]〈ヴェリ〉
副 とても
◆*not very ...*「あまり…でない」

371 **kind** 多
[káɪnd]〈カインド〉
形 親切な　名 種類
◆*be kind to* ～「～に親切だ」
a kind of ～「一種の～」
What kind of ～ *?*「どんな種類の～か。」

派 **kindly** [káɪndli]〈カインドリ〉
副 親切に

派 **kindness**
[káɪndnəs]〈カインドネス〉
名 親切

372 ≒ **gentle**✦ [dʒéntl]〈ヂェントル〉
形 (人が) 優しい；(動作・声が) 穏やかな

▶I don't want to say **goodbye**.	▶別れのあいさつは言いたくない。

▶My **family** all meet at New Year's.	▶私の家族全員がお正月に集まる。
▶Is this name **familiar**?	▶この名前になじみがありますか。
▶He is a writer with a **background** in medicine.	▶彼は医学分野の経歴をもつ作家だ。

▶Do you **agree** with me?	▶私に賛成しますか。
▶Let's try to find an **agreement**.	▶合意点を見出しましょう。
▶Sorry, but I **disagree** with your idea.	▶すみませんがあなたの考えには同意しません。
▶Don't **complain** about the food.	▶食べ物についての不満を言ってはいけません。
▶**Nod** or shake your head.	▶うなずくか首を振りなさい。
▶I don't want to **argue**.	▶私は議論したくない。
▶I'm sorry we had an **argument**.	▶口論になって残念です。
▶Let's **discuss** the problem carefully.	▶その問題について慎重に話し合いましょう。
▶Let's have a **discussion** about the problem.	▶その問題について議論しましょう。
▶We had a **debate** in class.	▶私たちは授業で議論をした。

▶We are **very** angry with him.	▶私たちは彼にとても怒っている。

▶Your aunt is so **kind**.	▶あなたのおばさんはとても親切ですね。
▶What **kind** of dog is that?	▶あれは何という種類のイヌですか。
▶They **kindly** took me to the station.	▶彼らは親切にも私を駅に連れて行ってくれた。
▶Thank you for your **kindness**.	▶ご親切ありがとう。
▶Be **gentle** with that pitcher — don't break it!	▶その水差しは優しく扱って，割らないでね！

10 アンディとジミー (2)

[派] **gently** [dʒéntli]〈チェントリ〉 [副] 優しく；親切に
373 [関] **polite** [pəláɪt]〈ポライト〉 [形] 礼儀正しい；丁重な

374 [≒] **type**✦ [táɪp]〈タイプ〉 [名] 型；種類

375 [≒] **form**✦ [fɔ́ː*r*m]〈フォーム〉 [名] 形 (式)　[動] を形作る ([≒] **shape**)
376 [関] **uniform**✦ [júːnəfɔ̀ː*r*m]〈ユーニフォーム〉 [名] 制服；ユニフォーム

377 **shout**✦ [ʃáʊt]〈シャウト〉
[動] (を) 叫ぶ　[名] 叫び (声)

378 [≒] **bark** [bɑ́ː*r*k]〈バーク〉 [動] (イヌが) ほえる　[名] ほえる声

379 **come**✦ [kʌ́m]〈カム〉
[動] 来る；(聞き手の方へ) 行く ([⇔] **go**, **leave**)
(come - came [kéɪm]〈ケイム〉 - come; coming)
◆ *come across* ～「～を横切る；～ に偶然出会う 」
come in「中に入る」 *come out*「出てくる」
come over「やってくる」
come to do「…するようになる」
come and do「…しに来る」 *come back*「戻る」
come down「降りてくる」
come up「上ってくる；近づく」
come from ～「～の出身である；～から生じる」
come on (命令形で)「早く早く；お願いだから；元気を出せよ；まさか」

380 **everyone** [évriwʌ̀n]〈エヴリワン〉
[代] 誰でも (みな) ([≒] **everybody**)
❗ everybody よりもややかたい。everyone も everybody も単数扱い。

381 **appear** [多] [əpíə*r*]〈アピア〉
[動] 現れる；…に見える

382 [⇔] **disappear** [dìsəpíə*r*]〈ディサピア〉
[動] 消える
❗ dis で始まる動詞は，その後ろにある動詞 (この場合は appear) と反対の意味になることが多い。

383 [関] **melt** [mélt]〈メルト〉 [動] 溶ける；を溶かす

▶He spoke **gently** to me.
▶彼は私に優しく話しかけた。

▶Your little brother was very **polite**.
▶あなたの弟さんはとても礼儀正しかったですね。

▶What **type** of problem did he have?
▶彼にはどんな種類の問題があったのですか。

▶It is in the **form** of a face.
▶それは顔の形をしている。

▶Do you like your school **uniform**?
▶あなたは学校の制服が好きですか。

▶Don't **shout** in the classroom.
▶教室で叫んではいけません。

▶My dog never **barks**.
▶私のイヌはまったくほえない。

▶**Come** to my house for a party.
▶パーティーがあるので私の家に来てね。

▶**Everyone** likes music.
▶誰もが音楽が好きだ。

▶Suddenly an owl **appeared** in the sky.
▶突然空にフクロウが現れた。

▶That boy doesn't **appear** to be twenty.
▶その少年は 20 歳に見えない。

▶My pencil case **disappeared**.
▶私の筆箱がなくなった。

▶Ice **melts** in the sun.
▶太陽の下で氷は溶ける。

11 アンディとジミー（3）

❶ Jimmy **began**[1] to* say goodbye to **each**[2] **member**[3] of his family. Jimmy said to Andy, "I **think**[4] it will **take**[5] a very long time to* finish saying* goodbye to everyone in my family."

❷ Andy shouted, "How **many**[6] family members do you have?" "I don't know, but I'm sure* I have more than* one **hundred**[7]," answered Jimmy. Andy was surprised to* **hear**[8] that. Finally, he gave **up**[9], said goodbye to Jimmy, and went **away**[10].

（73 words）

*began to *do*「…し始めた」 it will take a long time to *do*「…するのに長い時間がかかるだろう」 finish ...ing「…し終える」 I'm sure ...「私は…を確信している」 more than ～「～よりも多くの」 was surprised to *do*「…して驚いた」

ここを check!

How many ～？でたずねる場合

ℓ.4 Andy shouted, "How many family members do you have?"

あるものが「どのくらいの数か」をたずねるには，'how many ＋数えられる名詞の複数形' を使います。なお，数えられない名詞の量をたずねるには 'how much ～' を使います。

学習した
日付をいれよう！　／　／　／

音声▶▶

❶ ジミーは彼の家族の**それぞれの**[2] **メンバー**[3]に，別れのあいさつを言い**始めた**[1]。ジミーはアンディに言った。「僕の家族の全員にさようならを言い終えるには，とても長い時間**がかかる**[5]だろう，**と**[4]僕は**思いますよ**[4]。」

❷ アンディは叫んだ。「きみには，どれくらい**たくさんの**[6]家族のメンバーがいるんだい？」「僕にはわからないけれど，**100**[7] 匹よりも多くいるのは確かです」とジミーは答えた。アンディはそれ**を聞い**[8]て驚いた。とうとう，彼は**あきらめて**[9]，ジミーに別れを告げ，それから**向こうの方へ**[10]行ってしまった。

一般動詞の過去形（不規則に変化する動詞）

ℓ.7 〈Finally〉, he [S] gave [V1] up, said [V2] goodbye to Jimmy, and went [V3] away.

この英文では，規則的に過去形にできない動詞が 3 つ登場しています。gave は give，said は say，went は go の過去形です。こうした不規則に変化する動詞は，見かけるたびに確認して自分のものにしていきましょう。

さいごに，くりかえし音読しよう。

音読したら CHECK!! ▶▶ ☐☐☐☐☐

384 □ **begin** [bɪgín]〈ビギン〉

動 を始める；始まる (⇔ **finish**) (begin - began [bɪgǽn]〈ビギャン〉- begun [bɪgʌ́n]〈ビガン〉; beginning)

◆ *begin with* ～「～から始める〔始まる〕」
begin to do〔*...ing*〕「…し始める」

派 **beginning** [bɪgínɪŋ]〈ビギニング〉 — 名 初め

派 **beginner**✦ [bɪgínər]〈ビギナ〉 — 名 初心者

385 □ 同 **start**✦ [stáːrt]〈スタート〉 — 動 (を) 始める；始まる；(を) 出発する
名 開始；出発

386 □ **each** [íːtʃ]〈イーチ〉

形 それぞれの (同 **every**)　代 それぞれ

❗ 形容詞の場合，数えられる名詞の単数形の前につける。

◆ *each of* ～「～のそれぞれ」
each other「お互い」

387 □ **member**✦ [mémbər]〈メンバ〉

名 (組織・集団の中の) 一員

388 □ 関 **join** [dʒɔ́ɪn]〈ヂョイン〉 — 動 (に) 加わる；(に) 参加する

389 □ **think** [θíŋk]〈スィンク〉

動 (と) 思う；(を) 考える
(think - thought [θɔ́ːt]〈ソート〉- thought; thinking)

❗ think の後ろには that 節がくることも多い。

◆ *I think so.*「そう思います。」
think about ～「～のことを考える」
think of ～「～のことを考える；～を思いつく」

390 □ 同 **consider** [kənsídər]〈コンスィダ〉 — 動 をよく考える；(consider A B) A を B とみなす

391 □ 関 **guess** [gés]〈ゲス〉 — 動 (を) 推測する；…だと思う

❗ 次のような省略形の文を作ることができる。"Is she coming?" "I guess so." ／ "I guess not." (「彼女は来るだろうか。」「来ると思うよ。」／「来ないと思うよ。」)

392 □ 関 **predict** [prɪdíkt]〈プリディクト〉 — 動 を予言〔予測〕する

393 □ **take**✦ 多 [téɪk]〈テイク〉

動 を連れて〔持って〕いく；を取る；(乗り物) に乗る；(時間) がかかる
(take - took [túk]〈トゥック〉- taken [téɪkən]〈テイクン〉; taking)

◆ *take away* ～「～を持ち去る」
take off ～「～ (服など) を脱ぐ」
take out ～「～を取り出す」
take ～ *for* ...「～を…と間違える」
it takes A to do「…するのに A (時間) かかる」

▶▶音声

▶The year **begins** on January 1st.	▶１年は１月１日に始まる。
▶Read the **beginning** of the chapter.	▶その章の冒頭を読みなさい。
▶I'm just a **beginner** in German.	▶ドイツ語はほんの初心者だ。
▶You can **start** now.	▶今始めていいですよ。
▶**Each** student in this class is important.	▶このクラスのどの生徒も重要です。
▶I'm a **member** of the badminton club.	▶私はバドミントン部の一員だ。
▶Did you **join** the singing club?	▶歌のクラブに入っていましたか。
▶I **think** you are right.	▶あなたは正しいと思います。
▶I **considered** the problem carefully.	▶私は慎重にその問題を考えた。
▶I **consider** you a friend.	▶私はあなたを友だちだと思っています。
▶I **guess** you'll pass the exam.	▶あなたは試験に合格すると思います。
▶I **predict** it will rain tomorrow.	▶私は明日は雨が降るだろうと予測している。
▶**Take** the 8:30 train.	▶８時 30 分の電車に乗りなさい。
▶My journey **takes** an hour.	▶行程は１時間かかる。

394 **many**
[méni]〈メニ〉

形 たくさんの (⇔ **few**) (many - more - most)
代 たくさんの人々〔もの〕

❗ 形容詞の many は数えられる名詞の複数形の前に置く。同じ「たくさんの」でも much は数えられない名詞の前に，a lot of は数えられる名詞の複数形・数えられない名詞のどちらの前にも置くことができる。

395 **hundred**
[hʌ́ndrəd]〈ハンドレド〉

名 (数字の) 100　形 100 の

❗ 数詞など数量を表す形容詞を伴う時は，複数形の -s をつけない。

◆ ***hundreds of*** 〜「何百もの〜」

396 **hear**
[híər]〈ヒア〉

動 が聞こえる；を聞く
(hear - heard [hə́ːrd]〈ハード〉 - heard; hearing)

◆ ***I hear that ...***「…だそうですね」
hear about 〜「〜について聞く」
hear of 〜「〜のことを聞く」
hear from 〜「〜から便りをもらう」

397 **up**
[ʌ́p]〈アップ〉

副 上へ〔に〕　前 の上の方へ〔に〕(⇔ **down**)

◆ ***up to*** 〜「最大で〜；〜次第で」

398 **away**
[əwéɪ]〈アウェイ〉

副 離れて；不在で

◆ ***away from*** 〜「〜から離れて」

▶Do you have **many** books?	▶本をたくさん持っていますか。
▶I scored a **hundred** on the test!	▶テストで 100 点を取ったよ！
▶Do you **hear** that noise?	▶あの物音が聞こえますか。
▶**Put up** your hands!	▶手を上げろ！
▶Why is that boy running **away**?	▶なぜあの少年は走り去っているのですか。

12 若返りの泉（1）

❶ Once upon a time*, a very **old man**[1] lived with his **wife**[2] in a little house in the **countryside**[3]. They loved each **other**[4] very **much**[5].

❷ One day the old man went **into**[6] the **forest**[7] to **get**[8]* **some**[9] **flowers**[10]. "My wife loves flowers," he thought. He **walked**[11] for a long time and got lost*. (53 words)

*once upon a time「昔々」 to get ～「～を手に入れるために」 got lost「道に迷った」

ここをcheck!

形容詞と副詞／前置詞

ℓ.1 〈Once upon a time〉, a very old man (S) lived (V) 〈with his wife〉 〈in a little house in the countryside〉.

名詞に説明を加える（＝名詞を修飾する）語を**形容詞**と言い，名詞を修飾する場合，ふつうは**名詞の前**に置きます。very などの**副詞**は，形容詞を修飾する場合，ふつうは**形容詞の前**に置きます。この英文の a very old man では，old は man を修飾する形容詞，very は old を修飾する副詞です。

学習した
日付をいれよう！　／　／　／

音声▶▶

❶ 昔々，とても**年を取ったおじいさん**[1]が**妻**[2]と一緒に**いなか**[3]の小さい家に住んでいた。彼らは**お互いに**[4] **とても**[5]愛し合っていた。

❷ ある日，おじいさんは**いくらか**[9] **花**[10] **を摘み**[8]に**森**[7] **の中へ**[6]行った。「うちの奥さんは花が大好きだからな」と彼は思った。彼は長い時間**歩いて**[11]道に迷ってしまった。

前置詞は，名詞や代名詞などの前に置かれ，そのまとまり全体で形容詞や副詞のはたらきをします。in は‘場所’(～(の中)に)などを表し，with は‘同伴’(～と一緒に) などを表します。この英文では，with his wife と in a little house は lived を修飾し，in the countryside は a little house を修飾しています。

さいごに，くりかえし音読しよう。

音読したら CHECK!! ▶▶ ☑☐☐☐☐

12 若返りの泉 (1)

399 **old**✦ [óʊld]〈オウルド〉
形 古い；年を取った；～歳の

400 ⇔ **new**✦ [n(j)úː]〈ヌー〔ニュー〕〉
形 新しい
◆会話でよく使われるWhat's new? は，「何か変わったことはない？」という意味で，親しい友人間でよく用いられるあいさつ。

401 関 **news**✦ [n(j)úːz]〈ヌーズ〔ニューズ〕〉 発
名 ニュース；知らせ
◆基本的には数えられない名詞として用いられる。また，常に単数扱いにする。数を表す必要がある場合，a piece of ～ などの表現を用いる。

402 関 **newspaper** [n(j)úːzpèɪpər]〈ヌーズ〔ニューズ〕ペイパ〉
名 新聞

403 ≒ **elderly** [éldərli]〈エルダリ〉
形 年配の

404 ≒ **senior**✦ [síːnjər]〈スィーニャ〉
形 高齢者の

405 関 **junior**✦ [dʒúːnjər]〈ヂューニヤ〉
形 年少者の

406 **man**✦ [mǽn]〈マン〉
名 男性；(一般的に) 人間 (複 men)

407 関 **guy** [gáɪ]〈ガイ〉
名 男；やつ

408 関 **male** [méɪl]〈メイル〉
形名 男性 (の)；雄 (の) (⇔ **female**)

409 関 **sir** [sə́ːr]〈サー〉
名 (男性に対する呼びかけに用いて) あなた；お客様；先生

410 **wife**✦ [wáɪf]〈ワイフ〉
名 妻

411 **countryside** [kʌ́ntrisàɪd]〈カントリサイド〉
名 (通例the) いなか；田園地帯

412 **other** [ʌ́ðər]〈アザ〉
形 他の；もう一方の
代 他の人〔もの〕；もう一方
◆the other (～) は「２つのうちのもう一方 (の～)」，the others は「３つ以上の中で残り全部」を表す。
- ◆ ***one ～ , the other ...*** 「(２つのうちの) １つは～で，もう１つは…」
- ***the other day*** 「先日」
- ***than any other ～*** 「他のどんな～よりも」

▶▶音声

▶This book is very **old**.	▶この本はとても古い。
▶I'm fifteen years **old**.	▶私は 15 歳だ。
▶Is that a **new** bike?	▶あれは新しい自転車ですか。
▶I watched the **news** on TV.	▶私はテレビでニュースを見た。
▶My father usually reads the **newspaper** in the morning.	▶私の父はたいてい朝に新聞を読む。
▶Many **elderly** people live in this building.	▶この建物には多くの年配の人々が住んでいる。
▶I'm a **senior high school** student.	▶私は高校生だ。
▶He is a **junior** member of the team.	▶彼はそのチームでは年少の方のメンバーだ。
▶A **man** is waiting outside.	▶男の人が外で待っている。
▶He is a nice **guy**.	▶彼はいいやつだ。
▶Rob's dog is a **male**.	▶ロブのイヌはオスだ。
▶This way, **sir**.	▶お客様，こちらです。
▶His **wife** is our teacher.	▶彼の妻は私たちの先生だ。
▶Mushrooms grow in the **countryside** here.	▶キノコがここのいなかで育つ。
▶What is your **other** idea?	▶あなたの他の考えはどんなものですか。

413 **much** [mʌ́tʃ]〈マチ〉

[形] たくさんの　[代] たくさん　[副] とても；(比較級を強めて) ずっと (much - more - most)

❗ 形容詞のmuchは数えられない名詞の修飾に使う。数えられる名詞にはmanyを使う。

◆ ***How much …?*** 「いくら…か。」

414 **into** [íntu:]〈イントゥー〉

[前] の中へ〔に〕

415 **forest** [fɑ́:rəst]〈ファレスト〉

[名] 森林

416 **get**✦ [gét]〈ゲト〉

[動] を得る；になる；着く (get - got [gɑ́:t]〈ガト〉 - gotten [gɑ́:tn]〈ガトン〉〔got〕; getting)

❗ 「…になる」の意味は，「get＋形容詞」の形をとる。

◆ ***get up*** 「起床する」　***get to*** ～「～に到着する」
get on ～「～ (乗り物) に乗る」
get into ～「～の中に入る；～ (乗り物) に乗り込む」　***get off*** ～「～ (乗り物) から降りる」
get out of ～「～から出る」
get back (～) 「戻る；～を (取り) 戻す」
get along with ～「～と仲よくやっていく」

417 **some** [sʌ́m]〈サム〉

[形] いくつかの；ある　[代] いくらか (の人々)

❗ 基本的に肯定文の中で使われる。また，数えられる名詞・数えられない名詞どちらにも使う。

❗ 詳しく知らない (わからない) ものに対して「ある～」という意味でも使う。

◆ ***some of*** ～「～のうちのいくつか」
Some ～ ***other(s)*** … 「～する人もいれば，…する人もいる」 

418 **flower**✦ [fláʊər]〈フラウア〉

[名] 花

419 [注] **flour** [fláʊər]〈フラウア〉

[名] 小麦粉

420 [≒] **bloom** [blú:m]〈ブルーム〉

[名] (主に観賞用) 花；花盛り　[動] (花が) 咲く

▶We don't have **much** homework today.	▶今日はあまり宿題がない。
▶The mouse ran **into** the hole.	▶そのネズミは穴の中へと走った。
▶Some bears live in that **forest**.	▶あの森には何匹かクマがすんでいる。
▶Can I **get** a hotdog?	▶ホットドックをもらえますか。
▶I have **some** math homework today.	▶今日はいくつか数学の宿題が出ている。
▶These **flowers** are pretty. ▶Cookies are made with **flour**, sugar, butter, etc. ▶Flowers **bloom** here in spring.	▶これらの花はきれいだ。 ▶クッキーは小麦粉，砂糖，バターなどでできている。 ▶春にはここで花が咲く。

421 **walk**✦ [wɔ́:k]〈ウォーク〉

動 (を) 歩く　名 散歩；歩くこと

◆ *walk to* ～「～まで歩いて行く」
walk (a)round「歩き回る」
take a walk「散歩する」
take ～ *for a walk*「～を散歩に連れて行く」
go for a walk「散歩に出かける」
walk the dog「イヌを散歩させる」

まとめてチェック 11 前置詞・副詞

422 **across** [əkrɔ̀:s]〈アクロース〉　前 を横切って；の向こう側に

423 関 **cross**✦ [krɔ́:s]〈クロース〉　動 を横切る　名 十字 (架)

424 **along**　前 に沿って　副 先へ
前 [əlɔ̀:ŋ]〈アローング〉　副 [əlɔ́:ŋ]〈アローング〉　◆ *along with* ～「～と一緒に」

425 **among** [əmʌ̀ŋ]〈アマング〉　前 の間に〔で〕
❗「3つ以上のもの〔人〕の間に」と言う場合に用いる。betweenとの違いに注意しよう。

426 **behind** 前 [bɪhàɪnd]〈ビハインド〉　副 [−ˊ]〈ビハインド〉　前 の後ろに　副 後ろに

427 **below** [bɪlòʊ]〈ビロウ〉　前 の下に (⇔ **above**)
❗ belowはあるものより下の方にあることを意味し，underはあるものの真下にあることを意味する。

428 **under**✦ [ʌ̀ndər]〈アンダ〉　前 の下に；～未満の

429 **beside** [bɪsàɪd]〈ビサイド〉　前 のそばに

430 **besides**　前 に加え；(否定文・疑問文で) 以外に
前 [bɪsàɪdz]〈ビサイツ〉　副 [−ˊ]〈ビサイツ〉　副 さらに

コアイメージ

「横切っている」

across

コアイメージ

「下の位置」

under

▶Did you walk here?

▶ここまで歩いたのですか。

431 □	**between** [bɪtwìːn]〈ビトウィーン〉	前 の間に〔で〕
432 □	**beyond** [bɪjɑ̀ːnd]〈ビヤンド〉	前 を越えて；の及ばない
433 □	**upon** [əpɑ̀ːn]〈アパン〉	前 (= on) の上に
434 □	**onto** [ɑ̀ːntə]〈アントゥ〉	前 の上へ
435 □	**toward** [tɔ́ːrd]〈トード〉	前 の方へ；に向かって
436 □	**within** [wɪðín]〈ウィズィン〉	前 ～以内に (関 **without**)
437 □	**except** [ɪksépt]〈イクセプト〉	前 を除いて (は)
438 □	**instead** [ɪnstéd]〈インステド〉	副 その代わりに ◆ ***instead of*** ～「～の代わりに」
439 □	**according to**	(前置詞的に) によれば
440 □	**due to**	(前置詞的に) のために；が原因で

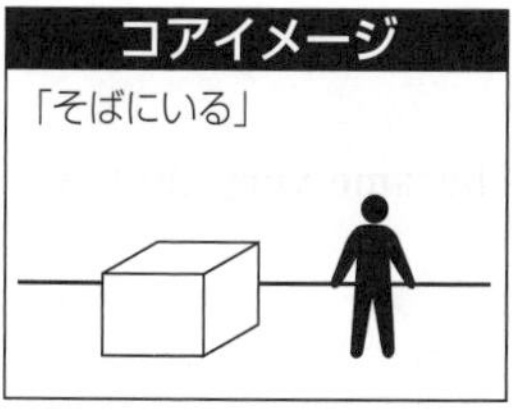

beside

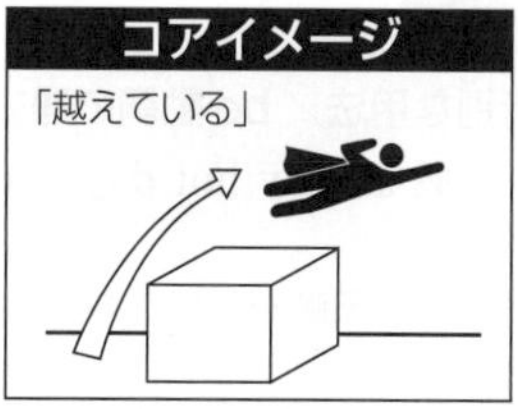

beyond

13 若返りの泉（2）

It was a very **hot**[1] day and he **became**[2] very **thirsty**[3]. Then, he **suddenly**[4] **found**[5] a little **fountain**[6]. “Thank goodness*,” he said. He **drank**[7] from it and thought, “This **water**[8] is **so**[9] **cold**[10] and **delicious**[11]!” After that, he **felt**[12] younger*, and found his way **back home***[13] **easily**[14].

(47 words)

*Thank goodness.「ありがたい。」 younger「より若く」 found his way back home「家にたどり着いた」

ここを check!

it の特別な用法／be 動詞の過去形

ℓ.1 It was **a very hot day / and he became very thirsty.**

代名詞 it は，‘天候・明暗’，‘時’，‘距離’などを表す文の主語として使われることがあります。この用法の場合，it は訳さないことに注意しましょう。この英文は，a very hot day という‘時’を表すもので，It was a very hot day で「とても暑い日だった」のように訳せます。

とても**暑い**[1]日だったので，彼はとても**のどがかわいて**[3] **きた**[2]。その時，彼は**突然**[4]小さな**泉**[6] **を見つけた**[5]。「これはありがたい」と彼は言った。彼は泉から（水を）**飲み**[7]，「この**水**[8]は**とても**[9] **冷たく**[10]て**おいしいな**[11]！」と思った。その後，彼は若返ったよう**な気がし**[12]て，**楽に**[14] **家に帰る**[13]道を見つける〔家にたどり着く〕ことができた。

be 動詞にも過去形があり，‘過去の状態’や‘過去の存在’などの意味を表します。was は is や am の過去形で，この英文では is の過去形として使われています。ちなみに，are の過去形は were です。

さいごに，くりかえし音読しよう。

音読したら CHECK!! ▶▶ ☑□□□□

13 若返りの泉 (2)

441 hot✦ [hɑ́:t]〈ハト〉
形 暑い；熱い (hot - hotter - hottest)

442 become [bɪkʌ́m]〈ビカム〉
動 になる (become - became [bɪkéɪm]〈ビケイム〉 - become; becoming)

443 thirsty [θə́:rsti]〈サースティ〉
形 のどがかわいた

444 suddenly [sʌ́dnli]〈サドンリ〉
副 突然

派 **sudden** [sʌ́dn]〈サドン〉
形 突然の

445 ⇔ **gradually** [grǽdʒuəli]〈グラヂュアリ〉
副 徐々に

446 関 **graduate** [grǽdʒuèɪt]〈グラヂュエイト〉
動 卒業する
◆*graduate from* ～「～を卒業する」

派 **graduation** [grӕdʒuéɪʃən]〈グラヂュエイション〉
名 卒業 (式)

447 find [fáɪnd]〈ファインド〉
動 を見つける；…だとわかる
(find - found [fáʊnd]〈ファウンド〉 - found; finding)
❗「…だとわかる」の意味は，find that S V または find ～ (to be) ... の形で表すことができる。
◆*find out* ～「～を見つけ〔探り〕出す」

448 ≒ **discover** [dɪskʌ́vər]〈ディスカヴァ〉
動 を発見する

派 **discovery** [dɪskʌ́vəri]〈ディスカヴァリ〉
名 発見 (物)

449 ≒ **spy**✦ [spáɪ]〈スパイ〉
名 スパイ　動 こっそり探る

450 fountain [fáʊntn]〈ファウントン〉
名 噴水；泉

451 drink✦ [dríŋk]〈ドリンク〉
動 (を)飲む (drink - drank [drǽŋk]〈ドランク〉 - drunk [drʌ́ŋk]〈ドランク〉; drinking)　名 飲み物

452 ≒ **swallow** [swɑ́:loʊ]〈スワーロウ〉
動 (を) 飲み込む　名 ツバメ；飲み込むこと

▶August is the **hottest** month here.	▶ここでは8月は最も暑い月だ。
▶I want to **become** a doctor.	▶私は医者になりたい。
▶I feel **thirsty**.	▶のどがかわいている。
▶I **suddenly** remembered to call you.	▶私は突然あなたに電話することを思い出した。
▶We were surprised at the **sudden** storm.	▶私たちは突然の嵐に驚いた。
▶I'm **gradually** getting better at English.	▶私は徐々に英語が上達している。
▶What will you do after you **graduate**?	▶卒業後は何をするつもりですか。
▶I went to my brother's **graduation**.	▶私は兄〔弟〕の卒業式に行った。
▶Did you **find** your keys?	▶鍵は見つかった？
▶When did humans **discover** Antarctica?	▶人類が南極大陸を発見したのはいつですか。
▶You made a great **discovery**.	▶あなたは偉大な発見をしたのです。
▶He is a **spy**.	▶彼はスパイだ。
▶Her children are playing in the **fountain**.	▶彼女の子供たちは噴水で遊んでいる。
▶Do you **drink** milk every morning?	▶あなたは毎朝牛乳を飲みますか。
▶The cat **swallowed** the mouse whole.	▶そのネコはネズミをまるまる飲み込んだ。
▶A lot of **swallows** fly by here in the evening.	▶多くのツバメが夕方にこの近くを飛ぶ。

13 若返りの泉 (2)

453 water [wɑ́:tər] 〈ワータ〉

名 水

❗ 基本的に数えられない名詞として用いられる。

454 関 **flow** [flóʊ] 〈フロウ〉 動 流れる　名 流れ

455 関 **flood** [flʌ́d] 〈フラド〉 発 名 洪水　動 を水浸しにする

456 so [sóʊ] 〈ソウ〉

接 だから

副 とても；そんなに (も)；そのように

◆ *so ~ that ...*「とても～なので…」

so that S can 〔*may*〕 *...*「S (主語の人など) が…できるように」

457 関 **therefore** [ðéərfɔ̀:r] 〈ゼアフォー〉 副 したがって

458 cold [kóʊld] 〈コウルド〉

形 冷たい；寒い　名 風邪；寒さ

◆ *catch (a) cold*「風邪をひく」

have a cold「風邪をひいている」

459 delicious [dɪlíʃəs] 〈ディリシャス〉

形 おいしい；気持ちのよい

460 関 **taste** [téɪst] 〈テイスト〉 動 …な味がする　名 味；好み

❗ 動詞では「taste＋形容詞」の形をとる。

461 関 **flavor** [fléɪvər] 〈フレイヴァ〉 名 風味；趣　動 に風味をつける

462 feel [fí:l] 〈フィール〉

動 (を) 感じる；…の感じがする

(feel - felt [félt]〈フェルト〉 - felt; feeling)

❗「feel＋形容詞」で「…だと感じる」という意味。また, feel that ...「…だと感じる〔思う〕」の形にも慣れておこう。

派 **feeling** [fí:lɪŋ] 〈フィーリング〉 名 感じ；複 感情

463 back [bǽk] 〈バク〉

副 後ろに〔へ〕；戻って；(…し) 返して

名 背中；後ろ

464 home [hóʊm] 〈ホウム〉

名 家 (庭)；故郷　形 自宅の　副 家へ〔に〕

◆ *at home*「在宅して；くつろいで」

get home「帰宅する」(come home, go home と異なり,「家に到着する」ことを主眼としている場合に用いる。)

go home「帰宅する」(これから家に向かって移動する場合)

▶Can I have some **water**?	▶水をもらえますか。
▶Rivers often **flow** into oceans.	▶川はたいてい海洋へと流れる。
▶We had a **flood** here last year.	▶去年ここで洪水があった。
▶I feel cold, **so** I'm wearing a coat.	▶私は寒いのでコートを着ている。
▶This cocoa tastes **so** good.	▶このココアはとてもおいしいです。
▶I'm sick and **therefore** cannot go to the party.	▶私は調子が悪いのでパーティーに行けない。
▶Today is too **cold** for swimming.	▶今日は泳ぐには寒すぎる。
▶The pizza at Rico's is **delicious**.	▶リコ（の店）のピザはおいしい。
▶How does it **taste**?	▶それはどんな味がしますか。
▶What **flavor** of ice cream do you like?	▶アイスクリームのどの味が好き？
▶I **feel** cold.	▶私は寒い（←寒く感じる）。
▶I'm sorry I hurt your **feelings**.	▶あなたの気持ちを傷つけてごめんなさい。
▶I took the books **back** to the library.	▶私は図書館に本を返しに行った。
▶Reina hurt her **back** in the tennis match.	▶レイナはテニスの試合で背中を痛めた。
▶Is that your **home**?	▶あれがあなたの家？

465 **easily** [íːzəli]〈イーズィリ〉
副 容易に (easily - more easily - most easily)

派 **easy** [íːzi]〈イーズィ〉
形 容易な (⇔ **difficult**)；気楽な (easy - easier - easiest)
◆ *take it easy*「気楽にやる」

派 **ease** [íːz]〈イーズ〉
名 容易さ；安楽さ　動 を和らげる；和らぐ

466 関 **simply** [símpli]〈スィンプリ〉 副 ただ単に；簡単に；非常に

派 **simple** [símpl]〈スィンプル〉 形 簡単な；単純な

467 関 **complicate** [kɑ́ːmpləkèɪt]〈カンプリケイト〉
動 を複雑にする (complicated の形で用いられることが多く，「複雑な」という意味。)

▶Lee finished the test **easily**.

▶リーは簡単にそのテストを終えた。

▶History is not **easy** for me.

▶私にとって歴史は簡単ではない。

▶We can go there with **ease**.

▶私たちはそこへ簡単に行くことができます。

▶The weather is **simply** perfect.

▶天気は本当に完璧だ。

▶The answer is **simple**.

▶答えは簡単だ。

▶How **complicated** that is!

▶それはなんと複雑なのでしょう！

14 若返りの泉（3）

❶ "I'm home!" he said. "I'm sorry I'm late. I got lost."

❷ The old **woman**[1] **saw**[2] him and **asked**[3], "**Who**[4] are you, **young**[5] man? What can I do for you?"

❸ "What are you **talking**[6] about? It's me. I'm your **husband**[7]," he said.

❹ "Is this some kind of* **joke**[8]? You look so young..." she said. "Wait **a minute**[9], you're **wearing**[10] my husband's **clothes**[11]!"

（61 words）

*some kind of ～「何かの～；～か何か」

ここを check!

Who is〔are〕～？でたずねる場合

ℓ.2 Who(C) are(V) you(S), / young man?

疑問詞のある疑問文の場合，疑問詞を文頭に出します。たずねたい内容が「誰か」の場合，who を用います。そのあとは疑問文の語順です。

can「…できる」

ℓ.3 What can I do 〈for you〉?

この英文の can は「…できる」という‘可能’の意味の助動詞です。疑問詞のある疑問文は‘疑問詞＋ can ＋主語＋動詞の原形’という語順になります。

❶「ただいま！」と彼は言った。「遅くなってすまない。道に迷ってしまった。」

❷ おばあさん〔年老いた**女性**[1]〕は彼**を見**[2]て**たずねた**[3]。「あなたは**どなた**[4]です，**お若い**[5]方？　何かご用でしょうか。」

❸「何を**言っている**[6]んだ？　私だよ。きみの**夫**[7]だよ」と彼は言った。

❹「これは何かの**冗談**[8]ですか。あなたはとても若く見えるけれど…」と彼女は言った。「**ちょっと**[9]待って，あなたは夫の**服**[11] **を着ているわね**[10]！」

現在進行形「(今) …しているところだ」

ℓ.4 **What** are **you** talking **about?**

‘be 動詞の現在形＋動詞の ...ing 形’は現在進行形と言い，「(今) …しているところだ」という意味になります。疑問詞のある疑問文は‘疑問詞＋ be 動詞の現在形＋主語＋動詞の ...ing 形’という語順になります。

さいごに，くりかえし音読しよう。

音読したら CHECK!! ▶▶ ☑□□□□

第1章 1 2 3 4 5 6 7 8 第2章 9 10 11 12 13 14 15 16 17 18 19 20 21 22 23 24 25 第3章 26 27 28 29 30 31 32 33 34 35 36 37 38 39 第4章 40 41 42 43 44 45 46 47 48 49 50 51 52 53 54 55 56 57 58 59 60

468 **woman**
[wúmən]〈ウマン〉
名 女性 (複 women [wímɪn]〈ウィミン〉発)

469 関 **female**
[fíːmeɪl]〈フィーメイル〉
形 名 女性 (の)；雌《めす》 (の) (⇔ **male**)

470 **see** 多
[síː]〈スィー〉
動 (が) 見える；を見る；に会う；(が) わかる
(see - saw [sɔ́ː]〈ソー〉 - seen [síːn]〈スィーン〉; seeing)
◆ ***I see.*** 「わかりました。；なるほど。」
Let's see. 「ええと。」
see ～ off 「～を見送る」

471 注 **sew** [sóu]〈ソウ〉
動 をぬう

472 **recognize**
[rékəgnàɪz]〈ゥレコッグナイズ〉アク
動 を認識する；を認める

473 関 **sightseeing**
[sáɪtsìːɪŋ]〈サイトスィーイング〉
名 観光

474 **ask**
[ǽsk]〈アスク〉
動 (に) ～をたずねる；(を) 求める
◆ ***ask A for B*** 「A に B を求める」
ask for ～ 「～を求める」
ask ～ to do 「～に…するように頼む」

475 **who**
[húː]〈フー〉
代 誰が〔を；に〕；(関係代名詞として) …する (人)
❗ 人を修飾する関係代名詞としても使われる。

476 関 **whose** [húːz]〈フーズ〉
代 誰の (もの)；(関係代名詞として) その～が…する

477 **young**
[jʌ́ŋ]〈ヤング〉
形 若い

478 **talk**
[tɔ́ːk]〈トーク〉
動 話す　名 話
❗ 話す相手や内容を表す際には前置詞をつける必要がある。
◆ ***talk about ～*** 「～について話す」
talk to ～ 「～と話をする」
talk with ～ 「～と話をする」

479 **speak** [spíːk]〈スピーク〉
動 (を) 話す (speak - spoke [spóuk]〈スポウク〉-spoken [spóukən]〈スポウクン〉; speaking)
❗ 「～を話す」の意味では，後ろに言語が続くことが多い。また，電話で「こちらは～です」と言う際の表現も覚えておこう。
◆ ***speak to ～*** 「～に話しかける」

▶▶音声

▶That **woman** is our new teacher.	▶あの女性は私たちの新しい先生です。
▶This is the **female** locker room.	▶これは女性の更衣室だ。
▶Can you **see** Jim?	▶あなたはジムに会えますか。
▶I'll **sew** the button onto my shirt.	▶シャツにボタンをぬい付けよう。
▶I didn't **recognize** you with those new glasses.	▶あなたが新しいメガネをかけていたのであなただとわかりませんでした。
▶We can take a **sightseeing** trip.	▶私たちは観光旅行をすることができます。
▶**Ask** Emma for her phone number.	▶エマに電話番号を聞きなさい。
▶**Who** is that boy?	▶あの少年は誰ですか。
▶**Whose** lunchbox is this?	▶これは誰の弁当箱ですか。
▶Your uncle is very **young**.	▶あなたのおじさんはとても若いですね。
▶We can **talk** after class.	▶授業のあとで話すことができます。
▶This is Ayako **speaking**.	▶(電話で) こちらはアヤコです (←アヤコが話しています)。

派 **speaker**✦ [spíːkər]〈スピーカ〉 名 話し手；スピーカー

派 **speech**✦ [spíːtʃ]〈スピーチ〉 名 スピーチ；演説
◆ *make a speech*「スピーチ〔演説〕をする」

480 関 **pronounce** [prənáʊns]〈プロナウンス〉 動 を発音する；を宣言〔宣告〕する

派 **pronunciation** [prənʌ̀nsiéɪʃən]〈プロナンスィエイション〉 名 発音

481 **husband** [hʌ́zbənd]〈ハズバンド〉 名 夫

482 ＝ **partner**✦ [páːrtnər]〈パートナ〉 名 配偶者；パートナー

483 **joke**✦ [dʒóʊk]〈ヂョウク〉 名 冗談；ジョーク

484 **minute** [mínət]〈ミニト〉 名 分；(通例a minuteで) 瞬間
◆ *for a minute*「少しの間」(＝ for a short time)

485 **wear**✦ [wéər]〈ウェア〉 動 を着ている (wear - wore [wɔ́ːr]〈ウォー〉 - worn [wɔ́ːrn]〈ウォーン〉; wearing)
❗ wearは「～を着ている」という状態を表す。「～を着る」という動作を表すput onとしっかり区別しよう。

486 **clothes** [klóʊz〈クロウズ〉, klóʊðz〈クロウズズ〉] 発 名 衣服
❗ 複数扱いになる点に注意。
◆ *change (one's) clothes*「服を着替える」

派 **cloth**✦ [klɔ́ːθ]〈クロース〉 名 布 (地)
❗ clothの複数形はcloths。clothesと混同しないこと。

▶Let's listen carefully to the **speaker**.
▶話している人を注意深く聞きましょう。

▶I made a **speech** in English.
▶私は英語でスピーチをした。

▶I can't **pronounce** this word.
▶私はこの単語を発音できない。

▶Your **pronunciation** is very good.
▶あなたの発音はとてもよいですね。

▶Is that Ms. Hayashi's **husband**?
▶あれが林さんのご主人ですか。

▶He is a good **partner**.
▶彼はよきパートナーだ。

▶That **joke** was funny.
▶その冗談はおもしろかった。

▶Lunch break is fifty **minutes** long.
▶昼休みは 50 分だ。

▶I **wore** a raincoat this morning.
▶私は今朝レインコートを着ていた。

▶I'll buy new **clothes** with my money.
▶私は自分のお金で新しい衣服を買うつもりだ。

▶She likes cotton **cloth**.
▶彼女は綿の布を好む。

まとめてチェック 12 通信手段

487	**mobile** [móʊbl]〈モウブル〉	形 可動性の
488	**phone** [fóʊn]〈フォウン〉	名 (通例 the) 電話 (機)
489	**telephone** [téləfòʊn]〈テレフォウン〉	名 (通例 the) 電話 (機) ◆ *on the phone*〔*telephone*〕「電話で」
490	**radio** [réɪdioʊ]〈ゥレイディオウ〉発	名 ラジオ
491	**postcard** [póʊstkàːrd]〈ポウストカード〉	名 はがき

まとめてチェック 13 コミュニケーション

495	**communicate** [kəmjúːnəkèɪt]〈コミューニケイト〉	動 を伝える；意思を伝え合う ◆ *communicate with* ～「～と連絡をとる；～と意思の疎通をする」
	派 **communication** [kəmjùːnɪkéɪʃən]〈コミューニケイション〉	名 伝達；通信
496	**comment** [káːment]〈カメント〉	動 論評する (on)　名 論評
497	**conversation** [kàːnvərséɪʃən]〈カンヴァセイション〉	名 会話

492 **stamp** [stǽmp]〈スタンㇷ゚〉　名 切手

493 **message** [mésɪdʒ]〈メセチ〉　名 伝言
◆ *leave a message*「伝言を残す」
take a message「伝言を受ける」

494 **address** [ədrés〈アドレㇲ〉, ǽdres〈アドレㇲ〉]　名 住所；演説

498 **idea** [aɪdíːə]〈アイディーア〉　名 考え；アイディア
◆ *have no idea*「わからない」

499 **opinion** [əpínjən]〈オピニョン〉　名 意見
◆ *in my opinion*「私の意見では」

500 **subject** 多 [sʌ́bdʒekt]〈サッヂェクㇳ〉　名 話題；科目；(文の) 主語

501 **theme** [θíːm]〈スィーㇺ〉 発　名 主題；テーマ

502 **topic** [táːpɪk]〈タピㇰ〉　名 話題；トピック

15 若返りの泉（4）

❶ “Of course I am*,” he said. ❷ “That **voice**[1]! That’s my husband’s voice!” she said. “You **should**[2] look in the **mirror**[3]!” He looked in the mirror. ❸ “It’s me, **all right**[4]. But how did I get so young? Wait.... That fountain which I drank from*. The water must be* **magical**[5]!”

（48 words）

*I am「（am の後ろに wearing が省略されていて）着ているよ」 ～ which I drank from「私が（水を）飲んだ～」 must be ...「きっと…」

ここを check!

That is ～ の文

ℓ.2 That’s **my husband’s voice!**

That’s は That is の短縮形で，That is ～．で「あれは～である。」と離れたところにあるものを説明します。ちなみに，that の複数形は those です。また，近くにあるものを指す時は This is ～．を使い，this の複数形は these です。

❶「もちろん着ているよ」と彼は言った。

❷「その**声**[1]！　それは私の夫の声だわ！」と彼女は言った。「**鏡**[3]を見る**べき**[2]よ！」彼は鏡をのぞきこんだ。

❸「私だ, **間違いない**[4]。だがどうやってこんなに若くなったんだろう？待てよ…。私が水を飲んだあの泉か。きっとあの水に**魔法の力があった**[5]のだろう！」

how でたずねる場合

ℓ.4 (But) how did I get so young?

この英文の how は「どうやって」と‘方法・手段’をたずねる疑問詞です。how を使って「どうやって…したのか」という意味を表す時は‘how + did +主語+動詞の原形’という語順になります。ちなみにここでの get は「…（の状態）になる」という意味で用いられています。

さいごに，くりかえし音読しよう。

音読したら CHECK!! ▶▶ ☑☐☐☐☐

15 若返りの泉 (4)

503 **voice** [vɔ́ɪs]〈ヴォイス〉
名 声

504 **should** [ʃúd]〈シュド〉
助 …すべきだ；…するはずだ
❗ mustやhave toほどの強い義務の意味はない。また，shallの過去形としての用法をもつ。

505 **mirror** [mírər]〈ミラ〉
名 鏡

506 **all** [ɔ́:l]〈オール〉
形 すべての　代 すべて（の人々〔もの〕）
副 まったく
◆ *all of* ～「～のすべて」　*of all*「すべての中で」
not ... at all「まったく…ない」
Not at all.「（感謝の言葉に対し）どういたしまして。」
That's all.「（話し合いの最後などに）それだけです。」

507 ≒ **total** [tóutl]〈トウトル〉　形 まったくの；総計の　名 合計
508 ≒ **whole** [hóul]〈ホウル〉　形 全体の　名 全体

509 **right** 多 [ráɪt]〈ゥライト〉
形 右の；正しい　副 右へ；正しく；ちょうど
名 右；権利
◆ *all right*「よろしい；間違いない」
That's right.「そのとおりだ。」
You're right.「あなたの言うとおりだ。」
right away「すぐに」

510 ⇔ **left** [léft]〈レフト〉　形 左の　副 左へ　名 左
❗ leave（動（を）去る）の過去形・過去分詞と同じつづり。
511 ≒ **correct** [kərékt]〈コレクト〉　形 正しい；適切な　動 を訂正する
512 ≒ **appropriate** [əpróupriət]〈アプロウプリエト〉　形 適切な
513 ≒ **accurate** [ǽkjərət]〈アキュレト〉　形 正確な
514 ≒ **proper** [prá:pər]〈プラパ〉　形 適切な；（社会的に）正しい
515 ⇔ **wrong** [rɔ́:ŋ]〈ゥローング〉　形 間違った；（機械などの）調子が悪い
516 関 **mistake** [məstéɪk]〈ミステイク〉　名 間違い　動 を間違える（mistake - mistook [məstúk]〈ミストゥク〉 - mistaken [məstéɪkən]〈ミステイクン〉; mistaking）
◆ *make a mistake*「間違える」
517 関 **error** [érər]〈エラ〉　名 間違い

518 **magical** [mǽdʒɪkl]〈マヂクル〉
形 魔法の

派 **magic** [mǽdʒɪk]〈マヂク〉　名 魔法；手品　形 魔法の
519 関 **trick** [trík]〈トリク〉　動 をだます　名 計略；いたずら；秘訣；芸

▶▶音声

▶I like that singer's **voice**.	▶私はその歌手の声が好きだ。
▶You **should** try this cake.	▶このケーキを食べてみるべきです。
▶Look in the **mirror**.	▶鏡を見なさい。
▶Did you eat **all** the popcorn?	▶ポップコーンを全部食べたの？
▶What is the **total** cost?	▶合計の費用はいくらですか。
▶Can you eat a **whole** pizza?	▶ピザを１枚全部食べられますか。
▶Turn **right** at the corner. ▶That is the **right** answer.	▶角を右に曲がりなさい。 ▶あれが正しい答えだ。
▶My **left** hand hurts.	▶左手が痛い。
▶Is this answer really **correct**? ▶Is this an **appropriate** gift?	▶この答えは本当に正しいですか。 ▶これは適切な贈り物でしょうか。
▶These numbers are **accurate**.	▶これらの数字は正確だ。
▶I want to get a **proper** job. ▶**What's wrong** with you? ▶That was my greatest **mistake**.	▶私はきちんとした仕事に就きたい。 ▶（あなたが）どうかしましたか。 ▶それは私の最大のミスだった。
▶Don't repeat an **error**.	▶間違いを繰り返すな。
▶It was a **magical** movie.	▶それは魔法の映画だった。
▶Do you believe in **magic**?	▶魔法を信じますか。
▶My older brother **tricked** me.	▶兄が私をだました。

16 若返りの泉（5）

❶ He **told**[1] his wife about finding* the fountain. "I'm young **again**[2]! But I don't want to be young and **alone**[3]. I'll go and get some magical water for you tomorrow, too. Then we can be young **together**[4]," he said.

❷ "OK, it's late. We should get some **sleep**[5] tonight," the old woman said.

（52 words）

*about ...ing「…することについて」

ここを check!

一般動詞の否定文

ℓ.2 （But）I don't want to be young and alone.

don't は do not の短縮形で，動詞の原形を続けて，「…しない」という否定を表します。ちなみに，主語が he や that など３人称単数の場合，do not の代わりに does not を使います。短縮形は doesn't です。

学習した
日付をいれよう！　／　／　／

音声▶▶

❶ 彼は泉を見つけたことについて妻**に話した**[1]。「私は**また**[2]若くなった！　だけど，若くなって**1人に**[3]なりたくはない。明日，きみにも魔法の水を取ってきてやろう。そうすれば**一緒に**[4]若くなることができるぞ」と彼は言った。

❷「さて，もう遅いわ。今夜は多少**睡眠**[5]をとらなくては」とおばあさんは言った。

can be ...

ℓ.4 〈Then〉 **we can be young** 〈together〉.

can に be 動詞が続く時は，原形の be が続きます。この英文では，can be ... で「…になれる」という意味を表しています。

さいごに，くりかえし音読しよう。

音読したら CHECK!! ▶▶ ☑□□□□

520 **tell** [tél]〈テル〉
動 (に) ～を言う〔話す〕
(tell - told [tóʊld]〈トウルド〉- told; telling)
❗「tell＋人＋用件・内容」の語順で目的語を２つとることができる。
◆ *tell ～ from ...*「～と…とを区別する」
to tell the truth「実を言うと；正直に言うと」
tell ～ to do「～（人）に…するように言う」

521 関 **explain** [ɪkspléɪn]〈イクスプレイン〉 動 (を) 説明する
派 **explanation** [èksplənéɪʃən]〈エクスプラネイション〉 名 説明

522 ≒ **state** [stéɪt]〈ステイト〉多 名 状態；州；国家　動 を述べる
派 **statement** [stéɪtmənt]〈ステイトメント〉 名 陳述；声明

523 ≒ **report** [rɪpɔ́ːrt]〈ゥリポート〉 動 (を) 報告する　名 報告 (書)
派 **reporter** [rɪpɔ́ːrtər]〈ゥリポータ〉 名 記者；報告者

524 関 **article** [ɑ́ːrtɪkl]〈アーティクル〉 名 記事；品物；条項

525 関 **item** [áɪtəm]〈アイテム〉 名 項目；品目；品物

526 関 **detail** [díːteɪl]〈ディーテイル〉 名 細部；複 詳細

527 関 **information** [ìnfərméɪʃən]〈インフォメイション〉 名 情報
❗基本的には数えられない名詞として用いられる。数を表す必要がある場合，a piece of ～などの表現を用いる。

528 **again** [əgén]〈アゲン〉
副 再び
❗会話で See you again.（また会いましょう。）は，次に会えるかわからない相手に言う決まり文句。「また明日。」のような場面では使わない。
◆ *again and again*「何度も」

529 関 **repeat** [rɪpíːt]〈ゥリピート〉 動 (を) 繰り返す

530 関 **repeatedly** [rɪpíːtɪdli]〈ゥリピーティドリ〉 副 繰り返して

531 **alone** [əlóʊn]〈アロウン〉
形 １人きりの　副 １人で

532 **together** [təgéðər]〈トゥゲザ〉
副 一緒に
◆ *get together*「集まる」
together with ～「～と一緒に」

▶▶音声

▶Please **tell** me about your hometown.
▶あなたの故郷について私に教えてください。

▶Please **explain** this question to me.
▶この問題を説明してください。

▶Your **explanation** was easy to understand.
▶あなたの説明はわかりやすかったです。

▶America has fifty **states**.
▶アメリカには 50 州ある。

▶Please **state** your name.
▶あなたの名前を述べてください。

▶Our boss read out a **statement**.
▶私たちの上司は声明を読み上げた。

▶Please **report** to the principal.
▶校長先生に報告してください。

▶There is always a crowd of **reporters** here.
▶ここにはいつも大勢の記者がいる。

▶Did you read that **article** about our school?
▶私たちの学校についての記事を読みましたか。

▶I'd like to buy a few more **items**.
▶もう少し品物を買いたい。

▶Please tell me the **details** of your adventure.
▶あなたの冒険の詳細を教えてください。

▶Give me more **information**.
▶私にもっと情報をちょうだい。

▶I won't be late for school **again**.
▶二度と学校に遅刻しないつもりだ。

▶Can you **repeat** that, please?
▶もう一度それを繰り返していただけますか。

▶Press the button **repeatedly**.
▶ボタンを繰り返し押しなさい。

▶Yuki studied in the library **alone**.
▶ユキは 1 人で図書館で勉強した。

▶Can we play tennis **together**?
▶一緒にテニスができますか。

16 若返りの泉 (5)

533 □ **sleep**✦ [slíːp]〈スリープ〉

動 眠る (sleep - slept [slépt]〈スレプト〉 - slept; sleeping)
名 眠り

派 **sleepy** [slíːpi]〈スリーピ〉 形 眠い
派 **asleep** [əslíːp]〈アスリープ〉 形 眠って
◆ *fall asleep*「寝入る」

534 □ ≒ **nap** [nǽp]〈ナプ〉 名 昼寝
535 □ 関 **pillow** [pílou]〈ピロウ〉 名 枕

▶I **sleep** for eight hours every day.
▶私は毎日 8 時間眠る。

▶I always feel **sleepy** after lunch.
▶昼食のあとはいつも眠くなる。

▶I **fell asleep** in class.
▶私は授業中眠りに落ちた。

▶I was taking a **nap**.
▶私は昼寝をしていた。

▶My **pillow** is soft.
▶私の枕はやわらかい。

17 若返りの泉（6）

❶ She was so **excited**[1] about becoming young again that* she couldn't sleep. Finally, she got up and walked into the forest. She found the magical fountain.

❷ The man **woke** up[2] alone in the **morning**[3]. When* he found that* his wife was gone*, he **decided** to*[4] look for her in the forest. He was **almost**[5] back **at**[6] the fountain when* he heard a **noise**[7] and **stopped**[8].

(65 words)

*so ～ that ...「とても～なので…」 when ...「…すると」 found that ...「…ということに気がついた」 was gone「いなくなった」 decided to *do*「…すると決めた」 when ...「（and then の意味で）そしてその時…」

ここを check!

一般動詞の過去形（不規則に変化する動詞）

ℓ.3 She found the magical fountain.

found は find の過去形。不規則的に変化する動詞の 1 つとして覚えておきましょう。

学習した
日付をいれよう！ ／ ／ ／

音声▶▶

❶ 彼女は再び若くなることを思うととても**興奮して**[1]眠れなかった。とうとう彼女は起き上がり，森へ歩いて入って行った。彼女は魔法の泉を見つけた。

❷ **朝**[3]，おじいさんは１人で**目をさました**[2]。妻がいなくなっていることに気づくと，彼女を森へ探しに行く**ことにした**[4]。彼は**もう少しで**[5]泉というところ**に**[6]戻ってきたが，その時**物音**[7]が聞こえて**立ち止まった**[8]。

一般動詞の過去形（不規則に変化する動詞）／「起きる」

ℓ.4 The man woke up 〈alone〉〈in the morning〉.

woke は wake の過去形で，wake up で「目をさます；目がさめる」の意味になります。不規則動詞の１つとして覚えておきましょう。なお，get up は「(目ざめて) 起き上がる」なので少し意味が異なります。

さいごに，くりかえし音読しよう。

音読したら CHECK!! ▶▶ ☑☐☐☐☐

536 **excite** [ɪksáɪt]〈イクサイト〉
動 を興奮させる；(感情) をかき立てる

派 **exciting** [ɪksáɪtɪŋ]〈イクサイティング〉
形 興奮させる
(exciting - more exciting - most exciting)

派 **excited** [ɪksáɪtɪd]〈イクサイティド〉
形 興奮した (excited - more excited - most excited)

537 関 **cheerful** [tʃíərfl]〈チアフル〉
形 元気のいい

派 **cheer** [tʃíər]〈チア〉
動 を元気づける　名 かっさい
◆ *cheer up*「元気づく」

538 関 **encourage** [ɪnkə́ːrɪdʒ]〈インカーレヂ〉
動 を励ます；を奨励する

539 関 **courage** [kə́ːrɪdʒ]〈カーレヂ〉
名 勇気

540 **wake** [wéɪk]〈ウェイク〉
動 目をさます；を起こす (⇔ **sleep**) (wake - woke [wóʊk]〈ウォウク〉 - woken [wóʊkən]〈ウォウクン〉; waking)
◆ *wake up (～)*「目をさます；(～を) 起こす」

派 **awake** [əwéɪk]〈アウェイク〉
形 目ざめて；気づいて (to)
動 目がさめる；を起こす

541 **morning** [mɔ́ːrnɪŋ]〈モーニング〉
名 朝；午前 (中)
❗「朝に」と言う場合はinを用いる。特定の日の朝について述べる場合にはon Sunday morningのようにonを用いる。
◆ *in the morning*「午前中に」　*this morning*「今朝」

542 関 **a.m.** [éɪém]〈エイエム〉
副 午前

543 関 **p.m.** [píːém]〈ピーエム〉
副 午後

544 **decide** [dɪsáɪd]〈ディサイド〉
動 (を) 決める〔決心する〕
◆ *decide to do*「…することに決める」

派 **decision** [dɪsíʒən]〈ディスィジョン〉
名 決定；決心
◆ *make a decision*「決定をする」

545 **almost** [ɔ́ːlmoʊst]〈オールモウスト〉
副 ほとんど；もう少しで (…するところだ)
◆ *almost all*〔*every*〕～「ほとんどすべての～」

546 **at** [ǽt]〈アト〉
前 で；に
❗ 場所や時間を表す前置詞。また，「(目標) に向かって」という意味ももつ。

▶▶音声

▶This novel **excited** me.	▶この小説は私をわくわくさせた。
▶The roller coaster was very **exciting**.	▶ジェットコースターはとてもわくわくした。
▶I felt **excited** about the concert.	▶私はコンサートに興奮した。
▶You look very **cheerful** today.	▶今日はとても元気がよく見えます。
▶I want to **cheer** my favorite team.	▶私はお気に入りのチームを応援したい。
▶My classmates **encouraged** me to finish.	▶クラスメイトは終わらせるように私を励ました。
▶I needed **courage** to climb that hill.	▶あの丘に登るには勇気が必要だった。
▶I usually **wake up** at six.	▶私は普段 6 時に目ざめる。
▶Are you **awake**?	▶起きていますか。
▶It was raining this **morning**.	▶今朝は雨が降っていた。
▶I'll see you at 9 **a.m.**	▶午前 9 時に会いましょう。
▶The last class finishes at 3 **p.m.**	▶最後の授業は午後 3 時に終わる。
▶My father **decided** our holiday plans.	▶父が休暇の計画を決めた。
▶Let's **make a decision** about tonight.	▶今夜のことについて決めましょう。
▶**Almost** all of the students joined in the event.	▶ほとんどすべての生徒がそのイベントに参加した。
▶I usually leave home **at** 6:30.	▶私は普段 6 時 30 分に家を出る。

547 noise [nɔ́ɪz]〈ノイズ〉
名 (騒) 音

派 **noisy** [nɔ́ɪzi]〈ノイズィ〉 形 騒がしい

548 関 **silent** [sáɪlənt]〈サイレント〉 形 沈黙した；静かな (≒ **quiet**)

派 **silence** [sáɪləns]〈サイレンス〉 名 沈黙；静けさ

549 関 **calm** [kɑ́:m]〈カーム〉 発 形 穏やかな

550 stop [stɑ́:p]〈スタップ〉
動 を止める；をやめる；(立ち) 止まる
名 停止；停留所
❗過去形・過去分詞はstopped, ...ing形はstoppingとなる。つづりに注意しよう。
◆*stop ...ing*「…するのをやめる」
stop to do「…するために立ち止まる」

551 ≒ **prevent** [prɪvént]〈プリヴェント〉 動 を妨げる；を防ぐ
◆*prevent* ～ *from ...ing*「～が…するのを妨げる」

552 関 **advance** [ədvǽns]〈アドヴァンス〉 動 を進歩させる；前進する 名 前進；発達

553 関 **advantage** [ədvǽntɪdʒ]〈アドヴァンテヂ〉 名 有利 (な点)

▶There is too much **noise** in this class.	▶このクラスはうるさすぎる。
▶Our classroom is too **noisy**.	▶私たちの教室はあまりに騒がしい。
▶The town's main street is **silent** in the evening.	▶町のメインストリートは夕方は静かだ。
▶"**Silence**!" said the teacher.	▶「静かに！」と先生が言った。
▶The sea was **calm**.	▶海は穏やかだった。
▶**Stop** writing now.	▶今書くのをやめなさい。
▶My computer problem **prevented** me from finishing.	▶私のコンピューターの不具合のせいで完了することができなかった。
▶This is a big **advance** in design.	▶これはデザインにおいて大きな進歩だ。
▶I have an **advantage** because I'm tall.	▶私は背が高いので有利だ。

18 若返りの泉（7）

❶ "Sounds like a **baby**[1] **crying**[2]*," he said. He saw his wife's clothes on the **ground**[3]. He thought that* she had fallen* into the fountain, but then he saw a baby in the clothes. "Oh no!"

❷ The old woman had really wanted to be* young, so she drank the magical water. But she drank too much. The man **picked**[4] up his **tiny**[5] wife and carried her home. From that day on, he was very **busy**[6] **washing**[7]*, **cooking**[8], **cleaning**[9], **changing**[10] diapers and taking **care**[11] of* her.

（84 words）

*a baby crying「赤ん坊が泣いている」 thought that ...「…だと思った」 had fallen「落ちてしまった」 had wanted to be ...「（「飲んだ」よりも前の時点で）…になりたかった」 was busy ...ing「…するのに忙しかった」 take care of ～「～の世話をする」

ここを check!

like「～のように」

ℓ.1 "Sounds **like** a baby crying," he said.

like には「～が好きである」という意味以外に**「～のような」**や**「～と同じように」**という意味があります。なお，ここでの a baby crying は a baby が crying の主語の役割をしていて「赤ん坊が泣いている」という意味を表しています。

学習した
日付をいれよう！　／　／　／

音声▶▶

❶「**赤ん坊**[1]が**泣いている**[2]ようだな」と彼は言った。彼は妻の服が**地面**[3]の上にあるのを見つけた。彼は妻が泉に落ちてしまったのかと思ったが，その時，服の中に赤ん坊がいるのを見つけた。「おお，なんということだ！」

❷ おばあさんは本当に若くなりたかったので，魔法の水を飲んだ。しかし，彼女は飲みすぎてしまったのだ。おじいさんは**ちっちゃな**[5]妻**を拾い**[4]上げ，家に連れて帰った。その日から彼は，**洗濯**[7]，**料理**[8]，**掃除**[9]，おむつ**替え**[10]，彼女の**世話**[11]でとても**忙しく**[6]なった。

be 動詞の過去形

ℓ.8 〈From that day on〉, he **was** very busy 〈washing, cooking, cleaning, changing diapers and taking care of her〉.

was は is や am の過去形で，この英文では is の過去形として ' 過去の状態 ' を表しています。be busy ...ing は「…するのに忙しい」という意味で，washing，cooking，cleaning，changing，taking という 5 つの動作が並んでいます。

さいごに，くりかえし音読しよう。

音読したら CHECK!! ▶▶ ☐☐☐☐☐

18 若返りの泉 (7)

554 **baby** [béɪbi]〈ベイビ〉
名 赤ん坊

555 **cry** [kráɪ]〈クライ〉
動 泣く；(と) 叫ぶ　名 叫び (声)；泣き声
❗ 3人称・単数・現在はcries，過去形・過去分詞はcried。

556 **ground** [gráʊnd]〈グラウンド〉
名 地面；運動場

557 **pick** [pík]〈ピク〉
動 を選ぶ；(花など) を摘む
◆ *pick up* ～「～を拾い上げる；～を車に乗せる」

558 ≒ **choose** [tʃúːz]〈チューズ〉　動 (を) 選ぶ (choose - chose [tʃóʊz]〈チョウズ〉- chosen [tʃóʊzn]〈チョウズン〉; choosing)
派 **choice** [tʃɔ́ɪs]〈チョイス〉　名 選択 (の自由)
559 関 **election** [ɪlékʃən]〈イレクション〉　名 選挙；当選
560 関 **vote** [vóʊt]〈ヴォウト〉　名 動 投票 (をする)

561 **tiny** [táɪni]〈タイニ〉
形 とても小さい；ごくわずかの

562 **busy** [bízi]〈ビズィ〉
形 忙しい；ごったがえした (busy - busier - busiest)
◆ *be busy ...ing* 〔*with* ～〕「…するのに〔～で〕忙しい」

563 関 **business** [bíznəs]〈ビズネス〉　名 仕事；商売；会社
564 関 **merchant** [mɔ́ːrtʃənt]〈マーチャント〉　名 商人　形 商業の

565 **wash** [wɑ́ːʃ]〈ワーシュ〉
動 (を) 洗う

566 **cook** [kúk]〈クク〉
動 (を) 料理する　名 料理人

567 関 **dish** [díʃ]〈ディシュ〉　名 皿；料理
568 関 **kitchen** [kítʃən]〈キチン〉　名 台所
569 関 **fridge** [frídʒ]〈フリヂ〉　名 冷蔵庫
570 関 **boil** [bɔ́ɪl]〈ボイル〉　動 を沸騰させる；沸騰する；を煮る；煮える
571 関 **burn** [bɜ́ːrn]〈バーン〉　動 燃える；を燃やす；焦げる；を焦がす
572 関 **freeze** [fríːz]〈フリーズ〉　動 凍る；を凍らせる　(freeze - froze [fróʊz]〈フロウズ〉- frozen [fróʊzn]〈フロウズン〉; freezing)

▶▶音声

▶My sister is having a **baby** soon.	▶私の姉〔妹〕にはもうすぐ赤ちゃんが生まれる。
▶Sara **cried** after her cat died.	▶サラは彼女のネコが死んだあと泣いた。
▶Put your bags down on the **ground**.	▶かばんを地面に置きなさい。
▶I **picked** Haruna for our team.	▶私は我々のチームにハルナを選んだ。
▶It's time to **choose** the winner.	▶勝者を選ぶ時間だ。
▶You have a **choice** of two meals.	▶２つの食事から選べます。
▶We held a class **election** yesterday.	▶昨日クラスの選挙があった。
▶Students **voted** for the new class leader.	▶生徒は新しいクラスリーダーを選ぶ投票をした。
▶My room is **tiny**.	▶私の部屋はとても小さい。
▶The roads are **busy** today.	▶今日は道路が混んでいる。
▶My father runs a printing **business**.	▶父は印刷会社を経営している。
▶My uncle is a wine **merchant**.	▶私のおじはワイン商人だ。
▶I **washed** my face before breakfast.	▶私は朝食の前に顔を洗った。
▶Do you know how to **cook** *tempura*?	▶天ぷらの作り方を知っていますか。
▶Put the cookies on a **dish**.	▶クッキーを皿に置きなさい。
▶Our **kitchen** is very small.	▶私たちの台所はとても小さい。
▶The milk is in the **fridge**.	▶牛乳が冷蔵庫にある。
▶Please **boil** some water.	▶お湯を沸かしてください。
▶Wood is **burning** in the fire.	▶たき火で木が燃えている。
▶**Freeze** water and you get ice.	▶水を凍らせると氷ができます。

573 **clean** [klíːn]〈クリーン〉
[形] 清潔な [動] をきれいにする；(を) 掃除する
◆ *clean up* ～「～をきれいに掃除する」

574 [≒] **fresh** [fréʃ]〈フレシュ〉
[形] 新鮮な；新しい (fresh - fresher - freshest)

575 [⇔] **dirty** [dɚ́ːti]〈ダーティ〉
[形] 汚い (dirty - dirtier - dirtiest)

576 [関] **dust** [dʌ́st]〈ダスト〉
[名] ほこり

577 **change** [多] [tʃéɪndʒ]〈チェインヂ〉[発]
[動] を変える；を交換する；変わる ([⇔] **keep**)
[名] 変化；交換；つり銭
◆ *change into* ～「～に着替える；～に変わる」

578 [≒] **exchange** [ɪkstʃéɪndʒ]〈イクスチェインヂ〉
[動] を交換する [名] 交換
◆ *exchange A for B*「A を B と交換する」

579 [関] **translate** [trǽnsleɪt]〈トランスレイト〉
[動] を翻訳する (A into B)；を移す；翻訳する

580 [関] **affect** [əfékt]〈アフェクト〉
[動] に影響する；を感動させる

581 **care** [kéər]〈ケア〉
[名] 注意；世話 [動] (を) 気にする
◆ *care about* ～「～を気にする」
take care of ～「～の世話をする」≒ *look after* ～
Take care.「じゃあね。；気をつけて。」
care for ～「～が好きだ；～の世話をする」

[派] **careful** [kéərfl]〈ケアフル〉
[形] 注意深い (careful - more careful - most careful)
◆ *be careful about* ～「～に気をつける」

[派] **carefully** [kéərfəli]〈ケアフリ〉
[副] 注意深く

582 [≒] **worry** [wə́ːri]〈ワーリ〉[発]
[動] 心配する；を心配させる [名] 心配
❗ 3 人称・単数・現在は worries，過去形・過去分詞は worried となる。
◆ *worry*〔*be worried*〕*about* ～「～について心配する」

[派] **worried** [wə́ːrid]〈ワーリド〉[発]
[形] 心配して

▶Please **clean** the room.	▶部屋を掃除してください。
▶This apple is very **fresh**.	▶このリンゴはとても新鮮だ。
▶The living room is very **dirty** now.	▶リビングは今とても汚い。
▶His desk is covered with **dust**.	▶彼の机はほこりだらけだ。
▶Did you **change** your hair?	▶髪型を変えた？
▶This machine won't give me my **change**.	▶この機械はおつりが出ないだろう。
▶Can I **exchange** this shirt?	▶このシャツを交換してもいいですか。
▶Can you **translate** this word into English?	▶この単語を英語に訳してくれますか。
▶The weather will **affect** our plan.	▶天気が私たちの計画に影響を与えるだろう。
▶**Take care** when you cross the road.	▶道路を横切る時には気をつけなさい。
▶Please be **careful**!	▶気をつけてください！
▶It's raining, so drive **carefully**.	▶雨が降っているから慎重に運転して。
▶Don't **worry** about the test.	▶テストについて心配しないで。
▶I'm **worried** about my friend.	▶私は友だちが心配だ。

19 サンフランシスコ沖の巨大クジラ（1）

One morning a **fisherman**[1] was **fishing**[2] in the **Pacific Ocean**[3], about 18 **miles**[4] from San Francisco. He saw **something strange**[5]*. There was* a **whale**[6] in the water, and it wasn't **moving**[7]. Was the whale dead?* The fisherman didn't think so. He moved his **boat**[8] to look at* it. (48 words)

*something ...「何か…なもの」 there was ～「～がいた」 Was the whale dead?（過去時制だが，登場人物の心の声のように訳している。） to look at ～「～を見るために」

ここを check!

過去進行形「(その時）…していた」

ℓ.1 〈One morning〉 a fisherman was fishing 〈in the Pacific Ocean〉, 〈about 18 miles from San Francisco〉.

'be 動詞の過去形＋動詞の ...ing 形' は過去進行形と言い，「(その時）…していた」という意味を表します。about 18 miles from San Francisco は「サンフランシスコから約 18 マイル離れた所で」という意味です。

学習した
日付をいれよう！　／　／　／

音声▶▶
(要パスワード→p .12)

ある朝，1人の**漁師**[1]がサンフランシスコから約18**マイル**[4]の**太平洋**[3]上で**つりをし**[2]ていた。彼は**何か見慣れないもの**[5]を見た。海中に**クジラ**[6]がいたのだが，**動い**[7]ていなかった。そのクジラは死んでいるのだろうか。漁師はそうは思わなかった。それを見ようと彼は**船**[8]を動かした。

過去進行形の否定文「(その時）…していなかった」

ℓ.3 There was a whale 〈in the water〉, / and it wasn't moving.

「(その時）…していなかった」という過去進行形の否定文は，過去形の be 動詞の後ろに not を置いて，'was〔were〕not ＋動詞の ...ing 形' で表します。なお，'there is〔are〕～' で「～がある〔いる〕」という意味を表します。

さいごに，くりかえし音読しよう。

音読したら CHECK!! ▶▶ ☑□□□□

19 サンフランシスコ沖の巨大クジラ (1)

583 **fisherman** [fíʃərmən]〈フィシャマン〉
名 漁師；つり人

584 **fish** [fíʃ]〈フィシュ〉
名 魚　動 つりをする
❗ 複数形もfish。個別の種類について言う時はfishes。

派 **fishing** [fíʃɪŋ]〈フィシング〉　名 魚つり；漁業

585 関 **aquarium** [əkwéəriəm]〈アクウェリアム〉　名 水族館

586 **Pacific** [pəsífɪk]〈パスィフィク〉
形 太平洋の

587 関 **Atlantic** [ətlǽntɪk]〈アトランティク〉　形 大西洋の

588 **ocean** [óʊʃən]〈オウシャン〉
名 (the) 大洋

589 ≒ **sea** [síː]〈スィー〉　名 (通例the) 海

590 関 **sailor** [séɪlər]〈セイラ〉　名 船員

591 関 **river** [rívər]〈ゥリヴァ〉　名 川

592 関 **lake** [léɪk]〈レイク〉　名 湖

593 関 **bay** [béɪ]〈ベイ〉　名 湾；入り江

594 関 **pond** [pɑ́ːnd]〈パンド〉　名 池

595 関 **canal** [kənǽl]〈カナル〉　名 運河

596 関 **shore** [ʃɔ́ːr]〈ショー〉　名 (海・湖・広い河川の) 岸

597 関 **coast** [kóʊst]〈コウスト〉　名 沿岸；海岸

598 **mile** [máɪl]〈マイル〉
名 マイル (1.609km)

599 **something** [sʌ́mθìŋ]〈サムスィング〉
代 何か
❗ somethingを修飾する形容詞は後ろに置く。

600 ≒ **object** 多
名 [ɑ́ːbdʒɪkt]〈アッチェクト〉
動 [əbdʒékt]〈オッヂェクト〉
名 物；対象；目的　動 反対する (to)

601 関 **somebody** [sʌ́mbɑ̀ːdi]〈サムバディ〉
代 誰か　名 名のある人
❗ someoneと同じ意味だが，話し言葉でよく使われる。

602 関 **someone** [sʌ́mwʌ̀n]〈サムワン〉
代 誰か

603 関 **someday** [sʌ́mdèɪ]〈サムデイ〉
副 いつか (some dayとも書く)

604 関 **somewhere** [sʌ́mwèər]〈サムウェア〉
副 どこかで〔へ〕；およそ

▶▶音声

▶The **fisherman** caught a lot of fish.	▶その漁師はたくさんの魚をつった。
▶I had **fish** for dinner.	▶私は夕食に魚を食べた。
▶Would you like to go **fishing**?	▶つりに行きたいですか。
▶Many families visit the **aquarium** on weekends.	▶週末には多くの家族連れが水族館を訪れる。
▶We can see the **Pacific Ocean**.	▶太平洋が見える。
▶They sailed over the **Atlantic Ocean**.	▶彼らは大西洋を航海した。
▶I stayed in the room with an **ocean** view.	▶私は海の見える部屋に泊まった。
▶We sailed on the **sea**.	▶私たちは航海をした。
▶These **sailors** wear nice uniforms.	▶この船員たちはすてきな制服を着ている。
▶What is the name of that **river**?	▶あの川の名前は何ですか。
▶We can go fishing on the **lake**.	▶湖でのつりに行くことができます。
▶Does he live in the **bay** area?	▶彼は湾岸エリアに住んでいますか。
▶Let’s find some fish in the **pond**.	▶池で魚を見つけよう。
▶A **canal** links those cities.	▶運河がそれらの都市を結んでいる。
▶Don’t go too close to the **shore**.	▶岸に近づきすぎてはいけません。
▶She lives on the west **coast**.	▶彼女は西海岸に住んでいる。
▶Five **miles** is about eight kilometers.	▶５マイルは約８キロメートルだ。
▶Can I get you **something** to drink?	▶何か飲み物をお持ちしましょうか。
▶What are these **objects** on the table?	▶テーブルの上にあるこれらの物は何ですか。
▶I **object** to your idea.	▶私はあなたの考えに反対だ。
▶**Somebody** waved at me from the bus.	▶誰かがバスから私に手を振った。
▶**Someone** is calling you.	▶誰かがあなたを呼んでいます。
▶I want to meet him **someday**.	▶私はいつか彼に会いたい。
▶I want to go **somewhere** hot.	▶どこか暑い所へ行きたい。

19 サンフランシスコ沖の巨大クジラ (1)

605 **strange** [stréɪndʒ] 〈ストレインチ〉
形 奇妙な；見知らぬ

派 **stranger** [stréɪndʒər] 〈ストレインヂャ〉
名 見知らぬ人；(ある場所に) 不慣れな人

606 ≒ **unknown** [ʌnnóʊn] 〈アンノウン〉
形 未知の

607 **whale** [wéɪl] 〈ウェイル〉
名 クジラ

608 **move** [mú:v] 〈ムーヴ〉
動 を動かす；を感動させる；動く；引っ越す
❗「～を動かす」には人の心を動かすことも含まれる。
◆ *move around (～)*「動き回る；～の周りを動く」

派 **movement** [mú:vmənt] 〈ムーヴメント〉
名 動き；(社会的な) 運動；動作

609 ≒ **remove** [rɪmú:v] 〈ゥリムーヴ〉
動 を取り除く；を移す

610 関 **quick** [kwík] 〈クウィク〉
形 すばやい
❗ quick は行為・動作がすばやいことを表す。

派 **quickly** [kwíkli] 〈クウィクリ〉
副 速く (quickly - more quickly - most quickly)

611 関 **slide**✦ [sláɪd] 〈スライド〉
動 すべる；をすべらせる
名 低下；すべり台

612 関 **spread** [spréd] 〈スプレド〉
動 を広げる；広がる；を塗る
(spread - spread - spread; spreading)

613 ≒ **impress** [ɪmprés] 〈インプレス〉
動 を感動させる；に (よい) 印象を与える
◆ *be impressed with* ～「～に感動する」

派 **impression** [ɪmpréʃən] 〈インプレション〉
名 印象；感動

614 **boat**✦ [bóʊt] 〈ボウト〉 発
名 ボート；船

▶That is a **strange** word.	▶それは知らない単語だ。
▶A **stranger** asked me for directions.	▶知らない人が私に道をたずねた。
▶I have an **unknown** number of friends.	▶私には数知れないほどの友人がいる。
▶We saw a **whale** in the sea.	▶私たちは海でクジラを見た。
▶When did you **move** here?	▶いつここに引っ越しましたか。
▶I saw a **movement** in the corner.	▶隅で何かが動くのが見えた。
▶Please **remove** your garbage from my desk.	▶私の机からあなたのごみを片づけてください。
▶He is a **quick** runner.	▶彼は速いランナーだ。
▶Get up **quickly**!	▶急いで起きなさい！
▶He played on the **slide**.	▶彼はすべり台で遊んだ。
▶Everybody, please **spread** out.	▶みなさん，広がってください。
▶His performance **impressed** me.	▶彼の演奏は私を感動させた。
▶What was your **impression** of Mike?	▶マイクの印象はどうでしたか。
▶You can ride a **boat** on this lake.	▶この湖でボートに乗ることができます。

まとめてチェック 14 地形

615 □	**map**✦ [mǽp] 〈マプ〉	名 地図
616 □	**continent** [kɑ́ːntənənt] 〈カンティネント〉	名 大陸
617 □	**island**✦ [áɪlənd] 〈アイランド〉 発	名 島
618 □	**land**✦ [lǽnd] 〈ランド〉	名 土地；陸地　動 着陸する
619 □	**sky**✦ [skáɪ] 〈スカイ〉	名 (通例 the) 空 (複 skies)
620 □	**beach**✦ [bíːtʃ] 〈ビーチ〉	名 浜辺；海岸
621 □	**port** [pɔ́ːrt] 〈ポート〉	名 港 (町)

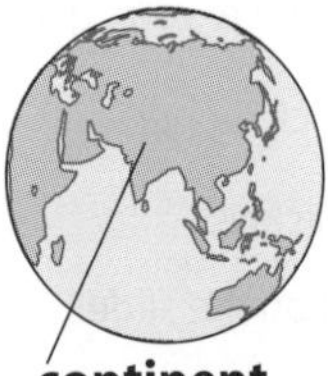

622	**hill** [híl]〈ヒル〉	名 丘
623	**downtown** [dáʊntáʊn]〈ダウンタウン〉	名 町の中心街　副 町の中心街へ
624	**square** [skwéər]〈スクウェア〉	名 (四角い) 広場；正方形；四角 形 正方形〔四角〕の；直角の；平方の
625	**wide** [wáɪd]〈ワイド〉	形 (幅が) 広い
626	**yard** [já:rd]〈ヤード〉	名 庭；ヤード

「ヤード」は長さの単位 (1ヤードは約91.4cm)。

hills

20 サンフランシスコ沖の巨大クジラ（2）

The whale wasn't dead. It was caught in* fishing **nets**[1], and it couldn't move. It was a **special**[2] whale — a humpback whale*. There are **only**[3] 6,000 humpback whales in the world.* The fisherman called for **help**[4]. (36 words)

*was caught in ～「～にとらえられていた」 humpback whale「ザトウクジラ（体長13メートル程度になるクジラの一種）」
（補足）上記のクジラの数は，1990年代前半の北太平洋全体での生息数の推定。

ここをcheck!

一般動詞の過去形（規則的に変化する動詞）／help

ℓ.4 The fisherman called for help.

call は規則的に変化する動詞です。call for ～ は「～を声を上げて求める」という意味です。ちなみに help は「～(を)手伝う」などの動詞の意味がありますが，ここでは「助け」という意味の名詞として使われています。

学習した
日付をいれよう！　／　／　／

音声▶▶
(要パスワード→p .12)

　クジラは死んでいなかった。漁**網**[1]に引っかかって動けなくなっていたのだった。それは**特別な**[2]クジラであるザトウクジラだった。ザトウクジラは世界に 6,000 頭**しか**[3]い**ない**[3]。漁師は**助け**[4]を求めた。

さいごに，くりかえし音読しよう。

音読したら CHECK!! ▶▶ ☑□□□□

20 サンフランシスコ沖の巨大クジラ (2)

627 □ **net**✦ [nét]〈ネト〉
名 網《あみ》

628 □ **special**✦ [spéʃəl]〈スペシャル〉
形 特別の〔な〕

629 □ 関 **especially** [ɪspéʃəli]〈イスペシャリ〉
副 特に

630 □ ≒ **extra**✦ [ékstrə]〈エクストラ〉
形 余分の；特別の

631 □ **only**✦ [óʊnli]〈オウンリ〉 発
副 ただ…だけ　形 ただ1つ〔1人〕の

632 □ ≒ **unique**✦ [ju(:)níːk]〈ユ(ー)ニーク〉
形 独特の；特有の (to)

633 □ **help**✦ [hélp]〈ヘルプ〉
動 (を) 助ける；(を) 手伝う　名 助け

❗ 基本的に動詞helpの目的語には「手伝う内容」ではなく「手伝う相手」がくることに注意。「手伝う内容」を入れる時は，help A with Bで表す。

◆ ***help A with B***「A（人）の B を手伝う」
help yourself to ～「(食べ物など) をご自由にどうぞ」
May 〔***Can***〕 ***I help you?***「(店員が客に) いらっしゃいませ。」

派 **helpful** [hélpfl]〈ヘルプフル〉
形 助けになる；役に立つ

634 □ ≒ **rescue**✦ [réskjuː]〈ゥレスキュー〉
名 救助；救済　動 を救う

635 □ ≒ **support**✦ [səpɔ́ːrt]〈サポート〉
動 を支持する；を支える　名 支持

636 □ 関 **assistant**✦ [əsístənt]〈アスィスタント〉
名 助手

637 □ ≒ **save**✦ [séɪv]〈セイヴ〉 多
動 (を) 救う；を蓄える；を節約する

◆ ***save money***「お金を貯める」

638 □ 関 **economy**✦ [ɪkɑ́ːnəmi]〈イカノミ〉
名 経済 (制度)；景気；節約

▶▶音声

▶We caught a fish in a **net**.	▶私たちは網で魚をつかまえた。
▶I have a **special** present for you.	▶あなたに特別なプレゼントがあります。
▶We **especially** liked the hotel room.	▶私たちは特にホテルの部屋が気に入った。
▶We have to pay an **extra** charge.	▶私たちは追加料金を支払わなければならない。
▶The shop is closed **only** on Tuesdays.	▶その店は火曜日のみ休みだ。
▶That's a **unique** idea.	▶それは独特のアイディアですね。
▶Can you **help** me with this question?	▶この問題を手伝ってくれますか。
▶That's very **helpful** of you.	▶それは大変助かります。
▶The boy was still alive when the **rescue** party arrived.	▶救助隊が到着した時その少年はまだ生きていた。
▶Your project has very little **support**.	▶あなたの計画にはほとんど支援がありません。
▶Our class has a teaching **assistant**.	▶私たちのクラスには指導助手がいる。
▶You **saved** my life.	▶あなたが私の命を救ってくれました。
▶How is the **economy**?	▶景気はどうですか。

21 サンフランシスコ沖の巨大クジラ（3）

A **few**[1] **hours**[2] later, five men **arrived**[3] to help*. From their boat, they looked at the whale. They saw fishing nets **everywhere**[4]. The fishing nets were around the whale's **body**[5], around its **tail**[6], and in its mouth. "We have to* go into the water," said the men. "We have to **cut**[7] the fishing nets."

(54 words)

*to help「助けるために」 have to *do*「…しなければならない」

HEYER, SANDRA, TRUE STORIES IN THE NEWS: A BEGINNING READER, 3rd Ed., ©2008.
Reprinted by permission of Pearson Education, Inc., New York.

ここを check!

一般動詞の過去形（規則的に変化する動詞）

ℓ.1 〈A few hours later〉, five men arrived 〈to help〉.

arrive は規則的に変化する動詞です。規則動詞は，原則後ろに -ed をつければ過去形になりますが，arrive は e で終わっているので，-d のみをつけます。なお，～ later は「～後に」，to help は「助けるために」という意味です。

学習した
日付をいれよう！ ／ ／ ／

音声▶▶
(要パスワード→p.12)

数1 **時間**2後，5人の男たちが助けに**やってきた**3。船から，彼らはそのクジラを見た。**至る所に**4漁網が見えた。漁網はクジラの**体**5，**尾**6に巻きつき，口の中にも入っていた。「海に入らないといけないな」と男たちは言った。「魚網**を切ら**7ないと。」

be 動詞の過去形／ and

ℓ.3 The fishing nets were 〈around the whale's body,① around its tail,② and in its mouth③〉.

were は are の過去形で，この英文では‘過去の存在’を表しています。なお，and を使うと同じ種類のものを並べることができますが，3つ以上のものを並べる時は，①, ②(,) and ③ のように，コンマ（,）を使って並べ，最後だけ and を使います。この英文では around the whale's body，around its tail，in its mouth の3つが並べられています。

さいごに，くりかえし音読しよう。

音読したら CHECK!! ▶▶ ☑☐☐☐☐

639 □ **few**✦ [fjúː]〈フュー〉

形 少しの～；ほとんどない
代 少しの人々〔もの〕；ほんのわずかの人々〔もの〕
❗ a fewだと「少しの～」, aがつかないと「ほとんどない」の意味になる。
❗ 形容詞として使う時には, 数えられる名詞の前に置く。一方, littleは数えられない名詞の前に置く。
◆ *a few* ～「少しの～；いくらかの～」

640 □ **hour**✦ [áʊər]〈アウア〉 発

名 (1) 時間
❗「1時間」は, an〔one〕hour。

641 □ **arrive** [əráɪv]〈アライヴ〉

動 到着する
❗「～に到着する」の意味をもつarrive at ～とarrive in ～は, 到着する場所が狭いと考えられる場合 (駅や建物など) にはatを用い, 広いと考えられる場合 (都市や国など) にはinを用いる。
◆ *arrive at*〔*in*〕～「～に到着する」

642 □ **everywhere** [évriwèər]〈エヴリウェア〉

副 どこでも (関 **where**)

643 □ **body**✦ [bɑ́ːdi]〈バディ〉

名 身体 (複 bodies)

644 □ 関 **shape**✦ [ʃéɪp]〈シェイプ〉

名 形；姿

645 □ **tail**✦ [téɪl]〈テイル〉

名 (動物の) 尾

646 □ 注 **tale** [téɪl]〈テイル〉

名 (事実・伝説・架空の) 話；うそ

647 □ **cut**✦ [kʌ́t]〈カト〉

動 (を) 切る；切れる (cut - cut - cut; cutting)
◆ *cut down* ～「～を切り倒す」

648 □ 関 **divide** [dɪváɪd]〈ディヴァイド〉

動 (を) 分割する (⇔ **unite**)；分配する；分かれる

649 □ 関 **separate**✦
動 [sépərèɪt]〈セパレイト〉
形 [sépərət]〈セパレト〉 発

動 を分ける；分かれる　形 離れた；別々の

650 □ 関 **unite** [ju(ː)náɪt]〈ユ(ー)ナイト〉

動 を結び付ける；団結する

651 □ 関 **connect**✦ [kənékt]〈コネクト〉

動 をつなぐ〔関係づける〕(to, with) (= **relate**)；つながる

派 **connection**✦ [kənékʃən]〈コネクション〉

名 関係；連絡

▶▶音声

▶I only have a **few** games.	▶私はほんの少ししかゲームを持っていない。
▶Lunch time is in one **hour**.	▶昼食の時間は１時間後だ。
▶My grandfather **arrived** last night.	▶祖父が昨夜到着した。
▶We went **everywhere** in Kyoto.	▶私たちは京都のあらゆる所へ行った。
▶My **body** hurt after running.	▶走ったあと，体が痛かった。
▶What **shape** is your pen case?	▶あなたのペンケースはどんな形ですか。
▶My dog has a long **tail**.	▶私のイヌのしっぽは長い。
▶That is an interesting **tale**.	▶それはおもしろい物語だ。
▶Did you **cut** your finger?	▶指を切ったの？
▶Can you **divide** this cake into eight pieces?	▶このケーキを８切れに分けてくれますか。
▶Can you **separate** these plastic blocks?	▶これらのプラスチックのブロックを分けてくれますか。
▶I want to **unite** my class.	▶私はクラスを１つにまとめたい。
▶**Connect** the red wire to the blue one.	▶赤いワイヤーを青いのにつなげて。
▶He has a **connection** with our school.	▶彼は私たちの学校と関係がある。

まとめてチェック 15 身体

652 **heart** [hɑ́ːrt]〈ハート〉発	名 心臓；心
653 **blood** [blʌ́d]〈ブラド〉発	名 血液
654 **pressure** [préʃər]〈プレシャ〉	名 圧力；重圧
655 **bone** [bóun]〈ボウン〉	名 骨
656 **muscle** [mʌ́sl]〈マスル〉発	名 筋肉
657 **brain** [bréɪn]〈ブレイン〉	名 脳；頭脳
658 **hair** [héər]〈ヘア〉	名 髪
659 **skin** [skín]〈スキン〉	名 皮膚；皮
660 **face** [féɪs]〈フェイス〉多	名 顔　動 (に) 面する
661 **mouth** [máuθ]〈マウス〉	名 口
662 **lip** [líp]〈リプ〉	名 唇《くちびる》
663 **tooth** [túːθ]〈トゥース〉	名 歯 (複 teeth) ◆ ***brush my teeth***「歯をみがく」
664 **neck** [nék]〈ネク〉	名 首

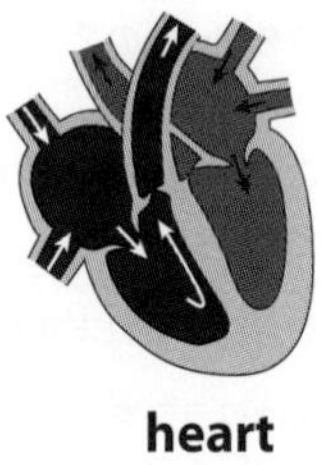

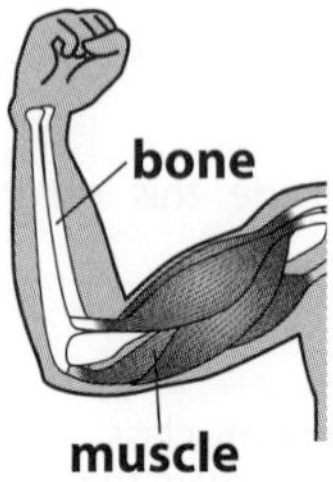

665 □ **shoulder** [ʃóʊldər]〈ショウルダ〉発　名 肩

666 □ **stomach** [stʌ́mək]〈スタマク〉発　名 胃；腹（部）

667 □ **knee** [níː]〈ニー〉発　名 ひざ

668 □ **ankle** [ǽŋkl]〈アンクル〉　名 足首

669 □ **leg** [lég]〈レグ〉　名 脚

❗ legはくるぶしより上の部分を，footはくるぶしより下の部分を指す。

670 □ **nail** [néɪl]〈ネイル〉　名 つめ；くぎ

671 □ **weight** [wéɪt]〈ウェイト〉発　名 重量；重要さ

派 **weigh** [wéɪ]〈ウェイ〉発　動 の重さを量る；重さがある；重要である

672 □ **slim** [slím]〈スリム〉　形 ほっそりとした

673 □ **gesture** [dʒéstʃər]〈ヂェスチャ〉　名 身ぶり；ジェスチャー

674 □ **feature** [fíːtʃər]〈フィーチャ〉　名 特徴；複 顔立ち；呼び物

動 を呼び物とする；重要な役割を果たす

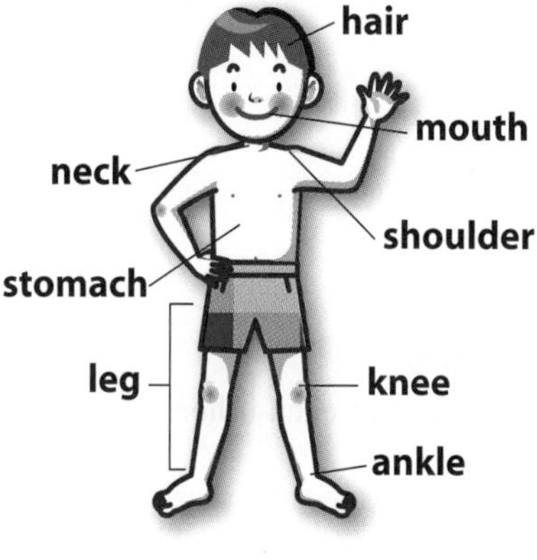

22 サンフランシスコ沖の巨大クジラ（4）

The men looked at each other. The whale was very **big**[1], and it was **dangerous**[2]. "If* the whale moves its tail, it will **kill**[3] us," they said. "I'll go in the water," one man said. "I'll go in, too," a second man said. "Me too," a third man said. "Me too," a fourth man said. (55 words)

*if ...「もし…したら」

HEYER, SANDRA, TRUE STORIES IN THE NEWS: A BEGINNING READER, 3rd Ed., ©2008.
Reprinted by permission of Pearson Education, Inc., New York.

ここを check!

look at ～「～を見る」

ℓ.1 The men **looked at** each other.

look at ～ で「～を見る」という意味です。前置詞とセットで使われる動詞の代表例ですので確実に覚えましょう。ちなみに「見る」という意味の動詞は複数ありますが，look は「視線を向ける」，see は「見える」，watch は「（動くものを）じっと見ている」という意味の違いがあります。

学習した
日付をいれよう！ ／ ／ ／

音声▶▶
(要パスワード→p .12)

　男たちはお互い見つめ合った。そのクジラはとても**大きく**[1]て**危険だ**[2]った。「もしクジラが尾を動かしたら，それはおれたち**を殺す**[3]ぞ」と彼らは言った。「おれは海に入るぞ」と 1 人の男が言った。「おれも入ろう」と 2 人目の男が言った。「おれも」と 3 人目の男が言い，「おれもだ」と 4 人目の男が言った。

さいごに，くりかえし音読しよう。

音読したら CHECK!! ▶▶ ☑☐☐☐☐

22 サンフランシスコ沖の巨大クジラ (4)

675	**big** [bíg] 〈ビグ〉	形 大きい (≒ **large**) (big - bigger - biggest) ❗ big は「(重さ・規模が) 大きい」ことを，large は「(広さ・量の程度が) 大きい」ことを表す。
676	≒ **huge** [hjúːdʒ] 〈ヒューヂ〉	形 巨大な
677	**dangerous** [déɪndʒərəs] 〈デインヂャラス〉 発	形 危険な
	派 **danger** [déɪndʒər] 〈デインヂャ〉	名 危険 (性)
	派 **dangerously** [déɪndʒərəsli] 〈デインヂャラスリ〉	副 危険なほどに
678	関 **endanger** [ɪndéɪndʒər] 〈インデインヂャ〉	動 を危険にさらす
679	関 **adventure** [ədvéntʃər] 〈アドヴェンチャ〉	名 冒険
680	関 **drug** [drʌ́g] 〈ドラグ〉	名 薬；麻薬
681	関 **drugstore** [drʌ́gstɔ̀ːr] 〈ドラグストー〉	名 薬局；ドラッグストア
682	⇔ **safe** [séɪf] 〈セイフ〉 多	形 安全な　名 金庫
	派 **safely** [séɪfli] 〈セイフリ〉	副 安全に
	派 **safety** [séɪfti] 〈セイフティ〉	名 安全
683	関 **guard** [gɑ́ːrd] 〈ガード〉	動 (を) 守る；を見張る　名 警備 (員)
684	**kill** [kíl] 〈キル〉	動 (を) 殺す
685	≒ **destroy** [dɪstrɔ́ɪ] 〈ディストロイ〉	動 を破壊する
686	関 **damage** [dǽmɪdʒ] 〈ダメヂ〉 アク	名 損害　動 に損害を与える (⇔ **repair**)
687	関 **hunt** [hʌ́nt] 〈ハント〉	名 狩り　動 を狩る；狩りをする
	派 **hunter** [hʌ́ntər] 〈ハンタ〉	名 狩りをする人
688	関 **crime** [kráɪm] 〈クライム〉	名 犯罪
689	関 **thief** [θíːf] 〈スィーフ〉	名 泥棒
690	関 **poison** [pɔ́ɪzn] 〈ポイズン〉	名 毒 (物)

▶▶音声

▶My dog has **big** ears.	▶私のイヌの耳は大きい（←大きい耳を持っている）。
▶A **huge** storm is coming.	▶巨大な嵐が近づいている。
▶Don't ride without a helmet! It's too **dangerous**!	▶ヘルメットなしで乗ってはいけません！　危険すぎます！
▶The sign says "**Danger**!"	▶その標識には「危険！」と書いてある。
▶He drives **dangerously**.	▶彼は危険な運転をする。
▶Smoking will **endanger** your health.	▶タバコを吸うことはあなたの健康を危険にさらしますよ。
▶I like reading **adventure** stories.	▶私は冒険物語を読むのが好きだ。
▶Don't ever take **drugs**!	▶絶対に薬物を使用してはいけません！
▶Where's the nearest **drugstore**?	▶一番近い薬局はどこにありますか。
▶This city is very **safe**.	▶この市はとても安全だ。
▶How can we open the **safe**?	▶その金庫はどうやって開けるのですか。
▶He got there **safely**.	▶彼は無事にそこへ着いた。
▶Your **safety** is important.	▶あなたの安全が大切です。
▶Can you **guard** my bag?	▶私のバッグを見張ってくれますか。
▶I want to **kill** that cockroach.	▶あのゴキブリをしとめたい。
▶A typhoon **destroyed** a lot of buildings.	▶台風が多くの建物を破壊した。
▶I found some **damage** to the car.	▶車に損傷をいくつか見つけた。
▶Let's go **hunting**.	▶狩りに出かけよう。
▶Our dog is an excellent **hunter**.	▶うちのイヌは優秀なハンターだ。
▶There is not much **crime** in this city.	▶この市では犯罪はあまり多くない。
▶The police caught a **thief** yesterday.	▶警察は昨日泥棒をつかまえた。
▶These mushrooms contain **poison**.	▶これらのキノコは毒を含んでいる。

23 サンフランシスコ沖の巨大クジラ（5）

❶ The four men **put on**[1] **diving**[2] **suits**[3] and **jumped**[4] into the water. Each man **held**[5] a **knife**[6] in his **hand**[7]. A fifth man, the **captain**[8] of the boat, **stayed**[9] on the boat.

❷ The men began cutting* the fishing nets. The whale **watched**[10] them. One man was near the whale's **eye**[11]. He saw the whale wink*. But the whale didn't move. （60 words）

*began ...ing「…し始めた」 saw ～ wink「～がまばたきするのが見えた」

HEYER, SANDRA, TRUE STORIES IN THE NEWS: A BEGINNING READER, 3rd Ed., ©2008. Reprinted by permission of Pearson Education, Inc., New York.

ここを check!

一般動詞の過去形（不規則に変化する動詞）

ℓ.2 Each man held a knife 〈in his hand〉.

held は hold の過去形です。不規則に変化する動詞の 1 つとして覚えておきましょう。

学習した
日付をいれよう！ ／ ／ ／

音声▶▶
(要パスワード→p .12)

❶ 4 人の男たちは**ダイビング**[2] **スーツ**[3] **を着て**[1]海の中へ**飛び**[4]込んだ。どの男も**手**[7]に**ナイフ**[6] **を持っていた**[5]。5 人目の男は**船長**[8]で，船上に**残った**[9]。

❷ 男たちは魚網を切り始めた。クジラは男たち**を見ていた**[10]。男の 1 人はクジラの**目**[11]のそばにいた。彼はクジラがまばたきするのが見えた。しかし，クジラは動かなかった。

一般動詞の過去形（不規則に変化する動詞）

ℓ.5 He saw the whale wink.

saw は **see** の**過去形**です。なお，発展的ですが，see ～ *do* で「～が…するのが見える」という意味を表します。saw the whale wink では「クジラがまばたきするのが見えた」という意味になります。

さいごに，くりかえし音読しよう。

音読したら CHECK!! ▶▶ ☑☐☐☐☐

691 **put** [pút]〈プト〉
動 を置く；を…の状態にする
(put - put - put; putting)
◆ ***put in*** ～「～を入れる」
put A in 〔***into***〕 ***B***「A を B に入れる」
put down ～「～を下に置く」
put on ～「～（衣服など）を身につける」
put up ～「～を上げる；～（テントなど）を張る」
put away ～「～を片づける；～をとっておく」

692 = **set** [sét]〈セト〉 多
動 を置く；を（ある状態に）する；を決める；を設定する (set - set - set; setting)　名 一揃い
◆ ***set up*** ～「～を設置する；～を準備する」

693 **dive** [dáɪv]〈ダイヴ〉
動 飛び込む；潜る

694 **suit** [sú:t]〈スート〉
動 に好都合である (= **fit**)；(服（の色）が) (人) に似合う
名 スーツ

695 **jump** [dʒʌ́mp]〈ヂャンプ〉
動 とぶ〔ジャンプする〕　名 跳躍《ちょうやく》

696 関 **step** [stép]〈ステプ〉
名 歩み；(階段の) 段　動 歩む
❗ 過去形・過去分詞は stepped, ...ing 形は stepping となる。つづりに注意しよう。

697 **hold** [hóʊld]〈ホウルド〉
動 を持っている；(会など) を開く
(hold - held [héld]〈ヘルド〉- held; holding)
◆ ***hold on***「(電話を切らないで) 待つ；持ちこたえる」

698 関 **include** [ɪnklú:d]〈インクルード〉
動 を含む

699 **knife** [náɪf]〈ナイフ〉
名 ナイフ

700 関 **fork** [fɔ́:rk]〈フォーク〉
名 (食卓用) フォーク

701 関 **spoon** [spú:n]〈スプーン〉
名 スプーン

702 **hand** [hǽnd]〈ハンド〉
名 手　動 を手渡す
◆ ***by hand***「(機械でなく) 手で」
on the other hand「その一方で」

703 関 **finger** [fíŋgər]〈フィンガ〉
名 指

▶▶音声

▶**Put** your bag over there.	▶かばんをあちらへ置きなさい。
▶We should **set** the table.	▶私たちはテーブルの用意をしなければならない。
▶These men **dived** into the cold water.	▶この男性たちは冷たい水に飛び込んだ。
▶This color **suits** you.	▶この色はあなたに似合っています。
▶Did you **jump** over that fence?	▶あのフェンスをとび越えたの？
▶Watch your **step**.	▶足もとに注意して。
▶My school **held** a soccer tournament.	▶私の学校はサッカーの試合を開催した。
▶Could you **include** her in the plans?	▶彼女を計画に入れてくださいませんか。
▶Pass me the **knife**, please.	▶ナイフを取ってください。
▶Please eat it with a **fork**.	▶それはフォークで食べてください。
▶He uses a **spoon** like a knife.	▶彼はナイフのようにスプーンを使う。
▶Let’s wash our **hands**.	▶手を洗いましょう。
▶You have a ring on your **finger**.	▶あなたは指に指輪をはめていますね。

23 サンフランシスコ沖の巨大クジラ (5)

704 **captain**
[kǽptən]〈キャプテン〉
名 船長；機長；キャプテン

705 **stay**
[stéɪ]〈ステイ〉
動 とどまる；滞在する　名 滞在
❗ 滞在する場所を表す際にはinやatなどの前置詞をつける必要がある。
◆ *stay up*「(夜遅くまで) 起きている」
stay in〔*at*〕～「～に滞在する」
stay with ～「～(人) の家に泊まる」

706 関 **exist** [ɪgzíst]〈イグズィスト〉
動 存在する；生存する

707 関 **consist**
[kənsíst]〈コンスィスト〉
動 成る (of)；存在する (in)

708 **watch** 多
[wɑ́ːtʃ]〈ワーチ〉
動 (を) 注意して見る　名 腕時計
◆ *watch out*「気をつける」

709 ≒ **observe**
[əbzə́ːrv]〈オブザーヴ〉
動 (に) 気づく；(を) 観察する；を述べる；(法律・習慣) を守る

派 **observation**
[ɑ̀ːbzərvéɪʃən]〈アブザヴェイション〉
名 観察 (結果)；監視

710 **eye**
[áɪ]〈アイ〉
名 目

711 関 **visually**
[víʒuəli]〈ヴィジュアリ〉
副 視覚的に (は)；目で見て

712 関 **blind** [bláɪnd]〈ブラインド〉
形 目の見えない

713 関 **deaf** [déf]〈デフ〉
形 耳が聞こえない

▶The **captain** welcomed his passengers.	▶機長〔船長〕は乗客を出迎えた。
▶I **stayed** at a nice hotel.	▶私はすてきなホテルに泊まった。
▶That only **exists** in the movies.	▶それは映画の中でしか存在しない。
▶His diet **consists** of instant food.	▶彼の食事はインスタント食品から成る。
▶We **watched** a baseball game.	▶私たちは野球の試合を見た。
▶I have a new **watch**.	▶私は新しい腕時計を持っている。
▶Let's **observe** the stars tonight.	▶今晩星を観察しよう。
▶Please share your **observations** with the class.	▶あなたの観察結果をクラスに共有してください。
▶Greg's **eyes** are green.	▶グレッグの目は緑色だ。
▶This picture is **visually** amazing.	▶この絵は視覚的にすばらしい。
▶She is **blind** in one eye.	▶彼女は片目が見えない。
▶The light is for **deaf** people.	▶その明かりは耳が聞こえない人のためだ。

24 サンフランシスコ沖の巨大クジラ（6）

One hour later, the men cut the **last**[1] fishing net. The whale swam away. It swam in big **circles**[2] and jumped into the **air**[3]. **Then**[4] it swam back to the men. **Why**[5] was it **swimming**[6] back?* What was it going to* do? The men in the water were afraid to* move. (51 words)

*Why was it swimming back?（過去時制だが，登場人物の心の声のように訳している。次の文も同様。） It is going to *do*「それは…するつもりである」 were afraid to *do*「こわくて…できなかった」

ここを check!

一般動詞の過去形（形の変わらない動詞）

ℓ.1 〈One hour later〉, the men cut the last fishing net.

cut は不規則に変化する動詞で，原形も過去形も同じ形です。主語の the men が 3 人称かつ複数（men は man の複数形）なので，この英文だけを見ると cut は現在形とも過去形ともとることができますが，前後の文章の流れから，ここでは過去形で用いられていると判断できます。

学習した日付をいれよう！　／　／　／

音声▶▶ (要パスワード→p .12)

1時間後，男たちは**最後の**[1]魚網を切った。クジラは泳いで行った。大きな**円**[2]を描いて泳ぎ，**空中**[3]でジャンプをした。**それから**[4]男たちの方へ泳いで戻ってきた。**なぜ**[5]クジラは**泳いで**[6]戻ってくるのだろう？　何をするつもりなのだろう？　海中の男たちはこわくて動くことができなかった。

さいごに，くりかえし音読しよう。

音読したらCHECK!! ▶▶ ☑□□□□

714 □ **last**✦ 多
[lǽst]〈ラスト〉

形 最後の；この前の　副 最後に　名 最後
動 続く
❗「最後の」という意味では通例 the か one's をつける。また，「この前の」という意味では冠詞や前置詞をつけない。
◆ *at last*「ついに」 

715 □ 反 **continue**
[kəntínjuː]〈コンティニュー〉 アク

動 続く；を続ける

716 □ **circle**✦
[sə́ːrkl]〈サークル〉

名 円

717 □ 関 **triangle**✦
[tráɪæŋgl]〈トライアングル〉

名 三角形

718 □ 関 **line**✦ [láɪn]〈ライン〉

名 線；列；線路

719 □ **air**✦
[éər]〈エア〉

名 空気；(the) 空中
❗「空気」の意味では数えられない名詞として用いられる。
◆ *by air*「飛行機で」

720 □ 関 **airplane**
[éərplèɪn]〈エアプレイン〉

名 飛行機

721 □ 関 **airport**✦
[éərpɔ̀ːrt]〈エアポート〉

名 空港

722 □ 関 **oxygen**
[ɑ́ːksɪdʒən]〈アクスィヂェン〉

名 酸素

723 □ **then**
[ðén]〈ゼン〉

副 その時；それから；それなら

724 □ **why**
[wáɪ]〈ワイ〉

副 なぜ
◆ *Why don't we ...?*「(一緒に) …しませんか。」
Why don't you ...?「…してはどうですか。；…しませんか。」
Why not?「(提案に対して) そうしよう。；いいですとも。」

725 □ **swim**
[swím]〈スウィム〉

動 泳ぐ (swim - swam [swǽm]〈スワム〉 - swum [swʌ́m]〈スワム〉; swimming)

派 **swimmer**✦
[swímər]〈スウィマ〉

名 泳ぎ手

726 □ 関 **pool**✦ [púːl]〈プール〉

名 プール

727 □ 関 **float**✦ [flóʊt]〈フロウト〉

動 浮く；漂う；を浮かべる

▶▶音声

▶This is the **last** cookie.	▶これが最後のクッキーだ。
▶One lesson **lasts** fifty minutes.	▶１レッスンは 50 分だ（← 50 分続く）。
▶The movie will **continue** after the break.	▶休憩のあとも映画は続く。
▶We stood in a large **circle**.	▶私たちは大きな円になった。
▶Draw a right **triangle**.	▶直角三角形を描きなさい。
▶A train **line** runs near our school.	▶電車の線路が私たちの学校のそばを通っている。
▶The **air** is cold on top of the mountain.	▶山の上の空気は冷たい。
▶We need to take an **airplane** to get there.	▶私たちはそこへ行くのに飛行機に乗る必要がある。
▶The **airport** is one hour away.	▶空港は１時間のところにある。
▶Plants produce **oxygen**.	▶植物は酸素を生み出す。
▶We played for an hour, and **then** we went home.	▶私たちは１時間遊び，それから帰宅した。
▶**Why** is the sky blue?	▶なぜ空は青いのですか。
▶I like **swimming** in the sea.	▶私は海で泳ぐことが好きだ。
▶He’s a good **swimmer**.	▶彼は泳ぎがうまい（←よい泳ぎ手だ）。
▶The **pool** opens in July.	▶プールは７月にオープンする。
▶A bottle is **floating** in the pond.	▶池にびんが浮かんでいる。

25 サンフランシスコ沖の巨大クジラ（7）

The whale swam to the first man and stopped. It **pushed**[1] him gently* with its **nose**[2]. Then it swam to the second man, and the third man and the fourth man. It pushed each man gently with its nose. Was the whale thanking the men?* They thought so. They **touched**[3] the whale with their shoulders. "You're **welcome**,"[4] they told the whale. "You are very welcome."　（65 words）

*gently「優しく」　Was the whale thanking the men?（過去時制や the men が使われているが，登場人物の心の声のように訳している。）

ここを check!

過去進行形の疑問文「（その時）…していたか」

ℓ.4　Was the whale thanking the men?　They thought so.

「（その時）…していたか」という過去進行形の疑問文は，過去形の be 動詞を主語の前に出して，'Was〔Were〕＋主語＋動詞の ...ing 形？' で表します。なお，They thought so. は「彼らはそう思いました。」という意味で，この so は前文の内容（「クジラは漁師たちにお礼を言っている」）を指しています。

学習した
日付をいれよう！ ／ ／ ／

音声▶▶
(要パスワード→p.12)

クジラは１人目の男の方へ泳いできて止まった。**鼻**[2]で優しく彼**を押した**[1]。そして２人目，３人目，４人目の男の方へ泳いだ。クジラはそれぞれの男を鼻で優しく押した。クジラは自分たちにお礼を言っているのだろうか。彼らはそう思った。彼らは肩でクジラ**に触れた**[3]。「**どういたしまして**[4]」とクジラに言った。「どういたしまして。」

さいごに，くりかえし音読しよう。

音読したらCHECK!! ▶▶ ☑☐☐☐☐

728 **push** ✦ [púʃ]〈プシュ〉
動 (を) 押す

729 ⇔ **pull** [púl]〈プル〉
動 (を) 引く

730 関 **throw** [θróu]〈スロウ〉
動 (を) 投げる (throw - threw [θrúː]〈スルー〉- thrown [θróun]〈スロウン〉; throwing)
◆ ***throw away*** ～「～を捨てる」

731 **nose** [nóuz]〈ノウズ〉
名 鼻
❗「鼻が高い〔低い〕」は long〔short〕を用いる。

732 関 **smell** [smél]〈スメル〉
動 のにおいがする；においをかぐ　名 におい

733 **touch** ✦ [tʌ́tʃ]〈タチ〉
動 (に) 触れる　名 接触；感触
◆ ***keep in touch***「連絡を取り合う」

734 ≡ **contact** ✦ [kɑ́ːntækt]〈カンタクト〉
名 接触；連絡　動 と連絡を取る

735 **welcome** ✦ [wélkəm]〈ウェルカム〉
間 ようこそ　動 を歓迎する　形 歓迎される
◆ ***You are welcome.***「(お礼に対し) どういたしまして。」

736 関 **accept** [əksépt]〈アクセプト〉
動 を受け入れる〔受け取る〕；を認める (≡ **receive**)
❗ 単に「ものを受け取る」という意味の receive に対して，accept は「同意して受け入れる」という意味。

▶▶音声

▶Can you **push** the button?	▶ボタンを押してくれませんか。
▶**Pull** this door to open it. ▶**Throw** the ball to me.	▶このドアを引いて開けなさい。 ▶ボールを私に投げなさい。
▶My **nose** is running today.	▶今日は鼻水が出ている。
▶Can you **smell** the flowers?	▶その花のにおいがわかりますか。
▶Do not **touch** the pictures.	▶絵に触れないでください。
▶Today, workers can **contact** their office through the internet.	▶今日では，会社の従業員はインターネット経由でオフィスに連絡することができる。
▶**Welcome** to Japan!	▶日本へようこそ！
▶I **accept** your invitation.	▶あなたのご招待を受けます。

26 知能の高い動物は？（1）

❶ A **university**[1] **teacher**[2] was doing some special **tests**[3] with **different**[4] **animals**[5]. The teacher tried to find **out**[6] **which**[7] animal was* the **smartest**[8]. He found out that the **monkey**[9] was smarter **than**[10] other animals.

❷ In one test the teacher put a monkey in a **room**[11]. There were five **boxes**[12] in the room. Two boxes had **smaller**[13] boxes **inside**[14]. Two boxes had **nothing**[15] in them. One box had some **food**[16] in it.

(70 words)

*find out which animal was ...「どの動物が…かを調べる」

ここを check!

try to *do*「…しようとする」／比較表現「最も～」

ℓ.2 The teacher tried to find out [which animal was the smartest].

'try to ＋動詞の原形' で「…しようとする」という意味を表せます。ここでは，「どの動物が最も賢いかを調べようとした」という意味です。なお，try ...ing は「(試しに) …してみる」という意味です。違いに注意しましょう。
形容詞を最上級にすると，「最も～」という意味を表せます。原則後ろに -est をつけて，前に the を置きます。

学習した
日付をいれよう！　／　／　／

音声▶▶

❶ **大学の**[1] **先生**[2]が**さまざまな**[4] **動物**[5]でいくつかの特別な**テスト**[3]を行っていた。その先生は**どの**[7]動物が**最も賢い**[8]か**を調べ**[6]ようとした。彼は**サル**[9]が他の動物**よりも**[10]賢いことがわかった。

❷ ある１つのテストでその先生は１匹のサルを**部屋**[11]に入れた。部屋には５つの**箱**[12]があった。２つの箱には**中に**[14] **より小さい**[13]箱が入っていた。２つの箱には**何も**[15]入ってい**なかった**[15]。１つの箱には中に**食べ物**[16]がいくらか入っていた。

「…ということ」を表す that ／比較表現「～よりも」

ℓ.3 He found out [that the monkey was smarter than other animals].

that のあとに文を続けると，「…ということ」という意味を表せます。ここでは，「サルが他の動物より賢いということがわかった」という意味です。形容詞を比較級にして，'A is ＋比較級＋ than B' で「A のほうが B より…だ」という意味を表せます。原則後ろに –er をつけると比較級になります。

さいごに，くりかえし音読しよう。

音読したら CHECK!! ▶▶ ☑□□□□

26 知能の高い動物は？（1）

737 □ **university** [jùːnəvə́ːrsəti] 〈ユーニヴァースィティ〉 アク
名 (総合) 大学 (複 universities)

738 □ 同 **campus** [kǽmpəs] 〈キャンパス〉
名 キャンパス

739 □ **teacher** [tíːtʃər] 〈ティーチャ〉
名 先生

派 **teach** [tíːtʃ] 〈ティーチ〉
動 (に) ～を教える
(teach - taught [tɔ́ːt] 〈トート〉 - taught; teaching)

740 □ 同 **professor** [prəfésər] 〈プロフェサ〉
名 教授

741 □ 関 **professional** [prəféʃənl] 〈プロフェショヌル〉
形 専門家の；プロの

742 □ 関 **education** [èdʒəkéɪʃən] 〈エヂュケイション〉
名 教育

743 □ **test** [tést] 〈テスト〉
名 試験　動 (を) 試験する

744 □ 同 **exam** [ɪgzǽm] 〈イグザム〉
名 試験 (examination の略)

745 □ 同 **examination** [ɪgzæ̀mənéɪʃən] 〈イグザミネイション〉
名 試験；検査；診察

746 □ **different** [dífərənt] 〈ディファレント〉
形 異なる (⇔ **similar**)
(different - more different - most different)
◆ ***be different from*** ～「～とは異なる」

派 **differently** [dífərəntli] 〈ディファレントリ〉
副 異なって

747 □ 関 **difference** [dífərəns] 〈ディファレンス〉
名 違い
◆ ***make a difference***「重要である；違いが生じる」

748 □ 同 **various** [véəriəs] 〈ヴェリアス〉 発
形 多様な

749 □ 関 **contrast**
名 [kɑ́ːntræst] 〈カントラスト〉
動 [kəntrǽst] 〈コントラスト〉
名 対照；相違　動 を対比する

750 □ 関 **compare** [kəmpéər] 〈コンペア〉
動 を比較する (with；to)；をたとえる (to)；匹敵する (with；to)

751 □ **animal** [ǽnəml] 〈アニムル〉
名 動物

▶▶音声

▶Which **university** will you go to?	▶どの大学に行くつもりですか。
▶They showed me around the **campus**.	▶彼らは私を連れてキャンパスを案内してくれた。
▶Are your parents **teachers**?	▶あなたのご両親は先生ですか。
▶Our teacher **taught** us some new words.	▶先生は私たちにいくつかの新しい単語を教えてくれた。
▶The students enjoyed the **professor**'s lecture.	▶学生たちはその教授の講義を楽しんだ。
▶My sister likes watching **professional** baseball.	▶妹〔姉〕はプロ野球を見るのが好きだ。
▶We have a good **education** system.	▶私たちには優れた教育制度がある。
▶How did you do on your math **test**?	▶数学のテストはどうだった？
▶What time is the **exam** on Friday?	▶金曜日の試験は何時ですか。
▶I took an **examination** in mathematics.	▶私は数学の試験を受けた。
▶My math teacher wears a **different** tie every day.	▶私の数学の先生は毎日違うネクタイをしている。
▶We think **differently** from them.	▶私たちは彼らと違うように考える。
▶What is the **difference** between these two smartphones?	▶これらの２つのスマートフォンの違いは何ですか。
▶We should look at things from **various** points of view.	▶さまざまな観点から物事を見なくてはならない。
▶She noticed a great **contrast** between city life and country life.	▶彼女は都会生活といなかの生活とのいちじるしい相違に気づいた。
▶Let's **compare** how much the two cars cost.	▶２つの車の費用を比べよう。
▶The city zoo has a lot of different **animals**.	▶市立動物園には多くのさまざまな動物がいる。

26 知能の高い動物は？ (1)

752 **out** [áʊt] 〈アウト〉
副 外へ〔に〕；外出して；なくなって
◆ *out of* ～「～（の中）から外へ」

753 **which** [wítʃ] 〈ウィチ〉
代 どちら；（関係代名詞として）…する（ところの）
形 どちらの；どの
❗ もの・動物などを修飾する関係代名詞としても使われる。
◆ ***Which do you like better, A or B?***「AとBとではどちらがお好きですか。」

754 **smart** [smáːrt] 〈スマート〉
形 頭のよい；洗練された

755 ≒ **clever** [klévər] 〈クレヴァ〉　形 利口な；器用な（≒ **bright**）

756 ≒ **wise** [wáɪz] 〈ワイズ〉　形 賢い

派 **wisdom** [wízdəm] 〈ウィズダム〉　名 知恵

757 ≒ **intelligent** [ɪntélɪdʒənt] 〈インテリヂェント〉　形 知能の高い；知能を持った

派 **intelligence** [ɪntélɪdʒəns] 〈インテリヂェンス〉　名 知能

758 関 **skill** [skíl] 〈スキル〉　名 技術；技能

759 関 **craft** [krǽft] 〈クラフト〉　名 工芸；（手先の）技術

760 関 **silly** [síli] 〈スィリ〉　形 愚かな

761 **monkey** [mʌ́ŋki] 〈マンキ〉
名 サル

762 **than** [ðǽn] 〈ザン〉
接 …よりも
❗ 基本的に形容詞・副詞の比較級に続けて使われる。

763 **room** 多 [rúːm] 〈ゥルーム〉
名 部屋；余地

764 **box** [báːks] 〈バクス〉
名 箱（複 boxes）

765 ≒ **case** [kéɪs] 〈ケイス〉 多　名 場合；実例；ケース（容器）

766 **small** [smɔ́ːl] 〈スモール〉
形 小さい（≒ **little**）

▶I want to go **out** at six.	▶私は6時に外出したい。
▶**Which** flavor do you like best?	▶どの風味が一番好きですか。
▶This class is for **smart** people.	▶このクラスは頭のよい人たち向けだ。
▶You know the answer? You're very **clever**.	▶答えがわかるのね？　あなたはとても賢いわね。
▶Your grandfather is very **wise**.	▶あなたのおじいさんはとても賢いですね。
▶There is **wisdom** in your advice.	▶あなたのアドバイスには知恵がありますね。
▶That is an **intelligent** question.	▶それは知的な質問だ。
▶AI means artificial **intelligence**.	▶ AIとは人工知能を意味する。
▶You have a lot of **skill** with a football.	▶あなたはサッカーの技術に優れていますね。
▶There is a **craft** sale tomorrow.	▶明日工芸品の特売がある。
▶That's a **silly** idea.	▶それは愚かな考えだ。
▶**Monkeys** often climb trees.	▶サルはよく木に登る。
▶You run faster **than** I do.	▶あなたは私より速く走ります。
▶That is my brother's **room**.	▶あれが私の兄〔弟〕の部屋だ。
▶I keep my medals in this **box**.	▶私はメダルをこの箱の中に保管している。
▶This is an interesting **case**.	▶これは興味深い事例だ。
▶We received a **case** of oranges.	▶私たちはオレンジ1ケースを受け取った。
▶Your computer is very **small**.	▶あなたのコンピューターはとても小さいですね。

26 知能の高い動物は？ (1)

767 **inside**
前 [ɪnsàɪd] 〈インサイド〉
副 形 名 [-́ -́]〈インサイド〉

前 の内側に〔で〕　副 内側に〔で〕　形 内側の
名 内側 (⇔ **outside**)

768 **nothing**
[nʌ́θɪŋ] 〈ナスィング〉

代 何も…ない
❗ 単数扱いになる点に注意。

769 関 **blank**✦ [blǽŋk] 〈ブランク〉

形 空 (白) の　名 空白

770 **food**✦
[fúːd] 〈フード〉

名 食べ物；食糧

771 動 **feed** [fíːd] 〈フィード〉

動 に食べ物を与える；(家族など) を養う；(えさを) 食べる (feed - fed [féd] 〈フェド〉 - fed; feeding)
名 えさ

まとめてチェック 16 農業

772 **agriculture**
[ǽgrɪkʌ̀ltʃər] 〈アグリカルチャ〉 アク

名 農業

派 **agricultural**
[æ̀grɪkʌ́ltʃərəl] 〈アグリカルチャラル〉 アク

形 農業の

773 **farm** [fɑ́ːrm] 〈ファーム〉

名 農場；農園

▶It's warm **inside** the building.	▶建物の中は暖かい。
▶I have **nothing** to say.	▶何も言うことはない。
▶Fill in the **blanks**.	▶（試験等で）空白を埋めなさい。
▶I bought some **food** for the picnic.	▶私はピクニックのためにいくらか食べ物を買った。
▶What do you **feed** your dog?	▶あなたはイヌに何を食べさせていますか。

	派 **farmer** [fá:rmər]〈ファーマ〉	名農家；農民
774 □	関 **farming** [fá:rmɪŋ]〈ファーミング〉	名農業
775 □	**crop** [krá:p]〈クラップ〉	名（穀物などの）作物；収穫高
776 □	**harvest** [há:rvəst]〈ハーヴェスト〉	名収穫（物；期） 動を収穫する

27 知能の高い動物は？（2）

The teacher wanted to watch the monkey. He wanted to find out how long* it was going to take the monkey to* find the food. The teacher **left**[1] the room. He waited a few minutes **outside**[2] the **door**[3]. Then he carefully put his eye to a **hole**[4] in the door. What did he see? Can you **imagine**[5]? The teacher was very **surprised**[6]. He found that he was looking **straight**[7] into the eye of the monkey. The monkey was on the other **side**[8] of the door and was looking at the teacher **through**[9] the same hole! (95 words)

*find out how long ...「どのくらい長く…かを調べる」 how long it takes S to *do*「Sが…するのにどのくらい時間がかかるか」

ここをcheck!

want to *do*「…したい」／ be going to *do*「…する（だろう）」

ℓ.1 He wanted to find out [how long it was going to take the monkey 〈to find the food〉].

'want to＋動詞の原形'で「…したい（と思う）」という意味を表せます。ここでは，「～を調べたいと思った」という意味です。

先生はサルを観察したかった。彼はサルが食べ物を見つけるのにどのくらい時間がかかるかを調べたかったのだ。先生は部屋**を出た**[1]。**ドア**[3] **の外で**[2]数分間待った。それから彼はそっとドアの**穴**[4]に目を押し当てた。彼は何を見たのだろう？　あなたは**想像**[5]できるだろうか。先生は大変**驚い**[6]た。彼は自分がサルの目を**まっすぐに**[7]のぞきこんでいることに気づいた。サルはドアの反対**側**[8]にいて，同じ穴**を通して**[9]先生を見ていたのだった！

'be 動詞＋ going to ＋動詞の原形' で「…する（だろう）」という未来を表せます。ちなみに，'It takes ＋人＋～ to ＋動詞の原形' は「人が…するのに～（時間など）がかかる」という意味です。ここでは「サルが食べ物を見つけるのにどのくらい（時間が）かかるか」となります。

さいごに，くりかえし音読しよう。

音読したら CHECK!! ▶▶ ☑☐☐☐☐

27 知能の高い動物は？(2)

777 **leave** [lí:v]〈リーヴ〉

動 (を) 去る；を残す；を…の状態 (のまま) にしておく (leave - left [léft]〈レフト〉- left; leaving)

❗「leave＋人・もの＋形容詞」で「～を…のままにしておく」の意味。

◆ ***leave for*** ～「～へ向けて出発する」

778 ≒ **quit** [kwít]〈クウィト〉 — 動 をやめる；去る (quit - quit - quit; quitting)

779 ≒ **retire**✦ [rıtáıər]〈ゥリタイア〉 — 動 退職〔引退〕する (from)

780 **outside**
前 [àutsaıd]〈アウトサイド〉
副 [-̀-́]〈アウトサイド〉
形 [-́-̀]〈アウトサイド〉
名 [-́-́]〈アウトサイド〉

前 の外側に〔で〕 副 外側に〔で〕 形 外側の
名 外側 (⇔ **inside**)

781 ≒ **surface** [sə́:rfəs]〈サーフェス〉 発 — 名 表面；(the) 外観

782 **door**✦ [dɔ́:r]〈ドー〉

名 ドア

◆ ***knock on the door***「ドアをノックする」

783 **hole**✦ [hóul]〈ホウル〉

名 穴

784 関 **cave** [kéıv]〈ケイヴ〉 — 名 洞くつ

785 関 **dig** [díg]〈ディグ〉 — 動 (を) 掘る；を突っ込む (dig - dug [dʌ́g]〈ダグ〉- dug; digging)

786 **imagine** [ımǽdʒın]〈イマヂン〉

動 (を) 想像する

派 **imagination**✦ [ımæ̀dʒənéıʃən]〈イマヂネイション〉 — 名 想像 (力)

787 関 **image**✦ [ímıdʒ]〈イメヂ〉 アク — 名 印象；像；画像；生き写し

788 関 **symbol**✦ [símbl]〈スィンブル〉 — 名 象徴；シンボル

▶We can **leave** at eight.	▶私たちは８時に出発できます。
▶She **quit** her job.	▶彼女は仕事をやめた。
▶My father **retired** last year.	▶私の父は昨年退職した。
▶I keep my bicycle **outside**.	▶私は自転車を外に置いている。
▶The **surface** is very shiny.	▶その表面はとても輝いている。
▶Our high school has an automatic **door**.	▶私たちの高校には自動ドアがある。
▶I have a **hole** in my shirt.	▶私のシャツには穴があいている。
▶Some bats live in **caves**.	▶洞くつにすんでいるコウモリもいる。
▶I'm **digging** a hole in the garden.	▶私は庭に穴を掘っている。
▶Let's **imagine** that we are rich.	▶私たちがお金持ちだと想像してみよう。
▶Use your **imagination**.	▶想像力を使いなさい。
▶He is worried about his **image** with the public.	▶彼は世間での印象を心配している。
▶This design is the **symbol** of our town.	▶このデザインは私たちの町のシンボルだ。

789 **surprise**✦ [sərpráɪz] 〈サプライズ〉
動 を驚かす　名 驚き
❗「驚く」という意味ではない点に注意。

派 **surprising** [sərpráɪzɪŋ] 〈サプライズィング〉 — 形 驚くべき

派 **surprised** [sərpráɪzd] 〈サプライズド〉 — 形 驚いた
◆ *be surprised to do* 〔*at* 〜〕「…して〔〜に〕驚く」

790 ≒ **amaze** [əméɪz] 〈アメイズ〉 — 動 をとても驚かせる

派 **amazing** [əméɪzɪŋ] 〈アメイズィング〉 — 形 びっくりするような

791 関 **frightened** [fráɪtnd] 〈フライトンド〉 — 形 おびえた

792 関 **disappointed** [dìsəpɔ́ɪntɪd] 〈ディサポインティド〉 — 形 失望した

派 **disappoint** [dìsəpɔ́ɪnt] 〈ディサポイント〉 — 動 を失望させる

793 **straight**✦ [stréɪt] 〈ストレイト〉
副 まっすぐに　形 まっすぐな
◆ *go straight (ahead)*「まっすぐに進む」

794 ≒ **honest** [ɑ́ːnəst] 〈アネスト〉 発 — 形 正直な；率直な

795 ≒ **frank**✦ [frǽŋk] 〈フランク〉 — 形 率直な

796 **side**✦ [sáɪd] 〈サイド〉
名 側；側面

797 関 **sidewalk** [sáɪdwɔ̀ːk] 〈サイドウォーク〉 — 名 歩道

798 **through**✦ [θrúː] 〈スルー〉 発
前 を通って；のあちこちに〔を〕；を通じて

▶We **surprised** Junko with a party.	▶私たちはジュンコをパーティーで驚かせた。
▶This result was very **surprising**.	▶この結果はとても驚くべきものだった。
▶I wasn't **surprised** at your story.	▶私はあなたの話に驚きませんでした。
▶He **amazed** me with his basketball skills.	▶彼のバスケットボールの技術は私をとても驚かせた。
▶Her performance was **amazing**.	▶彼女の演奏は驚嘆すべきものだった。
▶Don't be **frightened**!	▶おびえないで！
▶I'm **disappointed** with myself.	▶私は自分自身に失望している。
▶I never wanted to **disappoint** my mother.	▶私は決して母を失望させたくなかった。
▶Go **straight** for about five minutes.	▶５分ほどまっすぐ進んでください。
▶Jack is an **honest** man.	▶ジャックは正直な男だ。
▶Give me your **frank** opinion.	▶あなたの率直な意見を聞かせて。
▶I felt a sudden pain in my **side**.	▶脇に突然の痛みを感じた。
▶You can't ride your bicycle on the **sidewalk** here.	▶ここでは歩道で自転車に乗ってはいけません。
▶Go **through** this tunnel to the station.	▶このトンネルを通って駅へ行きなさい。

28 チョコレートの歴史（1）

❶ **Today**[1] many **people**[2] like to eat **chocolate**[3], but the **word**[4] "chocolate" **originally**[5] **meant**[6] "**bitter**[7] water." Long **ago**[8], people didn't "eat" chocolate. They "drank" it.

❷ Chocolate is **made**[9] from cacao **beans**[10]. **Ancient**[11] Mexican* people **believed**[12] that cacao beans were given to them **by**[13] the **gods**[14], and they drank chocolate. About 500 **years**[15] ago, Spanish people brought cacao beans with them back to their **country**[16]. They drank chocolate in a **cup**[17] with hot water like Mexican people, but there was a **problem**[18]. It was very bitter. So some **sugar**[19] was put in the chocolate and it became delicious. This was a big change. (101 words)

*Mexican「メキシコの」

ここをcheck!

「…される」

ℓ.4 **Chocolate** is made **from cacao beans.**

動詞には過去分詞という形があり，make の場合は過去形と同じ made です。そして，'be 動詞＋過去分詞' で「…される」という意味になります。be made from ～ で「～から作られる」という意味です。

学習した
日付をいれよう！　／　／　／

音声▶▶

❶ **今日では**[1]多くの**人々**[2]が**チョコレート**[3]を食べるのを好むが，「チョコレート」という**単語**[4]は**もとは**[5]「**苦い**[7]水」**を意味していた**[6]。**昔**[8]，人々はチョコレートを「食べて」いなかった。チョコレートを「飲んで」いたのだ。

❷ チョコレートはカカオ**豆**[10]から**作ら**[9]れる。**古代の**[11]メキシコの人々はカカオ豆は**神様**[14] **により**[13]与えられたもの**と信じており**[12]，チョコレートを飲んだ。約500**年**[15]前，スペイン人が自分の**国**[16]にカカオ豆を持ち帰った。彼らはメキシコの人々のようにお湯の入った**カップ**[17]でチョコレートを飲んだが，1つ**問題**[18]があった。それはとても苦かったのだ。そこでチョコレートにいくらか**砂糖**[19]が入れられるとおいしくなった。これは大きな変化だった。

put の変化／状態の変化を表す動詞 become

ℓ.10 (So) some sugar was put in the chocolate / and it became delicious.

put は過去形も過去分詞も形が変わらず put です。同様の動詞には cut や set があります。be put in ～ で「～に入れられる」という意味です。
become は「…の状態になる」という意味で ‘become ＋形容詞’ で「…になる」という意味を表せます。

さいごに，くりかえし音読しよう。

音読したら CHECK!! ▶▶ ☑□□□□

799 □ **today**
[tədéɪ]〈トゥデイ〉
副 今日 (は)；今日《こんにち》では　名 今日

800 □ **people**
[pí:pl]〈ピープル〉
名 人々；国民
❗「人々」の意味で使う時には，複数扱いにする。「国民」の意味ではa people (単数)，peoples (複数) の形になる。

801 □ ＝ **human**
[hjú:mən]〈ヒューマン〉
形 人間の；人間的な　名 人間
❗「人間」はhuman beingと表されることも多い。

802 □ 関 **population**
[pɑ̀:pjəléɪʃən]〈パピュレイション〉
名 人口

803 □ **chocolate**
[tʃɑ́:klət]〈チャクレト〉 アク
名 チョコレート

804 □ **word**
[wə́:rd]〈ワード〉
名 単語；複 言葉
◆ *in other words*「言い換えれば」

805 □ ＝ **language**
[lǽŋgwɪdʒ]〈ラングウェヂ〉
名 言語；言葉

806 □ **originally**
[ərídʒənəli]〈オリヂナリ〉
副 もとは；独創的に

派 **original**
[ərídʒənl]〈オリヂヌル〉
形 最初の；独創的な

派 **origin**
[ɔ́:rədʒɪn]〈オーリヂン〉 アク
名 起源；出身

807 □ 関 **source** [sɔ́:rs]〈ソース〉
名 源；原因；情報源

808 □ 関 **resource**
[rí:sɔ̀:rs]〈ゥリーソース〉
名 (通例 複) 資源；財源

809 □ 関 **native** [néɪtɪv]〈ネイティヴ〉
形 出生地の；土着の　名 ～生まれの人

810 □ **mean**
[mí:n]〈ミーン〉
動 を意味する
(mean - meant [mént]〈メント〉 - meant; meaning)
❗過去形・過去分詞の発音に注意。
◆ *I mean*「つまり」

派 **meaning**
[mí:nɪŋ]〈ミーニング〉
名 意味

811 □ **bitter**
[bítər]〈ビタ〉
形 つらい；痛烈な；苦い

812 □ **ago**
[əgóʊ]〈アゴウ〉
副 (今から) ～前に
❗agoは過去形の文で用いる。
◆ *long ago*「昔々」

▶▶音声

▶I woke up late **today**.	▶私は今日寝坊した。
▶A lot of **people** were waiting.	▶たくさんの人々が待っていた。
▶This robot looks just like a **human being**.	▶このロボットはまるで人間のように見える。
▶What is the **population** of your town?	▶あなたの町の人口はどのくらいですか。
▶Do you like **chocolate**?	▶チョコレートは好きですか。
▶What does this **word** mean?	▶この単語はどのような意味ですか。
▶What **languages** do you speak?	▶あなたは何語を話しますか。
▶Tea **originally** came from China about 1,200 years ago.	▶お茶はもともと約 1,200 年前に中国から来た。
▶This is the **original** flavor.	▶これは独特の風味だ。
▶Tell me about the **origin** of Halloween.	▶ハロウィーンの起源について教えて。
▶Did you find the **source** of the problem?	▶問題の原因は見つかりましたか。
▶Some countries are rich in natural **resources**.	▶天然資源が豊富な国もある。
▶This grass is a **native** plant.	▶この草はその土地固有の植物だ。
▶What do you **mean**?	▶どういう意味ですか（←あなたは何を意味していますか）。
▶What is the **meaning** of this word?	▶この単語の意味は何ですか。
▶Some people think green tea tastes **bitter**.	▶緑茶は苦いと思っている人もいる。
▶I went to the U.S. two years **ago**.	▶私は 2 年前にアメリカへ行った。

813 **make** [méɪk]〈メイク〉
動 を作る；～を…にする；を生じさせる
(make - made [méɪd]〈メイド〉- made; making)
❗「make＋人＋もの」の語順で目的語を２つとれる。
❗「～を…にする」の意味では，「make＋人・もの＋形容詞〔名詞〕」の形をとる。
◆ *be made from* ～「～（原料）でできている」
be made of ～「～（材料）でできている」
make A into B「A から B を作る」
make it「間に合う；成功する」

814 ≒ **produce** [prədú:s, -djú:s]〈プロドゥース〔-デュース〕〉アク
動 を生産する
派 **product** [prá:dəkt]〈プラダクト〉アク
名 製品
派 **production** [prədʌ́kʃən]〈プロダクション〉
名 生産（高）
815 関 **industry** [índəstri]〈インダストリ〉アク
名 産業；工業；勤勉
派 **industrial** [ɪndʌ́striəl]〈インダストリアル〉
形 産業の；工業の

816 **bean** [bí:n]〈ビーン〉
名 豆

817 関 **soybean** [sɔ́ɪbì:n]〈ソイビーン〉
名 ダイズ

818 **ancient** [éɪnʃənt]〈エインシェント〉発
形 古代の

819 関 **historic** [hɪstɔ́:rɪk]〈ヒストーリック〉アク
形 歴史上重要な
派 **history** [hístəri]〈ヒストリ〉
名 歴史
820 ⇔ **modern** [má:dərn]〈マダン〉
形 現代の；現代的な

821 **believe** [bəlí:v]〈ビリーヴ〉
動 (を) 信じる
◆ *believe in* ～「～の存在を信じる」

822 ≒ **trust** [trʌ́st]〈トラスト〉
名 信頼；信用　動 を信頼する
823 関 **credit** [krédɪt]〈クレディト〉
名（取引上の）信用；評判
824 関 **promise** [prá:məs]〈プラミス〉
名 約束　動 (を) 約束する
❗「約束を守る」は keep a〔one's〕promise。
825 関 **depend** [dɪpénd]〈ディペンド〉
動 頼る
◆ *depend on* ～「～に頼る」

▶I **make** model trains.	▶私は鉄道模型を作る。
▶We **produced** a lot of tomatoes this year.	▶私たちは今年多くのトマトを生産した。
▶This is the latest **product**.	▶これが最新の製品だ。
▶**Production** is down.	▶生産量は下がっている。
▶There is no oil **industry** here.	▶ここには石油産業がない。
▶Japan is an **industrial** nation.	▶日本は工業国だ。

▶**Beans** are good in salad.	▶豆はサラダに合う。
▶**Soybeans** are used to make *tofu*.	▶ダイズは豆腐を作るのに使われる。

▶Nara has a lot of **ancient** temples.	▶奈良には古代からの寺院がたくさんある。
▶This is the most **historic** part of our town.	▶ここは私たちの町で歴史上最も重要な所だ。
▶We have **history** after lunch.	▶昼食のあと歴史（の授業）がある。
▶I like **modern** music.	▶私は現代音楽が好きだ。

▶My nephews still **believe** in Santa Claus.	▶私のおいたちはまだサンタクロースの存在を信じている。
▶I **trust** you.	▶あなたを信じています。
▶He is a man of **credit**.	▶彼は評判のよい人だ。
▶Please keep your **promise**.	▶約束を守ってください。
▶Don't **depend** on your smartphone so much.	▶スマートフォンに頼りすぎてはいけません。

28 チョコレートの歴史 (1)

826 **by** [báɪ]〈バイ〉
[前] によって；(手段・方法) で；のそばに〔で〕；(期限) までに (は)
❗ by の主な意味には受け身の文の動作主，手段，位置，期限がある。期限については継続を表す until との区別に注意。
◆ *by oneself*「独力で；1 人きりで」

827 **god**✦ [gɑ́:d]〈ガド〉
[名] 神

828 [関] **heaven** [hévn]〈ヘヴン〉
[名] 天国

829 [関] **wish** [wíʃ]〈ウィシュ〉
[動] (を) 望む　[名] 願い
◆ *wish for ~*「~を望む」

830 [関] **hope**✦ [hóʊp]〈ホウプ〉
[動] (を) 望む　[名] 希望
◆ *I hope so.*「そうだといいですね。」
I hope not.「そうでなければいいですね。」
I hope that ...「…であることを望む」

831 [関] **expect** [ɪkspékt]〈イクスペクト〉
[動] を予想する

832 **year**✦ [jíər]〈イア〉
[名] 年；~歳

833 **country**✦ [kʌ́ntri]〈カントリ〉
[名] 国；(the) いなか (㊥ countries)

834 [≒] **nation** [néɪʃən]〈ネイション〉
[名] 国家；国民

[派] **national**✦ [nǽʃənl]〈ナショヌル〉
[形] 国家の；国民の

835 [関] **international**✦ [ìntərnǽʃənl]〈インタナショヌル〉
[形] 国際的な

836 [関] **city**✦ [síti]〈スィティ〉
[名] 都市；市 (㊥ cities)

837 [関] **citizen** [sítəzn]〈スィティズン〉
[名] 市民

838 [関] **town**✦ [táʊn]〈タウン〉
[名] 町

839 **cup**✦ [kʌ́p]〈カプ〉
[名] カップ
◆ *a cup of ~*「カップ 1 杯の~」

840 **problem** [prɑ́:bləm]〈プラブレム〉
[名] 問題

▶This book was written **by** my favorite writer.	▶この本は私の大好きな作家によって書かれた。
▶My desk is **by** the window.	▶私の机は窓のそばにある。
▶Do you believe in **God**?	▶神の存在を信じますか。
▶I believe in **heaven**.	▶私は天国の存在を信じている。
▶My **wish** came true.	▶私の願いがかなった。
▶I **hope** I can pass the test.	▶私はテストに合格することを望んでいる。
▶I **expect** he will be late.	▶彼は遅刻すると予想する。
▶What **year** were you born in?	▶何年に生まれましたか。
▶Russia is the largest **country** in the world.	▶ロシアは世界最大の国だ。
▶Twenty-four **nations** played in the tournament.	▶ 24 カ国がそのトーナメントで試合をした。
▶The **national** championships are in June.	▶全国大会が 6 月にある。
▶He'll enter an **international** competition.	▶彼は国際的なコンテストに参加する予定だ。
▶I live in a small **city**.	▶私は小さな市に住んでいる。
▶You must be a **citizen** to vote.	▶投票をするには市民でなければなりません。
▶Our **town** is close to a large city.	▶私たちの町は大都市に近い。
▶Pass me a **cup** of water, please.	▶カップ 1 杯の水を渡してください。
▶I had a lot of **problems** with my phone.	▶私の電話には問題がたくさんあった。

28 チョコレートの歴史 (1)

841 □ **sugar** [ʃúgər]〈シュガ〉	名 砂糖
842 □ 関 **salt** [sɔ́:lt]〈ソールㇳ〉	名 塩 ❗ sugar，salt どちらも基本的には数えられない名詞として用いられる。

まとめてチェック 17 人間関係

843 □ **Mr.** [mìstər]〈ミㇲタ〉	名（男性の姓名の前につけて）～さん
844 □ **Ms.** [mìz]〈ミズ〉	名（未婚，既婚に関係なく女性の姓名の前につけて）～さん
845 □ **Mrs.** [mìsɪz]〈ミスィズ〉	名（既婚女性の姓名の前につけて）～さん
846 □ **lady** [léɪdi]〈レイディ〉	名 ご婦人（複 ladies）
847 □ **gender** [dʒéndər]〈ヂェンダ〉	名（社会的・文化的）性（差）
848 □ **generation** [dʒènəréɪʃən]〈ヂェナレイション〉	名 世代

▶Do you want **sugar** in your tea?	▶紅茶にお砂糖が欲しいですか。
▶Can you pass the **salt**, please?	▶塩を取ってくださいますか。

849 ☐ **pair** [péə*r*] 〈ペア〉	名 一対；ペア ◆*a pair of* ～「一対の～」
850 ☐ **group** [grú:p] 〈グループ〉	名 集団；グループ
851 ☐ **community** [kəmjú:nəti] 〈コミューニティ〉	名 地域社会；共同体
852 ☐ **host** [hóust] 〈ホウスト〉 発	名 (客をもてなす) 主人
853 ☐ **guest** [gést] 〈ゲスト〉	名 (招かれた) 客

29 チョコレートの歴史（2）

In the 19th **century**[1], there was **another**[2] big change. People **learned**[3] how to* make chocolate **bars**[4]. People began to eat chocolate. **Since**[5] then, chocolate bars have become* **popular**[6]. Now people can **enjoy**[7] chocolate **without**[8] a cup and hot water. And **also**[9], people can **keep**[10] it for a long time. Today eating has become the **main**[11] way to enjoy chocolate.

（59 words）

*how to *do*「…する方法」 have become ...「…になった〔なっている〕」

ここを check!

There is〔are〕～「～がある〔いる〕」

ℓ.1 〈In the 19th century〉, there was **another big change.**

'there + be 動詞 ～'で「～がある〔いる〕」という意味を表せます。ここでは過去形 was なので「19 世紀にもう 1 つの大きな変化があった」という意味です。

19**世紀**[1]に，**もう１つ**[2]大きな変化があった。人々はチョコレート**バー**[4]〔**板**[4]チョコレート〕を作る方法**を習得したのだ**[3]。人々はチョコレートを食べ始めた。それ**以来**[5]，チョコレートバーが**人気に**[6]なった。今では人々はカップとお湯**なしで**[8]チョコレート**を楽しむ**[7]ことができる。そして，人々は長い間チョコレート**を保存する**[10]こと**も**[9]できる。今日では，食べることがチョコレートを楽しむ**主な**[11]方法になっている。

...ing「…すること」／to＋動詞の原形「…するための」

ℓ.6 〈Today〉 eating (S) has become (V) the main way (C) (to enjoy chocolate).

動詞に -ing をつけると，「…すること」という意味を表せます。この英文では，eating（食べること）が主語となっています。
'to＋動詞の原形' が名詞を後ろから修飾して「…するための」という意味を表すことがあります。ここでは，「チョコレートを楽しむための主な方法」となります。

さいごに，くりかえし音読しよう。

音読したら CHECK!! ▶▶ ☑☐☐☐☐

854 **century** [séntʃəri]〈センチュリ〉
名 世紀 (複 centuries)

855 **another** [ənʌ́ðər]〈アナザ〉
形 もう1つ〔1人〕の　代 もう1つ〔1人〕
❗ another = an + other と覚えておこう。another の前には冠詞や代名詞がつかない。
◆ ***one after another***「あいついで」
one another「お互い」

856 **learn** [lə́:rn]〈ラーン〉
動 (を) 学ぶ；(を) 知る (learn - learned〔learnt〕[lə́:rnd, lə́:rnt]〈ラーンド, ラーント〉- learned〔learnt〕;learning)
◆ ***learn to do***「…するようになる」

857 関 **absorb** 多 [əbzɔ́:rb]〈アブゾーブ〉
動 を吸収する；を理解する；を夢中にさせる

858 関 **knowledge** [nɑ́:lɪdʒ]〈ナレヂ〉 発
名 知識

859 **bar** [bɑ́:r]〈バー〉
名 棒；板　動 (人・ものの進行) を妨害する

860 ≒ **stick** [stík]〈スティク〉
名 棒きれ　動 を貼り付ける；を刺す；くっつく；刺さる (stick - stuck [stʌ́k]〈スタク〉- stuck; sticking)

861 関 **sticker** [stíkər]〈スティカ〉
名 ステッカー；シール

862 **since** 多 [síns]〈スィンス〉
接 …して以来；…だから　前 ～以来
❗「～ (して) 以来」という意味では主に現在完了の文で使われ，現在までの継続を表す。

863 **popular** [pɑ́:pjələr]〈パピュラ〉
形 人気のある；流行の
(popular - more popular - most popular)
◆ ***be popular among*** ～「～の間で人気がある」

864 **enjoy** [ɪndʒɔ́ɪ]〈インヂョイ〉
動 を楽しむ
◆ ***enjoy ...ing***「…して楽しむ」

865 関 **pleasure** [pléʒər]〈プレジャ〉 発
名 楽しみ
◆ ***(It's) My pleasure.***「どういたしまして。」

866 関 **joy** [dʒɔ́ɪ]〈ヂョイ〉
名 喜び

867 関 **pity** [píti]〈ピティ〉
名 哀れみ；残念なこと　動 を気の毒に思う

868 関 **disaster** [dɪzǽstər]〈ディザスタ〉
名 災害；災難

869 **without** [wɪðáʊt]〈ウィザウト〉
前 ～なしに〔で〕
◆ ***without ...ing***「…しないで」

▶▶音声

▶This is the twenty-first **century**.	▶今は 21 世紀だ。
▶Can I have **another** banana?	▶バナナをもう 1 本もらえますか。
▶We **learn** English at school.	▶私たちは学校で英語を習っている。
▶The project **absorbed** my attention.	▶その計画は私の注意をすっかり引きつけた。
▶Some gain a lot of **knowledge** in school.	▶学校でたくさんの知識を得る人もいる。
▶A metal **bar** was over the door.	▶金属棒がドアの上に付いていた。
▶I will **stick** this poster on the wall.	▶壁にこのポスターを貼るつもりだ。
▶Judy put **stickers** all over her notebook.	▶ジュディはノートじゅうにシールを貼り付けた。
▶I've played the piano **since** I was three.	▶私は 3 歳からピアノをやっている。
▶I can't call **since** I lost my phone.	▶私は電話をなくしたので，電話をすることができない。
▶Mr. Taylor is the most **popular** teacher at school.	▶テイラー先生は学校で最も人気のある先生だ。
▶Did you **enjoy** your trip to Greece?	▶ギリシャ旅行を楽しみましたか。
▶Music gives me **pleasure**.	▶音楽は私に喜びを与えてくれる。
▶Christmas is a time of love and **joy**.	▶クリスマスは愛と喜びの季節である。
▶That's a **pity**.	▶それは残念です。
▶The trip was a **disaster**.	▶その旅行は災難だったよ。
▶I can't leave **without** you.	▶あなたと一緒でなければ出発できません。

870 **also**
[ɔ́ːlsoʊ] 〈オーㇽソウ〉
[副] もまた (≒ **too**)

871 **keep**✦
[kíːp] 〈キーㇷ゚〉
[動] を保つ (keep - kept [képt] 〈ケプㇳ〉 - kept; keeping)
❗「keep＋形容詞」で「…の状態を保つ」という意味。また，「keep＋人・もの＋形容詞」で「～を…の状態にしておく」の意味。
◆ *keep ...ing*「…し続ける」
keep A from ...ing「Aが…しないようにする」

872 ≒ **remain**
[rɪméɪn] 〈ゥリメイン〉
[動] 依然…のままである；とどまる
[名] 残り；遺跡

873 ≒ **preserve**
[prɪzə́ːrv] 〈プリザーヴ〉
[動] を保存する；を維持する；を守る

874 **main**✦
[méɪn] 〈メイン〉
[形] 主要な (≒ **major**)

875 ≒ **principal** [多]
[prínsəpl] 〈プリンスィプㇽ〉
[形] 主要な　[名] 校長；主役

まとめてチェック 18 イベント

876 **event**✦ [ɪvént] 〈イヴェンㇳ〉 [アク]
[名] 行事；できごと

877 **party**✦ [páːrti] 〈パーティ〉
[名] パーティー
◆ *have a party*「パーティーを催す」

878 **ceremony**✦ [sérəmòʊni] 〈セレモウニ〉
[名] (儀) 式；礼儀

879 **celebrate** [séləbrèɪt] 〈セレブレイㇳ〉
[動] (特別な日・事) を祝う

880 **festival**✦ [féstəvl] 〈フェㇲティヴㇽ〉
[名] 祭り

881 **anniversary**
[æ̀nəvə́ːrsəri] 〈アニヴァーサリ〉
[名] (毎年の) 記念日

882 **gift**✦ [gíft] 〈ギフㇳ〉
[名] 贈り物；才能
❗ giftedで「才能がある」という意味。

▶My birthday is **also** in February.	▶私の誕生日も２月だ。
▶Let's **keep** playing for ten more minutes.	▶あと 10 分遊びを続けよう。
▶Let's **remain** friends forever.	▶ずっと友だちでいようね。
▶We need to **preserve** old buildings.	▶私たちは古い建物を保存する必要がある。
▶The **main** entrance is here.	▶正面玄関はここだ。
▶That's not the **principal** aim.	▶それは主な目的ではない。
▶Mr. Tanaka is the **principal** of our school.	▶田中先生は私たちの学校の校長先生だ。

883 □ **wedding** [wédɪŋ]〈ウェディング〉 ㊔ 結婚式

884 □ 関 **marry** [mǽri]〈マリ〉 動 (と) 結婚する

❗３人称・単数・現在は marries，過去形・過去分詞は married となる。

◆ *be* 〔*get*〕 *married*「結婚している〔する〕」

885 □ 関 **couple** [kʌ́pl]〈カプル〉 ㊔ 男女の１組；１対

◆ *a couple of* ～「２つの～；２，３の～」

886 □ **Christmas** [krísməs]〈クリスマス〉 ㊔ クリスマス

887 □ **birthday** [bə́ːrθdèɪ]〈バースデイ〉 ㊔ 誕生日

888 □ 関 **birth** [bə́ːrθ]〈バース〉 ㊔ 誕生

889 □ **charity** [tʃǽrəti]〈チャリティ〉 ㊔ 慈善（心）；チャリティー

890 □ **volunteer** [vɑ̀ːləntíər]〈ヴァランティア〉 アク ㊔ ボランティア；志願者

30 交通信号の色の変遷（1）

❶ Today we can go **when**[1] the **traffic light**[2] is green. This is one of the **common**[3] **rules**[4] all over the world. But do you know that a different **color**[5] was **used**[6] at first?

❷ About one hundred and fifty years ago, the first traffic light was used in England. It was for **trains**[7]. To **drive**[8] trains at night, train **companies**[9] put on a light for signals. It was a **white**[10] light. "White" was the color that the drivers could see* **the best**[11] of all the colors. So white was used for "go." Two other colors were also needed for "stop" and "**caution**[12]." Red and green were used for them. (108 words)

*the color that the drivers could see「運転士が見える色」

ここを check!

when「…する時に」

ℓ.1 〈Today〉 we can go 〈when the traffic light is green〉.

'when ＋主語＋動詞' で，「…する時に」という '時' の意味を表せます。この英文では，「交通信号が青〔緑〕の時に」という意味です。なお，日本語で「青」に当たる信号の色は，英語では green です。

学習した
日付をいれよう！　／　／　／

音声▶▶

❶ 今日私たちは**交通信号**[2]が青〔緑〕**の時に**[1]進むことができる。これは世界**共通の**[3] **ルール**[4]の 1 つだ。しかし，最初は別の**色**[5]が**用いら**[6]れていたことを知っているだろうか。

❷ 約 150 年前，最初の交通信号がイングランドで用いられた。それは**列車**[7]用だった。夜間に列車**を運転する**[8]ために，鉄道**会社**[9]は合図のためにライトをつけた。それは**白い**[10]ライトだった。「白」はすべての色の中で運転士が**一番よく**[11]見える色だった。そのため，「進め」を表すのに白が用いられた。「止まれ」と「**注意**[12]」のために他の２色も必要だった。赤と青〔緑〕がそれらに使われた。

最上級「最も…」（副詞の場合）

ℓ.7 **“White” was the color (that the drivers could see〈the best of all the colors〉).**

副詞にも**最上級**があり，この best は well の**最上級**です。副詞の場合，前に the を置く場合もありますが，省略もできます。**最上級のあとに of ～をつけると，「～の中で」**という意味を表します。なお，that the drivers 以降は the color を説明しており，「…運転士が見ることができる色」となります。

さいごに，くりかえし音読しよう。

音読したら CHECK!! ▶▶ ☐☐☐☐☐

30 交通信号の色の変遷 (1)

891 **when** [多] [wén]〈ウェン〉 — [接] …する時に　[副] いつ

892 **traffic** [trǽfɪk]〈トラフィク〉 — [名] 交通 (量)

893 **light**✦ [多] [láɪt]〈ライト〉 — [形] 明るい；軽い　[名] 光

894 [＝] **bright** [bráɪt]〈ブライト〉 — [形] 輝いている；頭のよい
895 [＝] **ray** [réɪ]〈ゥレイ〉 — [名] 光線

896 [関] **candle**✦ [kǽndl]〈キャンドル〉 — [名] ろうそく
897 [関] **electric** [ɪléktrɪk]〈イレクトリク〉 [アク] — [形] 電気の
[派] **electricity** [ɪlèktrísəti]〈イレクトリスィティ〉 [アク] — [名] 電気
898 [⇔] **dark**✦ [dá:rk]〈ダーク〉 — [形] 暗い　[名] (the) 暗やみ
899 [関] **shadow**✦ [ʃǽdoʊ]〈シャドウ〉 — [名] 影
900 [関] **shade** [ʃéɪd]〈シェイド〉 — [名] (物) 陰；色合い

901 **common** [ká:mən]〈カモン〉 — [形] 共通の；普通の

902 [＝] **ordinary** [ɔ́:rdənèri]〈オーディネリ〉 — [形] 普通の；ありふれた
903 [関] **share**✦ [ʃéər]〈シェア〉 — [動] を共有する　[名] 分け前
◆ *share A with B*「A を B と共有する」
904 [関] **precious** [préʃəs]〈プレシャス〉 — [形] 貴重な；(貴金属などが) 高価な
905 [関] **jewelry**✦ [dʒú:əlri]〈ヂューエルリ〉 — [名] (集合的に) 宝石
906 [関] **diamond**✦ [dáɪmənd]〈ダイモンド〉 — [名] ダイヤモンド

907 **rule**✦ [rú:l]〈ゥルール〉 — [名] 規則；支配　[動] (を) 支配する

[派] **ruler** [rú:lər]〈ゥルーラ〉 [多] — [名] 統治者；定規
908 [＝] **custom** [kʌ́stəm]〈カスタム〉 — [名] (社会の) 慣習
[派] **customer**✦ [kʌ́stəmər]〈カスタマ〉 — [名] (店の) 客
909 [＝] **habit** [hǽbət]〈ハビト〉 — [名] (個人の) 習慣；くせ

▶▶音声

▶Call me **when** you finish class.	▶授業が終わったら私に電話しなさい。
▶**When** are you free today?	▶今日はいつ暇ですか。
▶The **traffic** near my house is always noisy.	▶私の家の近くの往来はいつも騒がしい。
▶Is it **light** outside?	▶外は明るい？
▶The sun is very **bright** today.	▶今日は太陽がとても明るい。
▶The sun's **rays** are coming through the window.	▶日光が窓から差し込んでいる。
▶Let's put some **candles** on the cake.	▶ケーキにろうそくを立てましょう。
▶I want an **electric** car.	▶私は電気自動車が欲しい。
▶The **electricity** went out.	▶停電した。
▶This room is too **dark**.	▶この部屋は暗すぎる。
▶**Shadows** become longer in the afternoon.	▶午後になると影は長くなる。
▶Let's sit in the **shade**.	▶日陰に座りましょう。
▶She had no **common** sense.	▶彼女には常識がなかった。
▶My town is very **ordinary**.	▶私の町はごくありふれた町だ。
▶Let's **share** this chocolate.	▶このチョコレートを分けましょう。
▶This watch is **precious** to me.	▶この腕時計は私にとって大切だ。
▶My mother is wearing **jewelry**.	▶私の母は宝石を身に付けている。
▶Her ring has a large **diamond** in it.	▶彼女の指輪には大きなダイヤモンドが付いている。
▶I don't like that **rule**.	▶私はその規則が好きではない。
▶Who was the **ruler** at that time?	▶当時の統治者は誰でしたか。
▶I don't want to follow that **custom**.	▶私はその慣習に従いたくない。
▶The **customers** waited in line.	▶客は列に並んで待った。
▶He has a **habit** of smiling if he's nervous.	▶彼は緊張するとほほえむくせがある。

30 交通信号の色の変遷 (1)

910 **law** [lɔ́ː]〈ロー〉発　名 法律；法則
派 **lawyer** [lɔ́ɪər]〈ロイア〉　名 弁護士

911 関 **illegal** [ɪlíːgl]〈イリーグル〉　形 違法の
912 関 **court** [kɔ́ːrt]〈コート〉　名 法廷；裁判所〔官〕；(テニスなどの) コート
913 関 **political** [pəlítɪkl]〈ポリティクル〉　形 政治 (上) の
914 関 **government** [gʌ́vərnmənt]〈ガヴァンメント〉　名 政府；政治
915 関 **organization** [ɔ̀ːrgənəzéɪʃən]〈オーガニゼイション〉　名 組織 (化)；団体
916 関 **system** [sístəm]〈スィステム〉　名 制度；体系

917 **color** [kʌ́lər]〈カラ〉　名 色
派 **colorful** [kʌ́lərfl]〈カラフル〉　形 色彩豊かな；カラフルな

918 **use**
動 [júːz]〈ユーズ〉
名 [júːs]〈ユース〉発
動 (を) 使う　名 使用

派 **used**
形 [júːst]〈ユースト〉
形 [júːzd]〈ユーズド〉発
助 (used to *do*で) …だった　形 中古 (品) の
◆ ***used to do***「(以前は) よく…したものだ；(以前は) …だった」
be 〔***get***〕 ***used to*** ～「～に慣れている〔慣れる〕」

派 **useful** [júːsfl]〈ユースフル〉　形 役に立つ (useful - more useful - most useful)
919 **usage** [júːsɪdʒ]〈ユーセヂ〉発　名 語法；使用 (法)
920 **handle** [hǽndl]〈ハンドル〉　動 を取り扱う；を処理する　名 取っ手
❗ 車のハンドルは (steering) wheel。
921 関 **convenient** [kənvíːnjənt]〈コンヴィーニェント〉　形 便利な (convenient - more convenient - most convenient)
派 **convenience** [kənvíːnjəns]〈コンヴィーニェンス〉　名 便利 (なもの)
922 関 **comfortable** [kʌ́mftəbl]〈カムフタブル〉ア　形 快適な (comfortable - more comfortable - most comfortable)
923 関 **uncomfortable** [ʌnkʌ́mftəbl]〈アンカムフタブル〉　形 心地よくない
924 関 **satisfy** [sǽtəsfàɪ]〈サティスファイ〉　動 を満足させる

▶We must not break the **law**.	▶法律を破ってはいけない。
▶I asked a **lawyer** to help me.	▶私は弁護士に助けてくれるように頼んだ。
▶It is **illegal** to fish here.	▶ここで魚つりをするのは違法だ。
▶The man appeared in **court**.	▶その男性は出廷した。
▶It was a **political** decision.	▶それは政治上の判断だった。
▶The **government** will make an announcement.	▶政府が発表をする予定だ。
▶They work for a large **organization**.	▶彼らは大きな組織で働いている。
▶I want to change the **system** of education in Japan.	▶私は日本の教育制度を変えたい。

▶What **color** is your new jacket?	▶あなたの新しいジャケットは何色ですか。
▶The male butterfly is very **colorful**.	▶そのオスのチョウはとてもカラフルだ。

▶Do you **use** the bus?	▶そのバスを使いますか。
▶I **used to** play baseball.	▶私は以前野球をしていた。
▶This book is really **useful**.	▶この本は本当に役に立つ。
▶Public phones don't get much **usage** any more.	▶公衆電話はもはやあまり使用されていない。
▶He pulled the door **handle**.	▶彼はドアの取っ手を引っ張った。
▶Is Monday **convenient** for you?	▶月曜日はご都合いかがですか。
▶Your kitchen has many modern **conveniences**.	▶あなたの台所には便利な近代的なものがたくさんありますね。
▶Sit down on this **comfortable** sofa.	▶この快適なソファーに座りなさい。
▶Some of these seats are **uncomfortable**.	▶これらの座席のうちいくつかは座り心地がよくない。
▶This cake **satisfied** me.	▶このケーキは私を満足させた。

30 交通信号の色の変遷 (1)

925 **train** 多
[tréɪn]〈トレイン〉
名 列車　動 (を) 訓練する

派 **training**
[tréɪnɪŋ]〈トレイニング〉
名 訓練；トレーニング

926 ≒ **practice**
[prǽktɪs]〈プラクティス〉
名 練習；実践　動 (を) 練習する；実践する

927 関 **theory**
[θíːəri]〈スィーアリ〉
名 理論

928 **drive**
[dráɪv]〈ドライヴ〉
動 (を) 運転する (drive - drove [dróʊv]〈ドロウヴ〉- driven [drívn]〈ドリヴン〉; driving)

派 **driver**
[dráɪvər]〈ドライヴァ〉
名 運転手

929 関 **ride**
[ráɪd]〈ゥライド〉
動 (に) 乗る (ride - rode [róʊd]〈ゥロウド〉- ridden [rídn]〈ゥリドン〉; riding)

930 **company** 多
[kʌ́mpəni]〈カンパニ〉
名 会社；仲間 (複 companies)

931 **white**
[wáɪt]〈ワイト〉
形 白い　名 白

932 **best**
[bést]〈ベスト〉
形 最もよい　副 最もよく
❶ good・well の最上級。
◆ ***do*** 〔***try***〕 ***one's best*** 「最善を尽くす」

933 **caution**
[kɔ́ːʃən]〈コーション〉
名 用心；警告　動 (に) 注意する

934 ≒ **advise**
[ədváɪz]〈アドヴァイズ〉 アク 発
動 (に) 忠告する

派 **advice**
[ədváɪs]〈アドヴァイス〉 アク
名 忠告；アドバイス
❶ 基本的には数えられない名詞として用いられる。

▶Did you come by **train**?	▶電車で来ましたか。
▶I'm **training** to be a baseball player.	▶私は野球選手になるために訓練を受けている。
▶I worked hard at **training**.	▶私は一生懸命訓練した。
▶When do you have piano **practice**?	▶あなたはいつピアノの練習をしますか。
▶The scientists produced a new **theory**.	▶科学者たちは新しい理論を生み出した。

▶Mr. Williams always **drives** to work.	▶ウイリアムズ氏はいつも車で仕事に行く。
▶Taxi **drivers** in Japan wear white gloves.	▶日本のタクシー運転手は白い手袋をはめている。
▶Can you **ride** a bicycle?	▶自転車に乗ることができますか。

▶My mother works for a large **company**.	▶私の母は大きな会社で働いている。

▶I like that **white** dress.	▶私はあの白いドレスが好きだ。

▶Jack is my **best** friend.	▶ジャックは私の一番仲のよい友だちだ。

▶The judge gave him a **caution**.	▶その裁判官は彼に警告を与えた。
▶I **advised** her, "You should study hard."	▶「一生懸命勉強しなさいよ」と私は彼女に忠告した。
▶I will follow your **advice**.	▶私はあなたの忠告に従おうと思います。

31 交通信号の色の変遷（2）

❶ In those days, to make* the light red or green, a colored* **glass**[1] was put in **front**[2] of the light. When the colored glass was **broken**[3], train drivers thought the traffic light was white for "go," not red or green. This was a big problem.

❷ Then, many people began to have their houses around the **station**[4], and there were many white lights at night. The drivers couldn't find the right one. This was another problem.

❸ For these problems, the companies stopped using white for the traffic light, and changed the meaning of the green light from "caution" to "go" **just**[5] like today. （102 words）

*make ～ ...「～を…にする」 colored「色のついた」

ここを check!

接続詞 that の省略

ℓ.2 〈When the colored glass was broken〉,

train drivers (S) thought (V) [(that) (O) the traffic light was white for "go," / not red or green].

thought のあとには that が省略されていて，「列車の運転士は…と考えた」という意味です。When 節内では was broken と受け身が使われています。

学習した
日付をいれよう！　／　／　／

音声▶▶

❶ 当時，ライトを赤や青〔緑〕にするために色つき**ガラス**[1]がライトの**前**[2]にはめられた。色つきガラスが**割れ**[3]た時，列車の運転士は信号が赤や青〔緑〕ではなく「進め」を表す白だと思った。これは大きな問題だった。

❷ その頃，多くの人々が**駅**[4]の周りに家を持ち始め，夜間に白いライトがたくさん灯った。運転士は正しいもの〔本物の信号〕を見つけることができなかった。これはもう 1 つの問題だった。

❸ これらの問題のために，会社は交通信号に白を使うのをやめ，青〔緑〕のライトの意味を「注意」から今日と**まさに**[5]同じように「進め」に変えた。

前に出てきた名詞を指す one

ℓ.8　The drivers couldn't find the right one.

one はここでは**前に出てきた名詞と同じ種類のものを指します**。この英文では，前の文の light を指しています。

stop ...ing「…するのをやめる」

ℓ.10　〈For these problems〉,
the companies stopped using white 〈for the traffic light〉, / and changed the meaning of the green light 〈from "caution" to "go"〉〈just like today〉.

stop ...ing で「…するのをやめる」という意味を表します。なお，'stop to ＋動詞の原形' は「…するために立ち止まる」という意味です。この文頭の For ～ は「～が原因で」という意味です。

さいごに，くりかえし音読しよう。

音読したら CHECK!! ▶▶ ☑☐☐☐☐

31 交通信号の色の変遷 (2)

935 □ **glass**✦ [glǽs]〈グラス〉
名 ガラス；グラス；複 メガネ

936 □ 関 **sunglasses**✦ [sʌ́nglæ̀sɪz]〈サングラスィズ〉
名 サングラス

937 □ **front**✦ [frʌ́nt]〈フラント〉 発
名 前部；正面 (⇔ **back**)
◆ *in front of* ～「～の前に〔で〕」

938 □ **break**✦ [bréɪk]〈ブレイク〉
動 を壊す；壊れる (break - broke [bróʊk]〈ブロウク〉 - broken [bróʊkən]〈ブロウクン〉; breaking)
名 休憩
◆ *take a break*「ひと休みする」

939 □ 関 **escape** [ɪskéɪp]〈イスケイプ〉
動 逃げる；を免れる　名 脱出；逃避

940 □ **station**✦ [stéɪʃən]〈ステイション〉
名 駅

941 □ **just**✦ 多 [dʒʌ́st]〈ヂャスト〉
副 ちょうど；まさに；たった今；ただ〔ほんの…だけ〕　形 公正な
❗「たった今」の意味は完了形・過去形の文で使われる。ただし，just now (たった今) は基本的に過去形の文で使われ，完了形の文では使われない。
◆ *Just a minute.*「少々お待ちください。」
just then「ちょうどその時 (に)」

942 □ ≒ **fair**✦ [féər]〈フェア〉 多
形 妥当な；公平な；かなりの
名 見本市；展示会；説明会

943 □ ⇔ **unfair** [ʌnféər]〈アンフェア〉
形 不公平な

まとめてチェック 19 乗り物

944 □ **bike**✦ [báɪk]〈バイク〉　名 自転車
945 □ ≒ **bicycle** [báɪsəkl]〈バイスィクル〉　名 自転車

946 □ **wheelchair** [wíːltʃèər]〈ウィールチェア〉　名 車いす
947 □ 関 **wheel** [wíːl]〈ウィール〉　名 車輪；(通例 the) (自動車の) ハンドル

948 □ **car**✦ [káːr]〈カー〉　名 自動車
❗「車で (行く)」は by car。冠詞はつけない。

949 □ **taxi**✦ [tǽksi]〈タクスィ〉　名 タクシー

950 □ **truck**✦ [trʌ́k]〈トラック〉　名 トラック

951 □ **bus**✦ [bʌ́s]〈バス〉　名 バス (複 buses)
◆ *by bus*「バスで」

▶▶音声

▶Be careful of the broken **glass**.	▶割れたガラスに気をつけなさい。
▶Those are very nice **sunglasses**.	▶それはとてもすてきなサングラスだ。
▶Let's meet in **front** of the school.	▶学校の前で会いましょう。
▶Did you **break** your glasses?	▶メガネを壊したの？
▶The bird **escaped** through the window.	▶その鳥は窓から逃げた。
▶The next **station** is Midorigaoka.	▶次の駅はみどりが丘です。
▶I **just** woke up. ▶You are a very **just** man.	▶私はたった今，目を覚ました。 ▶あなたはとても公正な人ですね。
▶Is this result **fair**? ▶I'll go to a job **fair** tomorrow. ▶I think this rule is **unfair**.	▶この結果は妥当ですか。 ▶明日仕事説明会に行くつもりだ。 ▶このルールは不公平だと思う。

952 □	**underground** 形 名 [ʌ́ndərgràʊnd]〈アンダグラウンド〉 副 [̀ー ́]〈アンダグラウンド〉	名《英》(the) 地下（鉄） 形 副 地下の〔に；で〕
953 □	**ship** [ʃíp]〈シップ〉	名 船
954 □	**plane** [pléɪn]〈プレイン〉	名 飛行機
955 □	**rocket** [rɑ́:kət]〈ゥラケト〉	名 ロケット
956 □	**license** [láɪsns]〈ライスンス〉	名 免許（証）
957 □	**automatic** [ɔ̀:təmǽtɪk]〈オートマティク〉	形 自動（式）の
958 □	**accident** [ǽksədənt]〈アクスィデント〉	名 事故；偶然（のできごと）

32 ハミングバード（1）

❶ What is the smallest **bird**[1] in the **world**[2]? You cannot answer this **question**[3] **if**[4] you have **never**[5] seen* a hummingbird*. It is not **as**[6] big as[6] some **insects**[7], and not as **heavy**[8] as a **penny**[9].

❷ This bird is so small that* it can **sit**[10] on a blade* of **grass**[11]. The hummingbird is not only the smallest bird, but also the only bird that can **fly**[12]* like a helicopter. It can fly straight up and **down**[13]. It can fly **both**[14] **forward**[15] and backward*. It can fly from side to side*, too. (90 words)

*have seen ～「～を見たことがある」 hummingbird「ハチドリ」 so ～ that ...「とても～なので…」 blade「葉先」 the only bird that can fly ...「…飛ぶことのできる唯一の鳥」 backward「後ろ向きに」 from side to side「左右に」

ここを check!

比較表現「～ほど…ではない」

ℓ.3 It is not as big as some insects, / and not as heavy as a penny.

2つのものや人の性質・状態などの程度が同じであることを表す場合は，'A ... as＋形容詞＋as＋B'（AはBと同じくらい～である）を用います。これが'A ... not as＋形容詞＋as＋B' のように否定文で用いられると，「AはBほど～ではない」という意味になります。

学習した
日付をいれよう！　／　／　／　音声▶▶

❶ **世界**[2]で最も小さい**鳥**[1]は何だろう。**もし**[4]ハチドリを見たことが**一度もない**[5] **ならば**[4]，あなたはこの**質問**[3]に答えられないだろう。それは一部の**昆虫**[7] **ほど**[6]大きくはなく，1**ペニー硬貨**[9]ほど**重く**[8]はないのである。

❷ この鳥はとても小さいので，**草**[11]の葉の上に**とまる**[10]ことができる。ハチドリは最も小さい鳥であるだけでなく，ヘリコプターのように**飛ぶ**[12]ことができる唯一の鳥でもある。それは，上へ**下へ**[13]まっすぐに飛ぶことができる。**前方へ**[15]も後方へも**両方とも**[14]に飛ぶことができる。左右に飛ぶこともできる。

比較表現「最も～」

ℓ.6 The hummingbird is not only the smallest bird, / but also the only bird (that can fly 〈like a helicopter〉).

the smallest は形容詞 small の最上級で，ここでは後ろの bird を修飾して「最も小さい鳥」という意味になります。なお, not only ～ but also ... で「～だけでなく…も」という意味を表します。
ちなみに that can 以降は直前の the only bird に説明をつけ加えたもので，the only bird that can fly like a helicopter で「ヘリコプターのように飛ぶことができる唯一の鳥」という意味になります。

さいごに，くりかえし音読しよう。

音読したら CHECK!! ▶▶ ☑☐☐☐☐

32 ハミングバード (1)

959 **bird**✦ [bə́ːrd]〈バード〉
名 鳥

960 **world**✦ [wə́ːrld]〈ワールド〉
名 (the) 世界；(the) 世間
◆ *around the world*「世界中の〔で〕」

961 ≒ **society** [səsáɪəti]〈ソサイエティ〉
名 社会

派▶ **social** [sóuʃəl]〈ソウシャル〉
形 社会の；社交的な

962 関 **global**✦ [glóubl]〈グロウブル〉
形 世界的な；全体的な

963 関 **foreign** [fɔ́ːrən]〈フォーリン〉 発
形 外国の

派▶ **foreigner** [fɔ́ːrənər]〈フォーリナ〉 発
名 外国人

964 **question**✦ [kwéstʃən]〈クウェスチョン〉 発
名 質問；問題点

965 関 **questionnaire** [kwèstʃənéər]〈クウェスチョネア〉
名 アンケート

966 関 **request**✦ [rɪkwést]〈ゥリクウェスト〉
名 要望　動 を頼む

967 関 **solution** [səlúːʃən]〈ソルーション〉
名 解決 (法)；解答

◀派 **solve** [sáːlv]〈サルヴ〉
動 を解決する；を解く

968 関 **fix** [fíks]〈フィクス〉 多
動 を修理する；を固定する

969 **if** [íf]〈イフ〉
接 もし…ならば
❗ 条件を表す if の節の中では，未来のことを表す場合でも動詞は現在形を使う。

970 **never** [névər]〈ネヴァ〉
副 これまで (1 度も) …したことがない；決して… (し) ない
❗ not よりも強い否定を表す。
❗ 基本的に一般動詞の前，be 動詞・助動詞のあとに置かれる。

971 **as** 多 [ǽz]〈アズ〉
前 として　副 同じくらい
接 …なので；…のように；…しながら
❗ 接続詞の場合，基本的に直後には「主語＋動詞」の形が続く。前置詞の場合は基本的に後ろは名詞になる。
◆ *as well*「もまた；その上～」
as A as B「B と同じくらい A」
as ... as possible ＝ *as ... as S can*「できるかぎり…で」

972 **insect** [ínsekt]〈インセクト〉
名 昆虫

▶▶音声

▶An eagle is a very large **bird**.	▶ワシはとても大きな鳥だ。
▶The **world** is a big place.	▶世界は広い。
▶I want to live in a peaceful **society**.	▶私は平和な社会で暮らしたい。
▶Crime is also a **social** problem.	▶犯罪は社会的問題でもある。
▶Climate change is a **global** problem.	▶気候変化は世界的な問題だ。
▶I can speak three **foreign** languages.	▶私は３つの外国語を話すことができる。
▶I spoke to a **foreigner** today.	▶私は今日外国人に話しかけた。
▶Do you have any **questions**?	▶何か質問はありますか。
▶Please fill in this **questionnaire**.	▶このアンケートを記入してください。
▶I get **requests** all the time.	▶いつでも要望を受け付けます。
▶We can find the **solution** together.	▶私たちは一緒に解決法を見つけることができます。
▶I **solved** the question in ten minutes.	▶私は 10 分でその問題を解いた。
▶Can you **fix** this mistake?	▶このミスを修正してくれますか。
▶**If** it rains, let's go inside.	▶もし雨が降ったら，中に入りましょう。
▶I will **never** tell a lie again.	▶二度とうそはつかない。
▶My father works **as** a taxi driver.	▶私の父はタクシーの運転手として働いている。
▶I don't like holding **insects**.	▶私は昆虫をつかむのが好きではない。

32 ハミングバード (1)

973 **heavy**✦ [hévi] 〈ヘヴィ〉

形 重い；激しい (heavy - heavier - heaviest)

974 **penny** [péni] 〈ペニ〉

名 (貨幣単位としての) ペニー；ペニー硬貨

975 **sit** [sít] 〈スィト〉

動 座る (⇔ **stand**) (sit - sat [sǽt] 〈サト〉 - sat; sitting)

◆ ***sit down***「着席する」

976 関 **seat**✦ [síːt] 〈スィート〉

名 座席

977 **grass** [grǽs] 〈グラス〉

名 草

978 **fly**✦ [fláɪ] 〈フライ〉

動 飛ぶ；飛行機で行く

(fly - flew [flúː] 〈フルー〉 - flown [flóʊn] 〈フロウン〉; flying)

❗ 3人称・単数・現在はflies。

派 **flight**✦ [fláɪt] 〈フライト〉

名 飛行 (便)

979 関 **jet**✦ [dʒét] 〈ヂェト〉

名 噴出；ジェット機

980 注 **fry**✦ [fráɪ] 〈フライ〉

動 を油でいためる

981 **down**✦ [dáʊn] 〈ダウン〉

副 下へ〔に〕 前 の下の方へ〔に〕(⇔ **up**)

◆ ***up and down***「上がったり下がったり；行ったり来たり」

982 **both** [bóʊθ] 〈ボウス〉 発

形 両方の 代 両方 副 〜も…も両方とも

❗ 形容詞の意味でmy, your, theseなどとともに用いる時には語順に注意しよう。「私の両手」はboth my hands。

◆ ***both A and B***「AとBの両方」

both of 〜「〜の両方」

983 **forward**✦ [fɔ́ːrwərd] 〈フォーワド〉

副 前方へ 形 前方の

▶Your bag looks **heavy** today.	▶今日はあなたのかばんは重そうですね。
▶He didn't charge me a **penny**.	▶彼は私に 1 ペニーも請求しなかった。
▶You can **sit down** here.	▶ここに座っていいですよ。
▶Please have a **seat**.	▶どうぞ着席してください。
▶Don't walk on the **grass**.	▶草の上を歩いてはいけません。
▶Penguins can't **fly**.	▶ペンギンは飛べない。
▶What time is your **flight**?	▶あなたのフライトは何時ですか。
▶Her father is a **jet** pilot.	▶彼女の父親はジェット機のパイロットだ。
▶My mother is **frying** *tempura*.	▶母は天ぷらを揚げている。
▶The library is one floor **down** from here.	▶図書室はこの 1 つ下の階にある。
▶**Both** of these apps are free.	▶これらのアプリは両方とも無料だ。
▶He stepped **forward**.	▶彼は前に出た。

33 ハミングバード（2）

❶ There are **more**[1] than 300 different kinds of hummingbirds. Many of these little birds can use their **wings**[2] to make a humming sound*. That is why* they are called hummingbirds. The wings of a hummingbird are so little and move so **fast**[3] that you cannot see them when the bird is flying.

❷ Is it **hard**[4] to* believe that this little bird **travels**[5] long **distances**[6]? Not at all. One kind of hummingbird flies **thousands of**[7] miles. When the **fall**[8] comes, it goes south, and when the **spring**[9] comes, it goes north. Its little wings carry it about a mile **per**[10] minute.

（100 words）

*humming sound「ブンブンという音」 That is why ...「そういうわけで…」 it is ～ to *do*「…することは～だ」

ここを check!

‘結果’を表す to ＋動詞の原形

ℓ.2 Many of these little birds (S) can use (V) their wings (O) 〈to make a humming sound〉.

‘to ＋動詞の原形’が「～して…」という意味を表すことがあります。ここでは use の‘結果’を表していて，「～を使ってブンブンという音をたてる」となります。

学習した
日付をいれよう！　／　／　／

音声▶▶

第1章 1 2 3 4 5 6 7 8
第2章 9 10 11 12 13 14 15 16 17 18 19 20 21 22 23 24 25
第3章 26 27 28 29 30 31 32 **33** 34 35 36 37 38 39
第4章 40 41 42 43 44 45 46 47 48 49 50 51 52 53 54 55 56 57 58 59 60

❶ 300**を超える**[1]異なる種類のハチドリがいる。これらの小さな鳥の多くは，彼らの**翼**[2]を使ってブンブンという音をたてる。そういうわけで，彼らはハチドリと呼ばれているのだ。ハチドリの翼はとても小さく，非常に**速く**[3]動くので，その鳥が飛んでいる時にそれらが見えない。

❷ この小さな鳥が，遠**距離**[6] **を行く**[5]ということを信じるのは**難しい**[4]だろうか。まったくそんなことはない。ハチドリの一種は，**何千**[7]マイルを飛ぶ。**秋**[8]が来るとその鳥は南へ行くし，**春**[9]が来ると北へ行く。その小さな翼が，1分**につき**[10]およそ1マイル鳥を運ぶのだ。

when「…する時に」の時制

ℓ.9 〈When the fall comes〉, it goes south, / and 〈when the spring comes〉, it goes north.

「…する時に」という‘時’の意味は‘when＋主語＋動詞’で表します。この英文では2つ用いられ，それぞれ「秋が来たら」「春が来たら」という意味になります。ちなみに，‘時’を表す副詞節の中では，未来のことでも現在形で表すことに注意しましょう。

例）I want to be a scientist when I grow up.
「私は大きくなったら科学者になりたい。」

さいごに，くりかえし音読しよう。

音読したら CHECK!! ▶▶ ☑□□□□

984 ☐ **more** [mɔ́ːr]〈モー〉

[形] より多くの　[名] より多くの人々〔もの〕
[副] もっと
◆ *more than* ～「～より多い」
more and more「ますます(多くの)」
no more「もはや…ない」

985 ☐ **wing**✦ [wíŋ]〈ウィンッグ〉

[名] 翼 ([関] **bird**)

986 ☐ **fast**✦ [fǽst]〈ファストゥ〉

[副] 速く　[形] 速い
❗ fastは「(スピードが) 速い」ことを言う。「(時間や時期が) 早い」はearly。

987 ☐ [関] **hurry** [hə́ːri]〈ハーリ〉
[動] 急ぐ　[名] 急ぐ必要
❗ 3人称・単数・現在はhurries，過去形・過去分詞はhurried。
◆ *in a hurry*「急いで」　*hurry up*「急ぐ」

988 ☐ [関] **rush**✦ [rʌ́ʃ]〈ゥラシュ〉
[動] 急いで行く；を急いで送る；をせきたてる
[名] 勢いよく流れる〔吹く〕こと；忙しさ

989 ☐ [関] **speed**✦ [spíːd]〈スピードゥ〉
[名] 速度

990 ☐ [⇔] **slow**✦ [slóʊ]〈スロウ〉
[形] (速度が) 遅い
❗「(時刻や時期が) 遅い」と言う時にはlateを使う。

[派] **slowly** [slóʊli]〈スロウリ〉
[副] ゆっくりと (slowly - more slowly - most slowly)

991 ☐ **hard**✦ [多] [hɑ́ːrd]〈ハードゥ〉

[形] 難しい；硬い　[副] 熱心に；激しく

992 ☐ [注] **hardly** [hɑ́ːrdli]〈ハードゥリ〉
[副] ほとんど…ない

993 ☐ [≒] **strict** [stríkt]〈ストリクトゥ〉
[形] 厳格な

994 ☐ **travel**✦ [trǽvl]〈トラヴル〉

[動] (を) 旅行する；行く；(光・音が) 伝わる　[名] 旅行

995 ☐ [≒] **tour**✦ [tʊ́ər]〈トゥア〉
[名] 旅行

[派] **tourist** [tʊ́ərɪst]〈トゥアリストゥ〉
[名] 観光客

996 ☐ [≒] **journey**✦ [dʒə́ːrni]〈ヂャーニ〉
[名] 旅行

997 ☐ **distance** [dístəns]〈ディスタンス〉

[名] 距離；遠方

998 ☐ [関] **range** [réɪndʒ]〈ゥレインヂ〉
[名] 範囲　[動] (範囲) が及ぶ；並べる
◆ *a range of* ～「広範囲の～」

▶▶音声

▶Can I have **more** coffee?	▶もっとコーヒーをもらえますか。
▶That bird has very large **wings**.	▶あの鳥はとても大きな翼を持っている。
▶Don't ride your bicycle so **fast**!	▶そんなに速く自転車で走ってはいけません！
▶Please **hurry**! The train leaves soon.	▶急いでください！ 電車はまもなく出発します。
▶You don't need to **rush**.	▶急ぐ必要はありません。
▶What is the **speed** limit here?	▶ここの速度制限はどのくらいですか。
▶I'm a **slow** walker.	▶私は歩くのが遅い。
▶Please drive **slowly** here.	▶ここではゆっくり運転してください。
▶This question is too **hard**.	▶この問題は難しすぎる。
▶Don't push the door so **hard**!	▶そんなに強くドアを押さないで！
▶I **hardly** ate anything yesterday.	▶私は昨日はほとんど何も食べなかった。
▶Is your teacher **strict**?	▶あなたの先生は厳しいですか。
▶Let's **travel** to the north island.	▶北の島へ旅行しましょう。
▶The **tour** goes to the mountains.	▶その旅行では山へ行く。
▶**Tourists** often come to see this temple.	▶観光客がよくこの寺を見に来る。
▶He made a **journey** to Italy.	▶彼はイタリアへ旅行をした。
▶I could see a light in the **distance**.	▶遠方に明かりが見えた。
▶We have a **range** of choices.	▶私たちには幅広い選択肢がある。

999 **thousand** [θáuznd]〈サウズンド〉
[名] (数字の) 1,000 [形] 1,000の
◆ ***thousands of*** ～「何千もの～」

1000 **fall** [多] [fɔ́ːl]〈フォール〉
[動] 落ちる；倒れる
(fall - fell [fél]〈フェル〉- fallen [fɔ́ːlən]〈フォールン〉; falling)
[名] 秋
❗ dropとは異なり,「～を落とす」という意味はない。
◆ ***fall down***「倒れる；転ぶ」

1001 [関] **waterfall** [wɑ́ːtərfɔ̀ːl]〈ワータフォール〉
[名] 滝

1002 **spring**✦ [多] [spríŋ]〈スプリング〉
[名] 春；泉
◆ ***this spring***「今年の春(に)」

1003 [関] **season**✦ [síːzn]〈スィーズン〉
[名] 季節

1004 **per**✦ [pə́ːr]〈パー〉
[前] につき

1005 [関] **percent**✦ [pərsént]〈パセント〉 [アク]
[名] パーセント
❗ 複数形もpercentとなる。

[派] **percentage**✦ [pərséntɪdʒ]〈パセンテヂ〉 [アク]
[名] 割合；パーセンテージ

まとめてチェック 20 東西南北

1006 **east** [íːst]〈イースト〉
[名] (通例the) 東 [形] 東の [副] 東へ〔に〕

[派] **eastern** [íːstərn]〈イースタン〉
[形] 東(方)の；東にある；(E-) 東洋の

1007 **west** [wést]〈ウェスト〉
[名] (通例the) 西 [形] 西の [副] 西へ〔に〕

[派] **western** [wéstərn]〈ウェスタン〉
[形] 西(方)の；西にある；(W-) 西洋の

▶One **thousand** people come to this park every day.	▶毎日 1,000 人がこの公園にやって来る。

▶A big tree **fell** in the yard.	▶庭で大きな木が倒れた。
▶Look at that amazing **waterfall**.	▶あのすばらしい滝を見て。

▶**Spring** vacation starts tomorrow.	▶春休みは明日から始まる。
▶Hot **spring** resorts are popular in Japan.	▶温泉リゾートは日本では人気だ。
▶Which **season** do you like the best?	▶どの季節が一番好きですか。

▶The speed limit is fifty kilometers **per** hour.	▶速度制限は時速（= 1 時間につき）50 キロメートルだ。
▶I got 90 **percent** on the test.	▶私はテストで 90 パーセントを取った。
▶A large **percentage** of students live with their parents.	▶多くの割合の生徒が両親と暮らしている。

1008 □ **south** [sáuθ]〈サウス〉	名（通例the）南　形 南の　副 南へ〔に〕
派 **southern** [sʌ́ðərn]〈サザン〉発	形 南（方）の；南にある
1009 □ **north** [nɔ́ːrθ]〈ノース〉	名（通例the）北　形 北の　副 北へ〔に〕
派 **northern** [nɔ́ːrðərn]〈ノーザン〉発	形 北（方）の；北にある

34 ハミングバード（3）

❶ You **may**[1] think that a hummingbird is so small that* it is **afraid**[2] when it sees larger birds. But not the hummingbird! This little bird **fights**[3] back with its long **bill**[4].

❷ A hummingbird is also one of the **most**[5] **beautiful**[6] birds. It is so beautiful that it has another **name**[7], "the flying flower."

（53 words）

*so ～ that ...「とても～なので…」

ここを check!

助動詞 may

ℓ.1 You may think
[that a hummingbird is so small
that it is afraid 〈when it sees larger birds〉].

'may ＋動詞の原形' で「…かもしれない」という意味を表せます。なお，so ～ that ... で「とても～なので…」という意味になります。この英文は全体で「ハチドリはとても小さいので，もっと大きい鳥を見ると怖がるとあなたは思うかもしれない。」という意味です。

第1章 1 2 3 4 5 6 7 8 第2章 9 10 11 12 13 14 15 16 17 18 19 20 21 22 23 24 25 第3章 26 27 28 29 30 31 32 33 34 35 36 37 38 39 第4章 40 41 42 43 44 45 46 47 48 49 50 51 52 53 54 55 56 57 58 59 60

❶ あなたは，ハチドリはとても小さいので，（自分よりも）もっと大きな鳥を見ると**怖がる**[2]と思う**かもしれない**[1]。しかし，ハチドリは違うのだ！　この小さな鳥は，その長い**くちばし**[4]で**攻撃し**[3]返すのである。

❷ ハチドリは，**最も**[5] **美しい**[6]鳥のうちの 1 つでもある。あまりに美しいので，それには「空飛ぶ花」というもう 1 つの**名**[7]がある。

one of the ＋最上級「最も…な 1 つ」

ℓ.4 **A hummingbird is also** one of the most beautiful **birds.**

形容詞の**最上級**は，原則後ろに -est をつけて，前に the を置きますが，beautiful のように**比較的つづりの長い語は，原級の前に most をつけて，さらにその前に** the を置きます。なお，'one of the ＋**複数名詞**' で「～の 1 つ」という意味を表すので，ここでは「最も美しい鳥の 1 つ」という意味になります。

さいごに，くりかえし音読しよう。

音読したら CHECK!! ▶▶ ☑☐☐☐☐

1010 **may** [méɪ] 〈メイ〉
助 …かもしれない；…してもよい
◆ ***May I …?*** 「…してもいいですか。」

1011 同 **might** [máɪt] 〈マイト〉 助 (推量) …かもしれない；(許可) …してもよい
❗ may の過去形。

1012 関 **maybe** [méɪbi] 〈メイビ〉 副 たぶん

1013 関 **perhaps** [pərhǽps] 〈パハプス〉 副 たぶん

1014 関 **probably** [prá:bəbli] 〈プラバブリ〉 副 たぶん

1015 関 **shall** [ʃǽl] 〈シャル〉 助 (Shall we〔I〕…? で) …しましょうか；…だろう

1016 **afraid** [əfréɪd] 〈アフレイド〉
形 恐れて；心配して
◆ ***be afraid of*** 〜〔***(that)*** …〕「〜を〔…ではないかと〕恐れる」

1017 関 **fear** [fíər] 〈フィア〉 発 名 恐れ；心配　動 (を) 恐れる

1018 関 **horror**✦ [hɔ́:rər] 〈ホーラ〉 名 恐怖

1019 関 **ghost**✦ [góʊst] 〈ゴウスト〉 発 名 幽霊

1020 関 **nervous**✦ [nə́:rvəs] 〈ナーヴァス〉 形 不安な；神経質な；神経の

1021 関 **panic**✦ [pǽnɪk] 〈パニク〉 名 パニック　動 をうろたえさせる；うろたえる

1022 **fight**✦ [fáɪt] 〈ファイト〉
動 (と) 戦う (fight - fought [fɔ́:t] 〈フォート〉 - fought; fighting)
名 戦い

1023 関 **bomb** [bá:m] 〈バム〉 発 名 爆弾

1024 **bill** 多 [bíl] 〈ビル〉
名 請求書；法案；紙幣；(鳥の) くちばし

1025 **most** [móʊst] 〈モウスト〉
副 最も　形 たいていの；最も多くの　名 大部分
❗ many, much の最上級。

1026 **beautiful**✦ [bjú:təfl] 〈ビューティフル〉
形 美しい (同 **pretty**)
(beautiful - more beautiful - most beautiful)

派 **beauty**✦ [bjú:ti] 〈ビューティ〉 名 美しさ；美人

1027 関 **angel**✦ [éɪndʒəl] 〈エインヂェル〉 名 天使

1028 関 **handsome**✦ [hǽnsəm] 〈ハンサム〉 形 (男性が) ハンサムな；立派な

1029 **name**✦ [néɪm] 〈ネイム〉
名 名前　動 に名前をつける
◆ ***name A B*** 「A に B という名前をつける」

▶▶音声

▶**May** I sit down here?	▶ここに座ってもいいですか。
▶I **might** be able to help your son.	▶息子さんのお役に立てるかもしれません。
▶**Maybe** I'll go with you.	▶私はたぶんあなたと一緒に行くでしょう。
▶**Perhaps** it will be sunny later.	▶たぶんあとで晴れるだろう。
▶He is **probably** too busy today.	▶彼は今日たぶん忙しすぎる。
▶**Shall** we dance?	▶踊りましょうか。
▶Are you **afraid** of spiders?	▶クモが怖いですか。
▶I **fear** she got lost in the forest.	▶彼女が森で迷ったのではないかと心配だ。
▶I saw a **horror** movie that night.	▶その夜私はホラー映画を観た。
▶I don't believe in **ghosts**.	▶私は幽霊を信じていない。
▶I'm **nervous** about the baseball game.	▶私は野球の試合が不安だ。
▶I fell into a **panic**.	▶私はパニックに陥った。
▶Don't **fight** with your sister!	▶お姉さん〔妹〕とけんかをしないで！
▶They dropped a **bomb**.	▶彼らは爆弾を落とした。
▶Could I have the **bill**, please?	▶お勘定をお願いできますか。
▶The bird has a long **bill**.	▶その鳥には長いくちばしがある。
▶Who has the **most** points?	▶誰が一番多く点を取りますか。
▶Mount Fuji is a **beautiful** mountain.	▶富士山は美しい山だ。
▶He has no sense of **beauty**.	▶彼は美に対するセンスがない。
▶She sang like an **angel**.	▶彼女は天使のように歌った。
▶He is a **handsome** young man.	▶彼はハンサムな若者だ。
▶What is your first **name**?	▶あなたの名前〔ファーストネーム〕は何ですか。

35 笑いと健康（1）

❶ Did you **smile**[1] or **laugh**[2] today? Do you often smile at your family, **friends**[3] or people around you? One interesting study **shows**[4] that children laugh about four hundred times **every**[5] day, but **adults**[6] laugh only about fifteen times every day. How about you? If you **usually**[7] don't[8] smile or laugh a **lot**[8], please remember this. Smiling and laughing have wonderful **powers**[9].

❷ There is a wonderful **story**[10] about the power of laughing. About fifty years ago, a man who lived in America* became very **sick**[11]. He couldn't move in his bed in the **hospital**[12]. It was **difficult**[13] for him to* sleep **because**[14] he was very sick. His **doctor**[15] didn't know how to* **cure**[16] him. So the man decided to do it by himself. （122 words）

*a man who lived in America「アメリカに住んでいた男性」 it is ～ for 人 to *do*「…することは人にとって～だ」 how to *do*「…する方法」

ここを check!

S show that ... 「Sによると…」

ℓ.2 One interesting study shows
S V

[that children laugh 〈about four hundred times〉
O

〈every day〉, / but adults laugh 〈only about fifteen times〉〈every day〉.

学習した
日付をいれよう！　／　／　／

音声▶▶
(要パスワード→p .12)

❶ あなたは今日，**ほほえんだ**[1]り**笑った**[2]りしただろうか。あなたはよく家族や**友人**[3]，または周りの人々にほほえみかけるだろうか。ある興味深い調査**によると**[4]，子供は**毎**[5]日約 400 回笑うが，**大人**[6]は毎日約 15 回しか笑わないという。あなたはどうだろうか。もしあなたが**普段**[7]**大して**[8]ほほえんだり笑ったり<u>しない</u>[8]のであれば，どうかこれを思い出してほしい。ほほえむことと笑うことにはすばらしい**力**[9]があるのだ。

❷ 笑いの持つ力についてのすばらしい**話**[10]がある。約 50 年前，アメリカに住むある男が重い**病気に**[11]かかった。彼は**病院**[12]ではベッドから動くことができなかった。彼の病気はあまりに重かった**ため**[14]，眠ることも**困難**[13]であった。彼の**医者**[15]は彼**を治療する**[16]方法がわからなかった。そこで男性は自分で自分を治療することを決心した。

that のあとに文を続けると，「…**ということ**」という意味になります。show は「**～を証明する；～を示す**」という意味があり，ここでは，「ある興味深い調査は…ということを明らかにしている」という意味です。「ある興味深い調査によると…」と訳してもいいでしょう。

decide to *do*「…することを決める；…する決心をする」

ℓ.12 So the man decided to do it 〈by himself〉.

'**decide to ＋動詞の原形**' で「**…することを決める；…する決心をする**」という意味を表せます。なお，by oneself で「独力で；自分で」という意味です。ここは全体で「そこで男性は自分で自分を治療することを決心した」という意味になります。

さいごに，くりかえし音読しよう。

音読したら CHECK!! ▶▶ □□□□□

1030 □ **smile**✦ [smáɪl]〈スマイル〉
動 ほほえむ　名 ほほえみ
◆ *smile at* ～「～にほほえみかける」
with a smile「ほほえみながら」

1031 □ **laugh** [lǽf]〈ラッ〉 発
動 笑う　名 笑い（声）
◆ *laugh at* ～「～を笑う」

派 **laughter** [lǽftər]〈ラッタ〉　名 笑い

1032 □ **friend**✦ [frénd]〈フレンド〉
名 友だち
◆ *make*〔*become*〕*friends with* ～「～と友だちになる」

派 **friendly**✦ [fréndli]〈フレンドリ〉　形 親しみのある；仲がよい
◆ *be friendly to* ～「～に親切だ」

派 **friendship** [frénd∫ɪp]〈フレンドシプ〉　名 友情

1033 □ 関 **neighbor** [néɪbər]〈ネイバ〉 発　名 隣人

派 **neighborhood** [néɪbərhùd]〈ネイバフド〉 発　名（ある特定の）地域；近所

1034 □ 関 **chat**✦ [t∫ǽt]〈チャト〉　名 おしゃべり　動 おしゃべりする

1035 □ ⇔ **enemy** [énəmi]〈エネミ〉　名 敵（軍）

1036 □ **show**✦ [∫óʊ]〈ショウ〉
動（に）～を見せる〔案内する〕；を示す
(show - showed - shown [∫óʊn]〈ショウン〉; showing)
名 見せ物
◆ *show A around B*「A に B を案内する」

1037 □ ≡ **lead**✦ 多 [líːd]〈リード〉　動 を導く；を案内する；（道などが）通じる
(lead - led [léd]〈レド〉- led; leading)

派 **leader**✦ [líːdər]〈リーダ〉　名 指導者；リーダー

1038 □ ≡ **suggest** [səgdʒést]〈サッヂェスト〉　動 を提案する；をそれとなく言う；を推薦する

派 **suggestion** [səgdʒést∫ən]〈サッヂェスチョン〉　名 暗示；提案

1039 □ 関 **offer**✦ [ɔ́ːfər]〈オーファ〉　動 を提供する；を申し出る　名 提供；申し出

1040 □ 関 **apply** 多 [əpláɪ]〈アプライ〉　動 を適用する；（心など）を向ける；（薬など）を塗る；当てはまる (to)；申し込む (for；to)

1041 □ ≡ **describe** [dɪskráɪb]〈ディスクライブ〉　動 を言い表す；を描く；を説明する

1042 □ ≡ **display**✦ [dɪspléɪ]〈ディスプレイ〉 アク　名 展示；装飾；表現
動 を展示する；（感情など）を表す

1043 □ ≡ **exhibition**✦ [èksəbí∫ən]〈エクスィビション〉　名 展示（会）；（才能などの）発揮

▶▶音声

▶You have a nice **smile**.	▶あなたの笑顔はすてきですね。
▶I **laughed** at her joke.	▶私は彼女のジョークに笑った。
▶I heard **laughter** from the playground.	▶遊び場から笑い声が聞こえた。
▶Miri is an old **friend** of mine.	▶ミリは私の古くからの友人だ。
▶Your dog is so **friendly**.	▶あなたのイヌはとても人懐こいですね。
▶I value our **friendship**.	▶私たちの友情を大切に思っている。
▶Do you often talk to your **neighbors**?	▶あなたは隣人とよく話をしますか。
▶I like living in this **neighborhood**.	▶私はこの地域に住むのが好きだ。
▶My friend and I like to **chat** on the phone after school.	▶友人と私は放課後電話でおしゃべりするのが好きだ。
▶His worst **enemy** is himself.	▶彼の最大の敵は彼自身だ。
▶Can you **show** me a picture?	▶私に写真を見せてもらえますか。
▶John will **lead** the orchestra.	▶ジョンはオーケストラを率いるだろう。
▶Who is the class **leader**?	▶クラスリーダーは誰ですか。
▶Which way do you **suggest**?	▶どちらの方法を提案しますか。
▶I have a **suggestion**.	▶私に提案がある。
▶She **offered** to help me.	▶彼女は私に助けを申し出た。
▶Did you **apply** for the job?	▶その仕事に応募しましたか。
▶Ellen **described** her house in America.	▶エレンはアメリカの彼女の家の特徴を述べた。
▶The Christmas **display** is beautiful.	▶クリスマスの飾りつけが美しい。
▶We saw an amazing **exhibition** at the museum.	▶私たちはその博物館ですばらしい展示物を見た。

1044 □ **every** [évri]〈エヴリ〉

形 あらゆる；どの～も；毎～ (≒ **each**)

❗ 単数形の名詞が続く点に注意しよう。every day (毎日), every morning (毎朝) など。

❗ not と every を一緒に使うと「すべてが…とは限らない」という部分否定の意味になる。

1045 □ 関 **everything** [évriθɪŋ]〈エヴリスィング〉

代 すべてのこと (⇔ **nothing**)

❗ 単数扱いになる点に注意。

1046 □ 関 **everyday** [évridèɪ]〈エヴリデイ〉

形 毎日の；日常の

1047 □ 関 **everybody** [évribɑ̀:di]〈エヴリバディ〉

代 誰でも (みな)

1048 □ **adult**✦ [ədʌ́lt〈アダルト〉, ǽdʌlt〈アダルト〉]

名 大人　形 成人の

1049 □ **usually** [jú:ʒuəli]〈ユージュアリ〉

副 たいてい

❗ 基本的に一般動詞の前, be動詞・助動詞のあとに置かれる。

派 **usual** [jú:ʒuəl]〈ユージュアル〉

形 いつもの

◆ ***as usual*** 「いつものように」

1050 □ 関 **unusual** [ʌnjú:ʒuəl]〈アニュージュアル〉

形 普通でない

1051 □ **lot** [lɑ́:t]〈ラト〉

名 たくさん

❗ a lot of ～あるいは lots of ～の形で使うことが多い。

◆ ***a lot of*** 〔***lots of***〕 ～「たくさんの～」

a lot 〔***lots***〕「大いに」

1052 □ ≒ **plenty** [plénti]〈プレンティ〉

名 たくさん (of)

◆ ***plenty of*** ～「たくさんの～；十分な～」

1053 □ **power**✦ [páuər]〈パウア〉

名 (能) 力；権力

派 **powerful**✦ [páuərfl]〈パウアフル〉

形 強力な (powerful - more powerful - most powerful)

1054 □ ≒ **force** [fɔ́:rs]〈フォース〉

動 (force A to *do*) Aに無理やり…させる；に押しつける　名 (暴) 力；軍隊

1055 □ ≒ **energy**✦ [énərdʒi]〈エナヂ〉 アク 発

名 エネルギー；活力 (複 energies)

1056 □ 関 **fuel** [fjú:əl]〈フューエル〉

名 燃料

1057 □ 関 **oil**✦ [ɔ́ɪl]〈オイル〉

名 石油；油

1058 □ 関 **battery**✦ [bǽtəri]〈バタリ〉

名 電池；バッテリー

▶I lost **every** file on my computer.

▶私はコンピューターのあらゆるファイルを失ってしまった。

▶Please tell me **everything**.

▶すべてのことを話してください。

▶These are my **everyday** clothes.

▶これらは私の日常着だ。

▶I think you know **everybody** here.

▶あなたはここの人をみな知っていると思います。

▶She teaches French to **adults**.

▶彼女は大人にフランス語を教えている。

▶I **usually** drink tea in the morning.

▶私はたいてい朝お茶を飲む。

▶I went to my **usual** coffee shop.

▶私はいつも行くコーヒーショップへ行った。

▶I didn't see anything **unusual**.

▶いつもと違うものは何も見えなかった。

▶I have **a lot of** baseball cards.

▶私は野球カードをたくさん持っている。

▶We have **plenty of** time.

▶私たちにはたくさん時間がある。

▶Tom has no **power** in that group.

▶トムはその集団の中で権力がない。

▶Which engine is more **powerful**?

▶どちらのエンジンがより強力ですか。

▶My brother **forced** me to tell him.

▶兄〔弟〕は無理やり私に言わせた。

▶You have a lot of **energy** today.

▶あなたは今日はとても元気ですね。

▶I need to put more **fuel** in the car.

▶私は車にもっと燃料を入れる必要がある。

▶Japan doesn't have much **oil**.

▶日本にはあまり石油がない。

▶The **battery** is dead.

▶電池が切れた。

1059 **story**✦ 多
[stɔ́:ri]〈ストーリ〉
名 話；(建物の) 階 (複 stories)

1060 関 **novel** [nɑ́:vl]〈ナヴル〉 多
名 小説　形 斬新な

1061 関 **fairy** [féəri]〈フェアリ〉
名 妖精 (複 fairies)
❗ fairy taleで「おとぎ話」という意味。

1062 **sick**
[sík]〈スィク〉
形 病気の
◆ *be sick in bed*「病気で寝ている」

1063 ≒ **ill** [íl]〈イル〉
形 病気の (ill - worse - worst)
派 **illness** [ílnəs]〈イルネス〉
名 病気

1064 関 **disease**
[dɪzí:z]〈ディズィーズ〉 アク 発
名 病気

1065 **hospital**
[hɑ́:spɪtl]〈ハスピトル〉
名 病院

1066 関 **appointment**✦
[əpɔ́ɪntmənt]〈アポイントメント〉
名 (面会・診察などの) 約束

1067 **difficult**
[dífɪkəlt]〈ディフィカルト〉
形 難しい (≒ **hard**) (⇔ **easy**)
(difficult - more difficult - most difficult)

派 **difficulty**
[dífɪkəlti]〈ディフィカルティ〉
名 困難 (さ)

1068 **because**
[bɪkɑ́:z]〈ビカーズ〉
接 …なので
❗ becauseの後ろには「理由」を表す内容が続く。
◆ *because of* ～「～ (原因) のために」

1069 **doctor**✦
[dɑ́:ktər]〈ダクタ〉
名 医者；博士 (略は Dr.)
◆ *see a doctor*「医者にみてもらう」

1070 関 **nurse**✦ [nə́:rs]〈ナース〉
名 看護師
派 **nursery**
[nə́:rsəri]〈ナーサリ〉
名 保育園

1071 関 **dentist**
[déntəst]〈デンティスト〉
名 歯科医

1072 関 **operate**
[ɑ́:pərèɪt]〈アパレイト〉
動 を操作する；動く；作用する；手術する

1073 関 **patient** 多
[péɪʃənt]〈ペイシェント〉 発
名 患者　形 忍耐強い

1074 **cure**
[kjúər]〈キュア〉
動 を治療する　名 治療

▶Please tell me a **story** from your country.	▶私にあなたの国の話をしてください。
▶This building has three **stories**.	▶この建物は3階建てだ。
▶I want to write a **novel** one day.	▶私はいつか小説を書きたい。
▶This is a **novel** idea.	▶これは斬新な考えだ。
▶Do you believe in **fairies**?	▶妖精の存在を信じていますか。
▶I feel a little **sick**.	▶少し気分が悪い。
▶Were you **ill** yesterday?	▶昨日は具合が悪かったのですか。
▶What **illness** do I have?	▶私は何の病気ですか。
▶My dog had a serious **disease**.	▶私のイヌは深刻な病気を抱えていた。
▶The **hospital** is not far from here.	▶その病院はここから遠くない。
▶I'd like to make an **appointment**.	▶予約したいのですが。
▶This question is **difficult**.	▶この問題は難しい。
▶Did you have any **difficulty** coming here?	▶ここに来るのに何か大変なことはありましたか。
▶I like chocolate **because** it is sweet.	▶甘いので私はチョコレートが好きだ。
▶Yamada Clinic has seven **doctors**.	▶ヤマダクリニックには7人の医師がいる。
▶My sister is a **nurse**.	▶私の姉〔妹〕は看護師だ。
▶My mother works at a **nursery**.	▶私の母は保育園で働いている。
▶I have to go to the **dentist** after school.	▶私は放課後歯医者に行かなければならない。
▶How do I **operate** this machine?	▶どうやってこの機械を操作するのですか。
▶I was a **patient** at this hospital last year.	▶去年私はこの病院の患者だった。
▶Please be **patient**.	▶我慢してください。
▶I think time **cures** all things.	▶私は時がすべてを解決すると思います。

36 笑いと健康（2）

❶ In the hospital, he **read**[1] a **book**[2]. It was about our way of thinking and our body. Then he thought, "If I feel **happy**[3], I can cure myself." So he decided to do some things every day. One of them was to laugh. He read **funny**[4] stories and watched funny movies. After laughing, he could sleep. He became **better**[5]. Some **months**[6] later, he was out of his bed and began to **work**[7] again. Laughing was really good for him. And some years later, he began to work at one of the most famous universities in America. He taught the power of laughing there.

❷ Smiling and laughing are good for our body. Doctors and scientists have shown* it. Then, what is **happening**[8] in our body when we smile or laugh? （129 words）

*have shown ～「～を示してきた」

ここをcheck!

begin to *do*「…し始める」

ℓ.6 〈Some months later〉, he was out of his bed

/ and began to work again.

'begin to ＋動詞の原形'で「…し始める」という意味を表せます。'start to ＋動詞の原形'も同じ意味になります。この文は he という主語に対して，2 つの動詞（was, began）が and でつながっていることに注意しましょう。

学習した
日付をいれよう！　／　／　／

音声▶▶
(要パスワード→p .12)

❶ 入院中，彼は**本**[2] **を読んだ**[1]。それは，ものの考え方と体についてだった。そして彼は，「もし自分が**幸せな**[3]気分でいれば，自分を治すことができる」と思った。そこで彼は毎日いくつかのことを行うことにした。それらのうちの１つが笑うことであった。彼は**おかしな**[4]話を読んだり，おかしな映画を見た。笑ったあとは，眠ることができた。彼は**回復して**[5]いった。数カ**月**[6]後，彼はベッドから出て再び**働き**[7]始めた。笑うことが彼にとって実によいことだったのだ。そして数年後，彼はアメリカで最も有名な大学の１つで働き始めた。そこで彼は笑いの持つ力について教えた。

❷ ほほえみと笑いは私たちの体にとってよいことだ。医師や科学者がそれを示してきた。それでは，私たちがほほえんだり笑ったりする時，体の中では何が**起きて**[8]いるのであろうか。

begin to *do*「…し始める」／ one of the ＋最上級「最も…な１つ」

ℓ.8 And 〈some years later〉, he began to work 〈at one of the most famous universities 〈in America〉〉.

ここでも 'begin to ＋動詞の原形 '「…し始める」が使われています。'one of the ＋最上級＋名詞 ' で「最も…な１つ」という意味で，ここでは「最も有名な大学の１つ」となります。

さいごに，くりかえし音読しよう。

音読したら CHECK!! ▶▶ ☑□□□□

36 笑いと健康 (2)

1075 **read** [rí:d]〈ゥリード〉
動 (を) 読む；読書する
(read - read [réd]〈ゥレド〉 - read [réd]〈ゥレド〉; reading)
❗過去形・過去分詞は原形と同じつづりだが発音が異なる。

1076 関 **literature** [lítərətʃər]〈リタラチャ〉 アク
名 文学；文献

1077 関 **culture**✦ [kʌ́ltʃər]〈カルチャ〉
名 文化

派 **cultural** [kʌ́ltʃərəl]〈カルチュラル〉
形 文化の；文化的な

1078 関 **tradition** [trədíʃən]〈トラディション〉
名 伝統

派 **traditional** [trədíʃənl]〈トラディショヌル〉
形 伝統的な；伝統の

1079 **book**✦ 多 [búk]〈ブック〉
名 本　動 を予約する

1080 関 **shelf** [ʃélf]〈シェルフ〉
名 棚 (複 shelves)

1081 関 **text**✦ [tékst]〈テクスト〉
名 本文；原文

1082 関 **context** [kɑ́:ntekst]〈カンテクスト〉
名 背景；(文章の) 前後関係

1083 関 **editor** [édətər]〈エディタ〉
名 編集者

1084 関 **library** [láibrèri]〈ライブレリ〉
名 図書館 (複 libraries)

派 **librarian** [láibréəriən]〈ライブレリアン〉
名 司書

1085 関 **comic**✦ [kɑ́:mɪk]〈カミック〉
名 マンガ本　形 喜劇の

1086 関 **cartoon** [kɑ:rtú:n]〈カートゥーン〉
名 風刺マンガ；アニメ
❗animeは「(日本の) アニメ」のこと。

1087 関 **publish** [pʌ́blɪʃ]〈パブリシュ〉
動 を出版する；を発表する

1088 関 **reservation** [rèzərvéiʃən]〈ゥレザヴェイション〉
名 予約

1089 **happy**✦ [hǽpi]〈ハピ〉
形 うれしい；幸せな (happy - happier - happiest)

派 **happily** [hǽpəli]〈ハピリ〉
副 幸福に

派 **happiness**✦ [hǽpinəs]〈ハピネス〉
名 幸福

1090 ⇔ **unhappy** [ʌnhǽpi]〈アンハピ〉
形 不幸な

1091 ≒ **lucky**✦ [lʌ́ki]〈ラキ〉
形 幸運な
◆*Lucky you!*「ついてるね！」

派 **luckily** [lʌ́kəli]〈ラキリ〉
副 幸運にも

▶▶音声

▶Let's **read** this book together.	▶この本を一緒に読みましょう。
▶I want to study **literature**.	▶私は文学を研究したい。
▶I'm learning about your **culture**.	▶私はあなた方の文化について学んでいます。
▶Let's do some **cultural** activities.	▶何か文化的な活動をしましょう。
▶We have many interesting **traditions**.	▶私たちにはたくさんのおもしろい伝統がある。
▶I'll sing a **traditional** song.	▶私が伝統的な歌を歌いましょう。
▶What **book** are you reading?	▶何の本を読んでいるのですか。
▶I'd like to **book** the hotel.	▶そのホテルを予約したい。
▶Put the book on the **shelf**.	▶本を棚に置きなさい。
▶This is the original **text**.	▶これが原文だ。
▶I don't understand the **context** of the problem.	▶私にはその問題の背景がわからない。
▶An **editor** checks for mistakes.	▶編集者は誤りがないか調べる。
▶The **library** is on the second floor.	▶図書室は 2 階にある。
▶Ask the **librarian** about the book.	▶司書に本についてたずねなさい。
▶Is that **comic** funny?	▶そのマンガはおもしろいですか。
▶I like watching **cartoons** on TV.	▶私はテレビでアニメを見るのが好きだ。
▶That company **publishes** textbooks.	▶その会社は教科書を出版している。
▶I'd like to make a **reservation** for a flight to London.	▶ロンドン行きの便の予約をしたいのですが。
▶I feel **happy** today.	▶今日は幸せな気分だ。
▶I'll **happily** give you my ticket.	▶喜んで私のチケットを差し上げます。
▶You'll never find **happiness** like that.	▶そのような幸福は決して見つけられないですよ。
▶You look **unhappy**. What's wrong?	▶うれしくなさそうに見えます。どうしたのですか。
▶You are so **lucky**!	▶あなたはとても幸運ですね！
▶**Luckily** I remembered the ticket.	▶幸運にもそのチケットのことを思い出した。

派 **luck**✦ [lʌ́k]〈ラㇰ〉 名 幸運；運

1092 □ 関 **chance**✦ [tʃǽns]〈チャンㇲ〉 名 見込み；機会

1093 □ 関 **opportunity** [ɑ̀ːpərtúːnəti]〈アパトゥーニティ〉 アク 名 機会

1094 □ 関 **occasion** [əkéɪʒən]〈オケイジョン〉 発 名 場合；(特別な) 行事；機会

1095 □ **funny** [fʌ́ni]〈ファニ〉

形 おかしい；奇妙な (funny - funnier - funniest)

派 **fun** [fʌ́n]〈ファン〉 名 楽しみ

❗ 基本的に数えられない名詞として用いられる。

◆ *make fun of* ～「～をからかう」
have (a lot of) fun「(とても) 楽しい時間を過ごす」

1096 □ **better**✦ [bétər]〈ベタ〉

形 よりよい　副 よりよく

❗ good・well の比較級。

◆ *become* 〔*get*〕 *better* 〔*well*〕「具合がよくなる」
had better do「…した方がよい」 

1097 □ 関 **improve** [ɪmprúːv]〈インプルーヴ〉 動 を改良する；よくなる

1098 □ **month** [mʌ́nθ]〈マンㇲ〉

名 (1 カ) 月

◆ *once a month*「月に 1 度」

1099 □ **work**✦ 多 [wə́ːrk]〈ワーㇰ〉

動 働く；を勉強する　名 仕事；勉強；作品

❗「仕事」「勉強」の意味では数えられない名詞。「作品」の意味では，数えられる名詞。

◆ *at work*「職場に；仕事中で」
work for ～「～に勤めている」

派 **worker**✦ [wə́ːrkər]〈ワーカ〉 名 労働者

1100 □ 関 **workplace** [wə́ːrkplèɪs]〈ワーㇰプレイㇲ〉 名 仕事場

1101 □ 関 **housework** [háʊswə̀ːrk]〈ハウㇲワーㇰ〉 名 家事

❗ 数えられない名詞として用いられる。

1102 □ 関 **clerk** [klə́ːrk]〈クラーㇰ〉 名 事務員；店員

1103 □ **happen** [hǽpən]〈ハプン〉

動 起こる

❗「(事故など) を引き起こす」という意味ではないので注意。

◆ *happen to* ～「～ (の身の上) に起こる」

1104 □ 同 **occur** [əkə́ːr]〈オカー〉 アク 動 起こる；(考えなどが) (ふと) 浮かぶ (to)
(occur - occurred - occurred; occurring)

▶Good **luck**.	▶ご幸運を。
▶Our team has a **chance** to win the game.	▶我がチームには試合に勝つチャンスがある。
▶I hope we have the **opportunity** to go there.	▶そこへ行く機会があることを願っている。
▶It was a happy **occasion**.	▶それはおめでたい行事だった。
▶That is a **funny** joke.	▶それはおかしな冗談だ。
▶This class is always **fun**.	▶この授業はいつも楽しい。
▶You are **better** at soccer than tennis.	▶あなたはテニスよりサッカーの方が得意ですね。
▶I want to **improve** my English.	▶私は英語を上達させたい。
▶Which **month** is your birthday in?	▶あなたの誕生日は何月ですか。
▶Where does your mother **work**?	▶あなたのお母さんはどこで働いていますか。
▶He's an office **worker**.	▶彼は事務職員〔会社員〕だ。
▶Tell me about your **workplace**.	▶あなたの仕事場について教えて。
▶I'll do some **housework** before I leave.	▶出発する前に何か家事をするつもりだ。
▶We should ask the **clerk** for help.	▶店員に助けを求めるべきだ。
▶What **happened** to you?	▶あなたに何が起こったのですか。
▶What **occurred** here?	▶ここで何が起こったのですか。
▶A nice idea **occurred** to me.	▶すてきな考えがふと浮かんだ。

まとめてチェック 21 娯楽・文化

1105 □	**leisure** [lí:ʒər] 〈リージャ〉 発	名 余《よ》暇《か》
1106 □	**hiking** [háɪkɪŋ] 〈ハイキング〉	名 ハイキング
1107 □	関 **hike** [háɪk] 〈ハイク〉	動 ハイキングする
1108 □	**camp** [kǽmp] 〈キャンプ〉	名 キャンプ　動 キャンプする
1109 □	関 **campaign** [kæmpéɪn] 〈キャンペイン〉 アク 発	名 キャンペーン
1110 □	**amusement** [əmjú:zmənt] 〈アミューズメント〉	名 楽しみ；おもしろさ；娯楽
1111 □	**circus** [sə́:rkəs] 〈サーカス〉	名 サーカス
1112 □	**cinema** [sínəmə] 〈スィネマ〉	名 映画
1113 □	**film** [fílm] 〈フィルム〉	名 映画 (≒ **movie**)；フィルム
1114 □	**screen** [skrí:n] 〈スクリーン〉	名 画面

まとめてチェック 22 職業・仕事

1124 □	**architect** [ɑ́:rkətèkt] 〈アーキテクト〉 アク	名 建築家
	派 **architecture** [ɑ́:rkətèktʃər] 〈アーキテクチャ〉 アク	名 建築
1125 □	**carpenter** [kɑ́:rpəntər] 〈カーペンタ〉	名 大工
1126 □	**designer** [dɪzáɪnər] 〈ディザイナ〉	名 設計者〔デザイナー〕
	派 **design** [dɪzáɪn] 〈ディザイン〉	動 (を) 設計する 名 設計 (図)；デザイン；意図
1127 □	**engineer** [èndʒəníər] 〈エンヂニア〉 アク	名 エンジニア；技師
	派 **engineering** [èndʒəníərɪŋ] 〈エンヂニアリング〉	名 (科学の応用分野の) 工学
	派 **engine** [éndʒən] 〈エンヂン〉	名 エンジン
1128 □	**bakery** [béɪkəri] 〈ベイカリ〉	名 パン屋
	派 **bake** [béɪk] 〈ベイク〉	動 (パンなど) を焼く
1129 □	**guide** [gáɪd] 〈ガイド〉	名 案内人；案内書 動 を案内する；を指導する
1130 □	**journalist** [dʒə́:rnəlɪst] 〈ヂャーナリスト〉	名 ジャーナリスト
1131 □	**model** [mɑ́:dl] 〈マドル〉 アク	名 モデル；模型；手本

1115 □ **ticket** [tíkət] 〈ティケト〉 名 チケット；切符

1116 □ **TV** [tìːvíː] 〈ティーヴィー〉 名 テレビ (televisionの略)
◆ *on TV*〔*television*〕「テレビで」

1117 □ **video** [vídiòʊ] 〈ヴィディオウ〉 名 ビデオ

1118 □ **drama** [dráːmə] 〈ドラーマ〉 名 劇；ドラマ

1119 □ **animation** 多 [æ̀nəméɪʃən] 〈アニメイション〉 名 アニメーション；活発

1120 □ **fan** [fǽn] 〈ファン〉 多 名 (有名人などの) ファン；うちわ

1121 □ **entertainment** [èntərtéɪnmənt] 〈エンタテインメント〉 名 娯楽

1122 □ **quiz** [kwíz] 〈クウィズ〉 名 クイズ

1123 □ **competition** [kɑ̀ːmpətíʃən] 〈カンペティション〉 名 競争 (相手)；競技会

1132 □ **pilot** [páɪlət] 〈パイロト〉 名 パイロット

1133 □ **police** [pəlíːs] 〈ポリース〉 アク 名 警察
❗ 1人の警察官はa police officerなどを使う。policeはその集合体なので複数扱い。
◆ *police officer*「警官」
police station「警察署」
派 **policeman** [pəlíːsmən] 〈ポリースマン〉 名 警官
❗ 現在ではpolice officerが一般的な表現としてよく使われる。

1134 □ **priest** [príːst] 〈プリースト〉 名 聖職者；僧侶

1135 □ **vet** [vét] 〈ヴェト〉 名 獣医

1136 □ **interviewer** [íntərvjùːər] 〈インタヴューア〉 名 面接官

1137 □ 関 **interview** [íntərvjùː] 〈インタヴュー〉 名 面接；会見　動 と面接する

1138 □ **secretary** [sékrətèri] 〈セクレテリ〉 発 名 秘書

1139 □ 関 **secret** [síːkrət] 〈スィークレト〉 形 秘密の　名 秘密

1140 □ 関 **private** [práɪvət] 〈プライヴェト〉 形 個人の；内密の；民間の

1141 □ **career** [kəríər] 〈カリア〉 アク 名 職業；経歴

1142 □ **dream** [dríːm]〈ドリーム〉	名 夢　動 夢を見る
1143 □ **market** [máːrkət]〈マーケト〉	名 市場《いちば》；市場《しじょう》
1144 □ **service** [sə́ːrvəs]〈サーヴィス〉	名 サービス；奉仕
派 **serve** [sə́ːrv]〈サーヴ〉 多	動 (食事) を出す；役立つ；(に) 仕える
1145 □ **boss** [bɔ́ːs]〈ボース〉	名 上司；雇用主；社長
1146 □ **staff** [stǽf]〈スタフ〉	名 (集合的に) 職員
1147 □ 注 **stuff** [stʌ́f]〈スタフ〉 発	名 もの；題材；材料　動 を詰め込む

まとめてチェック 23 読書・文章

1152 □ **title** [táɪtl]〈タイトル〉	名 タイトル；作品；肩書き
1153 □ **paragraph** [pǽrəgræ̀f]〈パラグラフ〉	名 段落
1154 □ **sentence** [séntns]〈セントンス〉	名 文
1155 □ **chapter** [tʃǽptər]〈チャプタ〉	名 章
1156 □ **script** [skrípt]〈スクリプト〉	名 (演劇などの) 台本；スクリプト
1157 □ **column** [káːləm]〈カラム〉	名 コラム記事；円柱
1158 □ **summary** [sʌ́məri]〈サマリ〉	名 要約
1159 □ **fiction** [fíkʃən]〈フィクション〉	名 小説；作り話 (反 **novel**)
1160 □ **essay** [éseɪ]〈エセイ〉	名 エッセー；(学生に課される) レポート
1161 □ **poem** [póʊəm]〈ポウエム〉 発	名 (1編の) 詩

1148 **position** [pəzíʃən]〈ポズィション〉 名 立場；位置；状況；姿勢

1149 **board** [bɔ́ːrd]〈ボード〉多 名 委員会；会議；板 動 (に) 搭乗する

1150 **committee** [kəmíti]〈コミティ〉 名 委員会；(全) 委員

1151 **council** [káʊnsl]〈カウンスル〉 名 (地方自治体の) 議会；会議

1162 **poet** [póʊət]〈ポウエト〉 名 詩人

1163 **author** [ɔ́ːθər]〈オーサ〉 名 著者；作者

1164 **bookstore** [búkstɔ̀ːr]〈ブックストー〉 名 書店

1165 **guidebook** [gáɪdbʊ̀k]〈ガイドブック〉 名 ガイドブック

1166 **leaflet** [líːflət]〈リーフレト〉 名 ビラ；ちらし広告

1167 **magazine** [mǽgəzìːn]〈マガズィーン〉 名 雑誌

1168 **paper** [péɪpər]〈ペイパ〉 名 紙；新聞

❗「紙」の意味では，数えられない名詞。枚数を表す必要がある場合，a piece of ～や a sheet of ～を用いる。

1169 関 **fold** [fóʊld]〈フォウルド〉 動 を折りたたむ；(手足など) を組む；を包む

37 笑いと健康（3）

Our body is made of about sixty trillion* **cells**[1]. In our body, about three thousand **bad**[2] cells **are born**[3] every day, but five **billion**[4] good cells which we **always**[5] have in our body* break the bad cells. One **experiment**[6] shows that the good cells become **active**[7] when we laugh. The experiment was done by two doctors in Japan in 1992. They asked nineteen people to* see a very funny show for three hours in a **theater**[8]. Before and after the show, the doctors **checked**[9] how* the good cells in each **person**[10] became active. And they found that the good cells became more active after the show.

（106 words）

*trillion「1兆」 cells which we always have in our body「体内に常にある細胞」 ask 人 to *do*「人に…するように頼む」 check how ...「どのくらい…かを調べる」

ここをcheck!

「…される」

ℓ.1 〈In our body〉, about three thousand bad cells (S) are born (V) 〈every day〉, / but five billion good cells (which we always have 〈in our body〉) (S) break (V) the bad cells (O).

'be 動詞＋過去分詞' で「…される」という意味になります。bear（～を生む）は不規則的に変化する動詞で，過去形は bore，**過去分詞は** born になります。なお，which we always have in our body は five billion good cells を説明しており，「私たちが体内に常に持っている50億個のよい細胞」という意味になります。

学習した日付をいれよう！　／　／　／

音声▶▶（要パスワード→p.12）

第1章 1 2 3 4 5 6 7 8 第2章 9 10 11 12 13 14 15 16 17 18 19 20 21 22 23 24 25 第3章 26 27 28 29 30 31 32 33 34 35 36 **37** 38 39 第4章 40 41 42 43 44 45 46 47 48 49 50 51 52 53 54 55 56 57 58 59 60

私たちの体は約60兆個の**細胞**[1]でできている。体内では毎日約3,000個の**悪い**[2]細胞が**生まれている**[3]が，体内に**常に**[5]ある5**0億**[4]のよい細胞がそれらの悪い細胞を破壊している。ある**実験**[6]で，私たちが笑う時にそれらのよい細胞が**活発に**[7]なることが明らかになっている。その実験は1992年に日本で2人の医師によって行われた。彼らは19人に**劇場**[8]で3時間，とてもおもしろいショーを見るように依頼した。そのショーの前後で，医師は各**人**[10]のよい細胞がどのくらい活発になるか**を調べた**[9]。そしてよい細胞がショーのあとで，より活発になることを発見した。

比較対象の省略

ℓ.10 And they found [that the good cells became more active 〈after the show〉].

ここでは more active という**比較級**が使われていて「より活発に」という意味を表しています。**比較対象の than 以下が明記されていませんが，** after the show（ショーのあと）に対して「ショーの前より」という意味が含まれていることがわかります。

さいごに，くりかえし音読しよう。

音読したらCHECK!! ▶▶ ☑☐☐☐☐

1170 **cell**✦ 多
[sél] 〈セル〉

名 細胞；電池

1171 関 **gene** [dʒíːn] 〈ヂーン〉

名 遺伝子

1172 **bad**
[bǽd] 〈バド〉

形 悪い；下手な (⇔ **good**) (bad - worse - worst)
◆ *That's too bad.*「(相手に同情して) それは残念ですね。」

派 **badly** [bǽdli] 〈バドリ〉

副 まずく；とても (欲しい)；ひどく

1173 関 **worse** [wə́ːrs] 〈ワース〉

(bad, ill の比較級) 形 より悪い　副 より悪く

1174 関 **worst**✦ [wə́ːrst] 〈ワースト〉

(bad, ill の最上級) 名 形 最悪 (の)　副 最も悪く

1175 **born**
[bɔ́ːrn] 〈ボーン〉

動 (be born で) 生まれる (bear の過去分詞)

1176 **billion**
[bíljən] 〈ビリョン〉

名 (数字の) 10億　形 10億の

1177 関 **million**✦ [míljən] 〈ミリョン〉

名 (数字の) 100万　形 100万の
◆ *millions of* ～「何百万という～；多数の～」

1178 **always**
[ɔ́ːlweɪz] 〈オールウェイズ〉

副 いつも (⇔ **never**)
❗ 基本的に一般動詞の前，be動詞・助動詞のあとに置かれる。
❗ not always は「いつも…するとは限らない」という意味。

1179 関 **rarely** [réərli] 〈ゥレアリ〉

副 めったに… (し) ない

1180 **experiment**
名 [ɪkspérəmənt] 〈イクスペリメント〉 動 [-mènt] アク

名 実験　動 実験する

1181 関 **experience**
[ɪkspíəriəns] 〈イクスピリエンス〉 アク

名 経験　動 を経験する

1182 関 **laboratory**
[lǽbərətɔ̀ːri] 〈ラボラトーリ〉 アク

名 研究室；実験室

▶▶音声

▶Our bodies have tens of trillions of **cells**.	▶私たちの体には何十兆もの細胞がある。
▶We get our **genes** from our parents.	▶私たちは両親から遺伝子を受け取る。
▶That's not a **bad** idea.	▶悪くない考えだ。
▶The team played **badly** yesterday.	▶そのチームは昨日はひどいプレーをした。
▶Which one is **worse**?	▶どちらの方が悪いですか。
▶I prepared for the **worst** situation.	▶私は最悪の状況に備えた。
▶When were you **born**?	▶あなたはいつ生まれましたか。
▶Over a **billion** people speak English.	▶十億を超える人たちが英語を話している。
▶About 127 **million** people live in Japan.	▶およそ 1 億 2,700 万人が日本に住んでいる。
▶You are **always** joking around.	▶あなたはいつも冗談を言っています。
▶I **rarely** meet my grandparents.	▶私は祖父母にめったに会わない。
▶We're going to do an **experiment** in science class today.	▶今日，理科の授業で実験をする。
▶We had an interesting **experience** yesterday.	▶私たちは昨日おもしろい経験をした。
▶We're going to have science in the **laboratory** today.	▶今日は実験室で理科（の授業）がある。

1183 **active** [ǽktɪv]〈アクティヴ〉
形 活動的な；積極的な

派 **activity** [æktívəti]〈アクティヴィティ〉 名 活動 (複 activities)
派 **act** [ǽkt]〈アクト〉 動 行動する 名 行為
派 **action** [ǽkʃən]〈アクション〉 名 行動
派 **actor** [ǽktər]〈アクタ〉 名 俳優；行為者
派 **actress** [ǽktrəs]〈アクトレス〉 名 女優
派 **actual** [ǽktʃuəl]〈アクチュアル〉 形 実際の；現実の (≒ **real**)
派 **actually** [ǽktʃuəli]〈アクチュアリ〉 副 実際に〔は〕

1184 関 **shy** [ʃáɪ]〈シャイ〉 形 内気な

1185 関 **tired** [táɪərd]〈タイアド〉 形 疲れた；あきた
◆ *be tired of* ～「～にあきている」

1186 **theater** [θíːətər]〈スィーアタ〉
名 劇場

1187 **check** 多 [tʃék]〈チェック〉
動 を調べる；を阻止する
名 点検；請求書；小切手

1188 関 **mark** [mάːrk]〈マーク〉 名 印；(成績の) 点 (主に《英》)
動 に印をつける

1189 ≒ **account** 多 [əkáʊnt]〈アカウント〉
動 説明する (for)；原因となる (for)；占める (for)
名 口座；報告；請求書；アカウント

1190 **person** [pə́ːrsn]〈パースン〉
名 人

派 **personal** [pə́ːrsənl]〈パーソヌル〉 形 個人の；私的な
派 **personality** [pə̀ːrsənǽləti]〈パーソナリティ〉 名 個性；性格

▶Bats are **active** at night.	▶コウモリは夜，活動的になる。
▶Playing tennis is one of my daily **activities.**	▶テニスをすることは日常的な活動の１つだ。
▶He is **acting** badly.	▶彼は振る舞いが悪い。
▶The game had a lot of exciting **action** in it.	▶そのゲームにはわくわくするような動きがたくさんあった。
▶This is a picture of my favorite **actor.**	▶これは私のお気に入りの俳優の写真だ。
▶The main character in this movie is my favorite **actress.**	▶この映画の主人公は私のお気に入りの女優だ。
▶Is this an **actual** diamond?	▶これは本物のダイヤモンドですか。
▶I'm **actually** feeling better today.	▶実のところ私は今日は気分がよい。
▶That boy is a little **shy.**	▶あの少年は少し内気だ。
▶I'm **tired** after P.E. class.	▶体育のあとは疲れている。
▶Let's meet in front of the **theater.**	▶劇場の前で会いましょう。
▶Let's **check** the bus times.	▶バスの時間を調べましょう。
▶Please **mark** the paper here.	▶紙のここに印をつけてください。
▶Can you **account** for this mistake?	▶この誤りについて説明してくれますか。
▶Write your **account** number here.	▶ここに口座番号を書きなさい。
▶Do you know that **person**?	▶あの人を知っていますか。
▶I have a **personal** parking space.	▶私は個人の駐車場所を持っている。
▶She has a kind **personality.**	▶彼女は親切な性格だ。

38 笑いと健康（4）

❶ One of the doctors said, "Let's laugh! But if you can't laugh, just smile. Smiling is also good for the good cells in your body."

❷ Smiling is also good for our **mind**[1]. Usually we can't smile when we are in a difficult **situation**[2]. But smiling is very **important**[3] in the situation. There are some good **examples**[4] in the world of **sports**[5].

❸ In 2011 the Japanese women's soccer team had an important game **against**[6] America. Many people watching* the game thought, "The American team is **stronger**[7] than the Japanese team."

(89 words)

*people watching ～「～を見ている人々」

ここを check!

比較表現「～よりも」

ℓ.9 Many people (watching the game) thought,

S ← (watching the game) V

["The American team is stronger than the Japanese team."]

O

ここでは strong の比較級 stronger が使われています。なお，watching the game は前の Many people を修飾しており，Many people watching the game で「その試合を見ている多くの人々」という意味になります。

❶ そのうちの 1 人の医師は，「笑いましょう！　でも，もし笑うことができなければ，ほほえむだけでよいのです。ほほえむこともまた，あなたの体内のよい細胞にとってよいことなのです。」と述べた。

❷ ほほえむことはまた，私たちの**心**[1]にもよいのだ。私たちはたいてい，困難な**状況**[2]にある時には，ほほえむことはできない。しかし，ほほえむことはその状況の中で非常に**大切だ**[3]。**スポーツ**[5]の世界においてよい**例**[4]がいくつかある。

❸ 2011 年，日本女子サッカーチームは**対**[6]アメリカの重要な試合を戦った。その試合を見ている多くの人々は「アメリカチームは日本チームより**強い**[7]」と思っていた。

さいごに，くりかえし音読しよう。

音読したら CHECK!! ▶▶ ☑☐☐☐☐

1191 **mind**✦ [máɪnd]〈マインド〉
名 心；精神　動 (を) 気にする
◆ *make up my mind*「決心する」

1192 関 **remind** [rɪmáɪnd]〈ゥリマインド〉
動 に思い出させる

1193 ≒ **spirit**✦ [spírət]〈スピリト〉
名 精神；心；気性；霊魂；複 気分

1194 関 **behavior** [bɪhéɪvjər]〈ビヘイヴャ〉
名 行動；態度

1195 関 **attitude** [ǽtətùːd, -tjùːd]〈アティトゥード, ーテュード〉
名 態度；考え方 (toward)

1196 関 **attention** [əténʃən]〈アテンション〉
名 注意；注目
◆ *pay attention to* ～「～に注意する」

1197 **situation** [sìtʃuéɪʃən]〈スィチュエイション〉
名 状況

1198 **important** [ɪmpɔ́ːrtənt]〈インポータント〉
形 重要な
◆ *It is important to do*「…することが重要だ」

派 **importance** [ɪmpɔ́ːrtəns]〈インポータンス〉
名 重要性

派 **importantly** [ɪmpɔ́ːrtəntli]〈インポータントリ〉
副 重要なことには；重大に

1199 関 **import**
動 [ɪmpɔ́ːrt]〈インポート〉 アク
名 [ímpɔːrt]〈インポート〉
動 を輸入する　名 輸入(品)

1200 ≒ **serious**✦ [síəriəs]〈スィリアス〉
形 重大な；まじめな

1201 ≒ **valuable** [vǽljuəbl]〈ヴァリュアブル〉
形 価値の高い　名 複 貴重品

派 **value**✦ [vǽljuː]〈ヴァリュー〉
名 価値；価格；重要性；複 価値観
動 を尊重〔評価〕する

1202 **example** [ɪgzǽmpl]〈イグザンプル〉
名 例；模範
◆ *for example*「例えば」

1203 ≒ **sample**✦ [sǽmpl]〈サンプル〉
名 見本；サンプル

1204 **sport**✦ [spɔ́ːrt]〈スポート〉
名 スポーツ；運動

1205 関 **Olympic**✦ [əlímpɪk]〈オリンピク〉 アク
形 オリンピック大会〔競技〕の
❗ the Olympics で「オリンピック大会」。

1206 **against** [əgènst]〈アゲンスト〉
前 に反対して；にぶつかって

▶▶音声

▶What do you have in **mind**?	▶心で何を思っていますか。
▶I don't **mind**.	▶私は気にしない。
▶Please **remind** me later.	▶あとで私に思い出させてください。
▶**School spirit** is strong in my class.	▶私のクラスでは愛校心が強い。
▶The child's **behavior** was rude.	▶その子供の振る舞いは無礼だった。
▶He has a positive **attitude**.	▶彼は前向きな態度をとっている。
▶Could I have your **attention**, please?	▶こちらにご注目ください。
▶This is a difficult **situation**.	▶これは難しい状況だ。
▶Today's test is the most **important** one.	▶今日のテストは一番重要だ。
▶I learned the **importance** of friendship.	▶私は友情の大切さを学んだ。
▶It will take time. And more **importantly**, it will take a lot of money.	▶それには時間がかかるよ。そして，もっと重要なことに，とてもお金がかかるよ。
▶We **import** coffee from Brazil.	▶私たちはブラジルからコーヒーを輸入する。
▶We made a **serious** mistake.	▶私たちは重大な過ちを犯した。
▶This ring is very **valuable**.	▶この指輪はとても高価だ。
▶What is the **value** of the watch?	▶その腕時計の価格はいくらですか。
▶Can you show me an **example**?	▶例を見せていただけますか。
▶I got a free product **sample**.	▶私は無料の製品見本をもらった。
▶Skiing is my favorite **sport**.	▶スキーは私の大好きなスポーツだ。
▶I swam in an **Olympic** pool.	▶私はオリンピックプールで泳いだ。
▶She is strongly **against** smoking.	▶彼女は喫煙には大反対だ。

1207 **strong** [strɔ́ːŋ]〈ストローング〉 形 強い

派 **strength** [stréŋkθ]〈ストレンクス〉 名 (肉体的・精神的・物理的) 強さ (≒ **force**, **power**)

1208 関 **tight** [táɪt]〈タイト〉 形 きつい；きびしい

1209 関 **brave** [bréɪv]〈ブレイヴ〉 形 勇敢な

1210 ⇔ **weak** [wíːk]〈ウィーク〉 形 弱い

❗ week (名 週) とつづりは異なるが同じ発音。

▶You are very **strong**. It was heavy.

▶あなたはとても**強い**ですね。それは重かったのに。

▶I don't have the **strength** to lift it.

▶私にはそれを持ち上げる**力**はない。

▶This shirt is too **tight**.

▶このシャツはきつすぎる。

▶My brother isn't very **brave**.

▶私の弟〔兄〕はあまり**勇敢**ではない。

▶My little brother is **weaker** than I am.

▶私の弟は私より**弱い**。

39 笑いと健康（5）

❶ Actually, the American team was very strong. But the Japanese players didn't give up. And when they were in a very difficult situation, they looked different from the American players. They were smiling in the situation. Smiling was very important to them. Finally, they **won**[1] the game. After the game, some of the players from the two teams smiled at each other.

❷ Do you smile every day? Smiling is a small thing in our **life**[2]. But **sometimes**[3] it is very important. It has the power to change you. It also has the power to change the people around you. So, let's smile.

（102 words）

ここを check!

to ＋動詞の原形「…するための」

ℓ.9 It has the power (to change you).

'to ＋動詞の原形' が名詞の後ろに置かれ，その名詞を修飾して「…するための」「…すべき」という意味を表すことがあります。この英文の the power to change you は「あなたを変える力」のように訳すと自然な日本語になります。

❶ 実際にアメリカチームは非常に強かった。しかし，日本の選手たちはあきらめなかった。そして彼女たちが非常に厳しい状況に追い込まれている時，彼女たちはアメリカの選手とは違う様子に見えた。彼女たちはその状況の中でほほえんでいた。ほほえむことは彼女たちにはとても重要だった。ついに彼女たちはその試合**に勝った**[1]。試合のあとで，両チームの選手の中にはお互いにほほえみ合う者もいた。

❷ あなたは毎日ほほえんでいるだろうか。ほほえむことは私たちの**生活**[2]の中では小さなことだ。しかし**時には**[3]それがとても大切なことなのだ。それはあなたを変える力を持っている。それはまた，あなたの周りの人々をも変える力を持っている。さあ，ほほえもう。

さいごに，くりかえし音読しよう。

音読したら CHECK!! ▶▶ ☑☐☐☐☐

1211 **win** [wín]〈ウィン〉

動 (に)勝つ；(賞など)を勝ち取る
(win - won [wʌ́n]〈ワン〉- won; winning)

派 **winner** [wínər]〈ウィナ〉 — 名 勝利者

1212 関 **award** [əwɔ́ːrd]〈アウォード〉 発 — 名 賞(金) 動 (審査して)を授与する

1213 関 **prize** [práɪz]〈プライズ〉 — 名 賞

1214 関 **glory** [glɔ́ːri]〈グローリ〉 — 名 栄光

1215 関 **succeed** [səksíːd]〈サクスィード〉 — 動 成功する (in)；のあとを継ぐ

派 **success** [səksés]〈サクセス〉 アク — 名 成功；出世

派 **successful** [səksésfl]〈サクセスフル〉 — 形 成功した (in)

1216 **life** [láɪf]〈ライフ〉

名 生命；生活；人生 (複 lives)

1217 関 **lifestyle** [láɪfstàɪl]〈ライフスタイル〉 — 名 ライフスタイル；生活様式

1218 関 **hometown** [hóumtáun]〈ホウムタウン〉 — 名 故郷

1219 **sometimes** [sʌ́mtàɪmz]〈サムタイムズ〉

副 時々
❗基本的に一般動詞の前，be動詞・助動詞のあとに置かれるが，文頭や文末で使われることもある。

▶▶音声

▶Our team **won** the match.	▶私たちのチームは試合に勝った。
▶Are you the **winner**?	▶あなたが勝者ですか。
▶The scientist won the top **award** for the paper.	▶その科学者はその論文で最優秀賞をとった。
▶I won a **prize** in a contest.	▶私はコンテストで賞をとった。
▶My **glory** days are behind me.	▶栄光の日々は過去のことだ。
▶We will **succeed** if we try harder.	▶もっと一生懸命やれば成功するだろう。
▶He **succeeded** his father in the business.	▶彼はお父さんの仕事を継いだ。
▶It was a great **success**.	▶それはすばらしい成功だった。
▶I want to be **successful** in the future.	▶私は将来成功したい。
▶You should enjoy **life**.	▶あなたは人生を楽しむべきです。
▶I want to change my **lifestyle**.	▶私は自分のライフスタイルを変えたい。
▶Where is your **hometown**?	▶あなたの故郷はどこですか。
▶**Sometimes** the bus comes late.	▶時々バスは遅れて来る。

40 時間の使い方（1）

❶ "87.32" — What is this number? This number shows how many years the **average**[1] Japanese women can live. Japanese men live an average of 81.25 years. Today, our lives are very long, so it is important to think about how we **spend**[2] our time living.

❷ Some people say that we spend one third of our lives sleeping. That is **true**[3] if we sleep for eight hours in one day. If we live for 80 years, we find that we spend about 27 years of our life sleeping. What **else**[4] do we do in our lives? Here are the **results**[5] of an **interesting**[6] **survey**[7]. （102 words）

（補足）平均寿命の出典：厚生労働省ホームページ （https://www.mhlw.go.jp/toukei/saikin/hw/life/life18）

ここを check!

他の文の一部となる疑問文

ℓ.1 This number (S) shows (V)
[how many years the average Japanese women can live]. (O)

疑問詞表現のあとに '主語＋動詞' を続けると，疑問文を文に組み込めます。この英文では，「平均的な日本人女性が何年生きることができるのか」という疑問文が shows の目的語になっています。

学習した
日付をいれよう！　／　／　／

音声▶▶

❶「87.32」― この数字は何だろうか。この数字は日本人女性の**平均**[1]寿命を表している。日本人男性の平均寿命は81.25歳である。今日，私たちの人生はとても長いので，どのように生きて時間**を過ごす**[2]のかについて考えることは大切だ。

❷ 私たちは人生の3分の1を寝て過ごすと言う人がいる。私たちが1日に8時間寝るとすれば，それは**正しい**[3]ことになる。もし，80年生きるのであれば，人生のうちの27年を寝て過ごすことがわかる。私たちは人生で**他に**[4]何をするのだろうか。ここに，ある**興味深い**[6] **調査**[7] **結果**[5]がある。

長い主語の代わりの it

ℓ.3 ⟨Today⟩, our lives are very long,

/ so it is important to think about [how we spend our time living].

'to ＋動詞の原形' や that 節のような長い主語は後ろに回され，主語の位置に it が置かれることがあります。

さいごに，くりかえし音読しよう。

音読したら CHECK!! ▶▶ ☑ □ □ □ □

1220 **average**✦ [ǽvərɪdʒ]〈アヴァレヂ〉
形 平均的な　名 平均

1221 多 **medium**✦ 多 [míːdiəm]〈ミーディアム〉
名 (伝達・表現の) 手段；媒体 (複 media)
形 中間の

1222 **spend** [spénd]〈スペンド〉
動 (お金) を使う；(時間) を過ごす
(spend - spent [spént]〈スペント〉- spent; spending)
◆ *spend ～ on ...*「～を…に費やす」

1223 関 **waste** [wéɪst]〈ウェイスト〉 発
動 を無駄に使う　名 浪費；ごみ

1224 **true** [trúː]〈トルー〉
形 本当の；真実の
◆ *come true*「(夢などが) 実現する」
That's true.「それはそうだ。；あなたの言うとおりだ。」

派 **truth** [trúːθ]〈トルース〉
名 真実

1225 **else** [éls]〈エルス〉
副 その他に
❗ something, anyone, nobody のように some-, any-, no- のつく単語や，疑問詞の直後で用いられることが多い。

1226 **result** [rɪzʌ́lt]〈ゥリザルト〉
名 結果

1227 ⇔ **cause** [kɔ́ːz]〈コーズ〉
名 原因；理由　動 を引き起こす

1228 関 **score**✦ [skɔ́ːr]〈スコー〉
名 (試合・試験の) 得点　動 (を) 得点する

1229 **interesting** [íntərəstɪŋ]〈インタレスティング〉
形 興味深い
(interesting - more interesting - most interesting)

派 **interest** [íntərəst]〈インタレスト〉
名 興味　動 に興味をもたせる
❗「～に興味をもつ」という意味ではないことに注意。

派 **interested** [íntərəstɪd]〈インタレスティド〉
形 興味をもった
◆ *be interested in ～*「～に興味がある」

1230 ⇔ **boring** [bɔ́ːrɪŋ]〈ボーリング〉
形 退屈な (関 **tired**)

1231 関 **bored** [bɔ́ːrd]〈ボード〉
形 退屈した

1232 **survey** 名 [sə́ːrveɪ]〈サーヴェイ〉 動 [səːrvéɪ]〈サーヴェイ〉
名 調査；概観　動 を調査する

1233 関 **measure** [méʒər]〈メジャ〉
名 対策；基準　動 を測る；を評価する

1234 関 **means** [míːnz]〈ミーンズ〉
名 手段；財産

1235 関 **method** [méθəd]〈メソド〉
名 方法

▶▶音声

▶Ryan is an **average** runner.	▶ライアンは平均的なランナーだ。
▶Which would you like, **medium** or large?	▶中か大，どちらがいいですか。
▶I **spent** too much money today.	▶今日私はお金を使い過ぎた。
▶We shouldn't **waste** food.	▶食べ物を無駄にするべきではない。
▶Is this a **true** story?	▶これは実話ですか。
▶How can we find out the **truth**?	▶どうしたら真実を見つけることができるだろうか。
▶That's too expensive. Do you have something **else**?	▶それは値段が高すぎます。他に何かありますか。
▶Here is the **result** of the test.	▶こちらがテストの結果です。
▶A broken lighter **caused** the fire.	▶壊れたライターが火事を引き起こした。
▶What did you **score** on the test?	▶テストで何点を取りましたか。
▶This picture is the most **interesting** one.	▶この絵は最も興味深い絵だ。
▶What are your **interests**?	▶あなたの興味は何ですか。
▶Are you **interested** in art?	▶芸術に興味がありますか。
▶Is that class **boring**?	▶その授業は退屈ですか。
▶Are you **bored** of this lesson?	▶この授業に退屈していますか。
▶Can you answer this **survey**?	▶この調査に回答してくれますか。
▶Please **measure** this rope for me.	▶このロープを測ってください。
▶There is no **means** to contact John.	▶ジョンと連絡をとる手段がない。
▶This is the best **method**.	▶これが最善の方法だ。

41 時間の使い方（2）

❶ "22 hours and 30 minutes" — This is the average time for us to smile and laugh **during**[1] our lives. When we feel happy, we smile and sometimes laugh. If we smile and laugh, something good **will**[2] happen. Some doctors say that laughing keeps us in good **health**[3]*. "22 hours and 30 minutes" — Do you think that's **enough**[4]?

❷ "150 days" — You will be surprised. We spend **such**[5] a long time looking for things we have **lost**[6]. For example, 59% of people answered that they **often**[7] lose pens. 55% of people said they often lose **money**[8]. They remember that they put some money on a **table**[9] or in a **bag**[10], but they **are shocked**[11] when they can't find it. (107 words)

*keep us in good health「私たちをよい健康状態にしておく」

ここを check!

keep ～ ...「～を…（の状態）にしておく」

ℓ.4 Some doctors say [that laughing keeps us in good health].

keep ～ ... は「～を…（の状態）にしておく」という意味です。この英文では「笑うことは私たちをよい健康状態にしておく」，つまり「笑うことによって私たちはよい健康状態でいられる」という意味です。

学習した日付をいれよう！　／　／　／

音声▶▶

❶「22 時間 30 分」― これは私たちが人生**のうちで**[1]ほほえんだり，笑ったりする平均時間である。私たちは幸せだと感じる時，ほほえみ，時には笑う。ほほえんだり笑ったりする時，よいことが起こる**だろう**[2]。笑うことで私たちはよい**健康状態**[3]でいられる，と言う医者もいる。「22 時間 30 分」― あなたはそれで**十分だ**[4]と思うだろうか。

❷「150 日」― あなたは驚くだろう。私たちは**なくし**[6]たものを探すのに**そんなに**[5]長い時間を使っているのだ。例えば，59 パーセントの人が**よく**[7]ペンをなくすと答えた。55 パーセントの人はよく**お金**[8]をなくすと言った。彼らはお金を**テーブル**[9]の上に置いたり**かばん**[10]の中に入れたりしたことは覚えているのだが，それが見つからない時に**ショックを受ける**[11]のだ。

名詞を説明する節

ℓ.7 We spend such a long time looking for things (we have lost).

we have lost は things を後ろから修飾していて，things は have lost の意味上の目的語に当たります。「私たちが失ったもの」という意味です。ここでは関係代名詞が省略されています。なお，spend ～ ...ing で「…するのに～（時間）を費やす」という意味です。

さいごに，くりかえし音読しよう。

音読したら CHECK!! ▶▶ ☑☐☐☐☐

41 時間の使い方 (2)

1236 **during** [dúərɪŋ, djúər-] 〈ドゥーリング, デューリング〉
前 の間に

1237 **will** 多 [wíl] 〈ウィル〉
助 (単純未来) …だろう；(意志未来) …するつもりだ
❗ 過去形はwould。また，will notの短縮形はwon'tになる。
◆ *Will you (please) ...?* 「…してくれませんか。」

1238 **health** [hélθ] 〈ヘルス〉
名 健康

派 **healthy** [hélθi] 〈ヘルスィ〉
形 健康な (healthy - healthier - healthiest)

1239 **enough** [ɪnʌ́f] 〈イナフ〉 発
形 十分な　副 十分に
❗ 副詞として形容詞や副詞を修飾する場合には，基本的に「形容詞・副詞＋enough ...」の語順になる。
◆ *enough to do* 「…するのに十分に」

1240 **such** [sʌ́tʃ] 〈サチ〉
形 そのような
❗ 冠詞のa，anの前に置かれる点に注意。形容詞が入る場合は，「such＋a〔an〕＋形容詞＋名詞」の語順になる。
◆ (...) *such as* ～ 「例えば；～のような…」

1241 **lose** [lúːz] 〈ルーズ〉
動 を失う；(試合などに) 負ける
(lose - lost [lɔ́ːst] 〈ロースト〉 - lost; losing)

派 **loss** [lɔ́ːs] 〈ロース〉
名 紛失；損害；死；敗北

派 **lost** [lɔ́ːst] 〈ロースト〉
形 失った；道に迷った

1242 関 **miss** [mís] 〈ミス〉 多
動 に乗りそこなう；をのがす；がいなくてさみしい

1243 関 **fail** [féɪl] 〈フェイル〉
動 失敗する

1244 **often** [ɑ́ːfn] 〈アフン〉
副 よく；しばしば
❗ 基本的に一般動詞の前，be動詞・助動詞のあとに置かれる。
◆ *How often ...?* 「どのくらいの頻度で…か。」

1245 **money** [mʌ́ni] 〈マニ〉
名 お金
❗ 基本的には数えられない名詞として用いられる。

1246 ≒ **cash** [kǽʃ] 〈キャシュ〉
名 現金 (硬貨 (coin) と紙幣 (note))

1247 関 **coin** [kɔ́ɪn] 〈コイン〉
名 硬貨；コイン

1248 関 **tip** [típ] 〈ティプ〉 多
名 先 (端)；チップ；秘訣

▶▶音声

▶I fell asleep **during** math class.	▶私は数学の授業中居眠りをした。
▶It **will** rain tomorrow.	▶明日は雨が降るだろう。
▶Your **health** is very important. ▶Swimming is a **healthy** activity.	▶あなたの健康がとても大切です。 ▶泳ぐことは健康的な運動だ。
▶That might not be **enough**.	▶それでは十分でないかもしれないよ。
▶Don't say **such** a thing!	▶そんなことを言わないで！
▶I **lost** my smartphone on the train. ▶He **lost** the game. ▶Sorry for your **loss**. ▶Are you **lost**? ▶We **missed** the last train. ▶I **miss** my friends. ▶We tried hard, but we **failed**.	▶私は電車でスマートフォンをなくした。 ▶彼は試合に負けた。 ▶お悔やみ申し上げます。(←私はあなたの喪失に対して残念に思っています。) ▶道に迷ったの？ ▶私たちは最終列車に乗りそこなった。 ▶私は友だちが恋しい。 ▶私たちは一生懸命がんばったが失敗した。
▶Do you **often** study Japanese?	▶よく日本語を勉強しますか。
▶I don't have enough **money**. ▶Do you have any **cash**? ▶We need a 100 yen **coin**. ▶Remember to leave a **tip**.	▶私は十分なお金を持っていない。 ▶現金をいくらか持っていますか。 ▶私たちは 100 円硬貨が必要だ。 ▶チップを置いていくのを忘れないように。

1249 関 **fee** [fíː] 〈フィー〉 — 名 (参加・入場の) 料金；(専門職への) 謝礼

1250 関 **yen**✦ [jén] 〈イエン〉 — 名 (金額の) 円

1251 関 **cent**✦ [sént] 〈セント〉 — 名 セント
❗ アメリカなどで用いられる通貨単位。100セントで1ドル。

1252 関 **dollar** [dάːlər] 〈ダラ〉 — 名 ドル

1253 関 **euro**✦ [júərou] 〈ユーロウ〉 — 名 ユーロ

1254 関 **pound**✦ [páund] 〈パウンド〉 — 名 ポンド
❗ イギリスの通貨，および重量の単位。

1255 関 **pay**✦ [péɪ] 〈ペイ〉 — 動 (代金など) (を) 支払う
(pay - paid [péɪd] 〈ペイド〉 - paid; paying)
◆ *pay for* ～「～の代金を支払う」

1256 関 **earn** [ə́ːrn] 〈アーン〉 — 動 (金・名声など) を得る；をもたらす

1257 関 **treasure** [tréʒər] 〈トレジャ〉 発 — 名 宝物；貴重品　動 を大事にする

1258 **table**✦ [téɪbl] 〈テイブル〉 — 名 テーブル
◆ *at (the) table*「食事中で」

1259 **bag**✦ [bǽg] 〈バッグ〉 — 名 袋；かばん

1260 関 **package**✦ [pǽkɪdʒ] 〈パケッヂ〉 — 名 包み；パッケージ

1261 関 **suitcase**✦ [súːtkèɪs] 〈スートケイス〉 — 名 スーツケース

1262 関 **purse** [pə́ːrs] 〈パース〉 発 — 名 財布；ハンドバック

1263 **shock**✦ [ʃάːk] 〈シャック〉 — 動 にショックを与える　名 衝撃
◆ *be shocked at* 〔*by*〕～〔*to do*〕「～に〔…して〕ショックを受ける」

1264 関 **scare** [skéər] 〈スケア〉 — 動 を怖がらせる；怖がる

1265 関 **shake**✦ [ʃéɪk] 〈シェイク〉 — 動 を振る；揺れる (shake - shook [ʃúk] 〈シュック〉 - shaken [ʃéɪkn] 〈シェイクン〉; shaking)
◆ *shake hands*「握手《あくしゅ》する」

1266 関 **earthquake** [ə́ːrθkwèɪk] 〈アースクウェイク〉 — 名 地震

▶What is the parking **fee** here?	▶ここの駐車料金はいくらですか。
▶This cost me almost ten thousand **yen**.	▶これはほぼ 10,000 円した。
▶I need fifty **cents**.	▶ 50 セント必要だ。
▶Could you please lend me a few **dollars**?	▶数ドル貸していただけませんか。
▶Do they use **euros** in France?	▶フランスではユーロが使われていますか。
▶I exchanged my yen for **pounds**.	▶円をポンドに交換した。
▶I'll **pay** for you.	▶あなたの代わりに私が払います。
▶I **earn** money from my part-time job.	▶私はパートタイムでお金を稼いでいる。
▶He found some **treasure** on the beach.	▶彼は海岸で宝物を見つけた。

▶Please sit at that **table**.	▶あのテーブルの席に着いてください。

▶I like your new **bag**.	▶あなたの新しいかばんはいいわね。
▶Can you show me that **package**?	▶あの包みを見せてくれますか。
▶My **suitcase** is the black one.	▶私のスーツケースは黒いものだ。
▶Did you lose your **purse**?	▶財布をなくしたのですか。

▶I was **shocked** to hear that.	▶私はそれを聞いてショックを受けた。
▶The typhoon yesterday **scared** me.	▶昨日の台風は怖かった（←台風は私を怖がらせた）。
▶The table is **shaking** a little.	▶テーブルが少し揺れている。
▶**Earthquakes** sometimes happen in Japan.	▶日本では時々地震が起こる。

まとめてチェック 24 健康・医療

No.	単語	意味
1267	**emergency** [ɪmə́ːrdʒənsi]〈イマーヂェンスィ〉	名 緊急事態
1268	**ambulance** [ǽmbjələns]〈アンビュランス〉	名 救急車
1269	**condition**✦ [kəndíʃən]〈コンディション〉 多	名 体調；状態；条件
1270	**fever**✦ [fíːvər]〈フィーヴァ〉 発	名 (身体の) 熱；熱狂
1271	**pain** [péɪn]〈ペイン〉	名 痛み
1272	**suffer** [sʌ́fər]〈サファ〉	動 苦しむ (from)；害を受ける；(苦痛・損害) を受ける ◆ ***suffer from*** ～「～に苦しむ；～に悩む」

まとめてチェック 25 道具・文房具

No.	単語	意味
1280	**pen**✦ [pén]〈ペン〉	名 ペン
1281	**pencil**✦ [pénsl]〈ペンスル〉	名 鉛筆
1282	**scissors** [sízərz]〈スィザズ〉	名 はさみ
1283	**stapler** [stéɪplər]〈ステイプラ〉	名 (商標) ホッチキス
1284	**eraser** [ɪréɪsər]〈イレイサ〉	名 消しゴム
1285	**glue** [glúː]〈グルー〉	名 接着剤；のり
1286	**ink**✦ [íŋk]〈インク〉	名 インク
1287	**tube**✦ [túːb, tjúːb]〈トゥーブ, テューブ〉	名 管；チューブ；(the) (ロンドンの) 地下鉄
1288	**string** [stríŋ]〈ストリング〉	名 ひも；糸

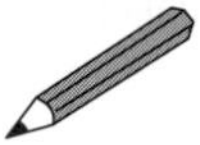

pencil

1273 **cancer** [kǽnsər]〈キャンサ〉 名 がん

1274 **chemical** [kémɪkl]〈ケミクル〉 名（通例複）化学製品〔物質〕 形 化学の；化学的な

1275 **chemistry** [kéməstri]〈ケミストリ〉 名 化学

1276 **smoke**✦ [smóʊk]〈スモウク〉 名 煙；喫煙 動（タバコを）吸う

1277 **fat** [fǽt]〈ファト〉 形 太っている 名 脂肪（分）

1278 **protein**✦ [próʊtiːn]〈プロウティーン〉 アク 名 タンパク質

1279 **vitamin**✦ [váɪtəmɪn]〈ヴァイタミン〉 発 名 ビタミン

1289 **rope**✦ [róʊp]〈ゥロウプ〉 名 なわ

1290 関 **trap** [trǽp]〈トラプ〉 名 わな

1291 **drill**✦ [dríl]〈ドリル〉 名 ドリル；穴あけ機；反復練習

1292 **bulb** [bʌ́lb]〈バルブ〉 名 電球；球根

1293 **balloon**✦ [bəlúːn]〈バルーン〉 名 風船

1294 **material** [mətíəriəl]〈マティリアル〉 アク 名 原料；資料；物質 形 物質の；肉体（上）の

1295 **tool**✦ [túːl]〈トゥール〉 名 道具；手段

1296 **equipment** [ɪkwípmənt]〈イクウィップメント〉 名 装備；備品

scissors

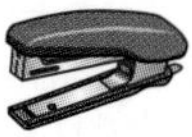

stapler

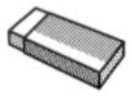

eraser

glue

42 時間の使い方（3）

❶ The time used for **searching**[1] is different in each country. This **graph**[2]* shows how many minutes people from some countries spend looking for things in a month. People in Korea search for about 100 minutes, but Chinese people spend more than two hours searching. People in the U.S. don't search as long as Japanese people.

❷ "6 years" — One survey says that in one day we spend 2 hours and 20 minutes using our **cellphones**[3]. That means one person will use their cellphone for six years during their life. Do you think it's too much? We **need**[4] to think about ways of using time to make our lives better. （108 words）

*This graph　ここではグラフを省略している。

ここを check!

名詞を後ろから修飾する過去分詞

ℓ.1 The time (used for searching) is different 〈in each country〉.

S: The time (used for searching)　V: is　C: different

過去分詞は名詞を修飾して，「…された；…されている」という受け身の意味を表します。この英文では，used for searching が the time を後ろから修飾していて「探すのに使われる時間」となります。

❶ **探し物をする**[1]のに費やされる時間はそれぞれの国で異なっている。このグラフ[2]はいくつかの国の人々が１カ月にものを探すのに費やしている時間を表している。韓国人は約 100 分探し物をしているが，中国人は２時間以上探し物に費やしている。アメリカ人は日本人ほど長く探し物はしていない。

❷「６年」― ある調査によると，私たちは１日に**携帯電話**[3]の使用に２時間 20 分費やしているという。これは，１人が一生のうちで６年間携帯電話を使うことを意味する。あなたはそれを多すぎると思うだろうか。私たちは自分の人生をよりよくするために時間の使い方について考える**必要がある**[4]。

make ～ ...「～を…（の状態）にする」

ℓ.10 We need to think about ways (of using time) ⟨to make our lives better⟩.

make ～ ... は「～を…（の状態）にする」という意味です。make our lives better で「私たちの人生をよりよくする」となります。

さいごに，くりかえし音読しよう。

音読したら CHECK!! ▶▶ ☑☐☐☐☐

1297 **search**✦
[sə́:rtʃ] 〈サーチ〉

名 捜査；追求　動 捜す (for)

1298 **research**✦
名 [rí:sə̀:rtʃ] 〈ゥリーサーチ〉 アク
動 [rɪsə́:rtʃ] 〈ゥリサーチ〉 アク

名 研究；調査　動 (を) 研究する

1299 関 **researcher**
[ri:sə́:rtʃər] 〈ゥリーサーチャ〉

名 研究者

1300 **graph**✦
[grǽf] 〈グラフ〉

名 グラフ

1301 関 **geography**
[dʒiɑ́:grəfi] 〈ヂアグラフィ〉 アク

名 地理 (学)；地形

1302 関 **chart**✦ [tʃɑ́:rt] 〈チャート〉

名 図 (表)；海図

1303 **cellphone**
[sélfòʊn] 〈セルフォウン〉

名 携帯電話
❗ cell phoneとも書く。

1304 **need**
[ní:d] 〈ニード〉

動 を必要とする　名 必要 (性)
◆ ***need to do***「…する必要がある」

1305 関 **necessary**
[nésəsèri] 〈ネセセリ〉 アク

形 必要な (関 **important**)
(necessary - more necessary - most necessary)

▶▶音声

▶I'm **searching** for my dog.	▶私は私のイヌを捜している。
▶This new **research** is interesting.	▶この新しい研究は興味深い。
▶My sister is a medical **researcher**.	▶私の姉〔妹〕は医学研究者だ。
▶This is a **graph** of the temperatures this year.	▶これは今年の気温のグラフだ。
▶**Geography** class comes after science.	▶地理は理科のあとだ。
▶Look at the data on this **chart**.	▶この図表のデータを見なさい。
▶She often talks to us on her **cellphone**.	▶彼女はしばしば携帯電話で私たちと話します。
▶I **need** something to eat.	▶何か食べるものが必要だ。
▶Is it **necessary** to call first?	▶まず電話する必要がありますか。

まとめてチェック 26 国名・地名

1306 □	**China**✦ [tʃáɪnə] 〈チャイナ〉	名 中国
	派 **Chinese** [tʃàɪníːz] 〈チャイニーズ〉	名形 中国 (人〔語〕) (の)
1307 □	**Korea**✦ [kəríːə] 〈カリーア〉	名 朝鮮；韓国
	派 **Korean**✦ [kəríːən] 〈カリーアン〉	名形 朝鮮〔韓国〕(人〔語〕) (の)
1308 □	**India** [índiə] 〈インディア〉	名 インド
	派 **Indian** [índiən] 〈インディアン〉	形 インド (人) の　名 インド人
1309 □	**Asia**✦ [éɪʒə] 〈エイジャ〉 発	名 アジア
	派 **Asian**✦ [éɪʒən] 〈エイジャン〉 発	形 アジア (人) の　名 アジア人
1310 □	**Singapore**✦ [síŋɡəpɔ̀ːr] 〈スィンガポー〉	名 シンガポール
1311 □	**Canada**✦ [kǽnədə] 〈キャナダ〉	名 カナダ
	派 **Canadian** [kənéɪdiən] 〈カネイディアン〉	形 カナダ (人) の　名 カナダ人
1312 □	**America**✦ [əmérɪkə] 〈アメリカ〉	名 アメリカ
	派 **American**✦ [əmérɪkən] 〈アメリカン〉	形 アメリカ (人) の　名 アメリカ人
1313 □	**U.S.**✦ [jùːés] 〈ユーエス〉	名 (the) アメリカ合衆国
1314 □	**New York**✦ [nùː jɔ́ːrk, njùː-] 〈ヌー ヨーク，ニュー ヨーク〉	名 ニューヨーク
1315 □	**Washington D.C.**✦ [wɑ́ːʃɪŋtən dìː síː] 〈ワーシントン ディー スィー〉	名 ワシントンD.C.
1316 □	**Mexico**✦ [méksɪkòʊ] 〈メクスィコウ〉	名 メキシコ
1317 □	**Brazil**✦ [brəzíl] 〈ブラズィル〉 アク	名 ブラジル
1318 □	**Africa**✦ [ǽfrɪkə] 〈アフリカ〉 アク	名 アフリカ
	派 **African** [ǽfrɪkən] 〈アフリカン〉	形 アフリカ (人) の　名 アフリカ人
1319 □	**Australia**✦ [ɔːstréɪljə] 〈オーストレイリャ〉	名 オーストラリア
	派 **Australian** [ɔːstréɪljən] 〈オーストレイリャン〉	形 オーストラリア (人) の 名 オーストラリア人

1320 □	**Sydney**✦ [sídni] 〈スィドニ〉	名 シドニー
1321 □	**New Zealand**✦ [nù: zí:lənd, njù:-] 〈ヌー ズィーランド，ニュー ズィーランド〉	名 ニュージーランド
1322 □	**Russia**✦ [rʌ́ʃə] 〈ゥラシャ〉	名 ロシア
1323 □	**Britain** [brítn] 〈ブリトン〉 派 **British**✦ [brítɪʃ] 〈ブリティシュ〉	名 イギリス 形 イギリス（人）の　名 イギリス人
1324 □	**U.K.** [jù:kéɪ] 〈ユーケイ〉	名 (the) 英国 (United Kingdom)
1325 □	**London**✦ [lʌ́ndən] 〈ランドン〉	名 ロンドン
1326 □	**Germany** [dʒə́:rməni] 〈ヂャーマニ〉 派 **German**✦ [dʒə́:rmən] 〈ヂァーマン〉	名 ドイツ 形 ドイツ（人〔語〕）の 名 ドイツ人〔語〕
1327 □	**France**✦ [frǽns] 〈フランス〉 派 **French**✦ [fréntʃ] 〈フレンチ〉	名 フランス 形 フランス（人〔語〕）の 名 フランス人〔語〕
1328 □	**Paris** [pǽrɪs] 〈パリス〉	名 パリ
1329 □	**Spain**✦ [spéɪn] 〈スペイン〉 派 **Spanish** [spǽnɪʃ] 〈スパニシュ〉	名 スペイン 形 スペイン（人〔語〕）の 名 スペイン人〔語〕
1330 □	**Italy** [ítəli] 〈イタリ〉 派 **Italian**✦ [ɪtǽljən] 〈イタリャン〉	名 イタリア 形 イタリア（人〔語〕）の 名 イタリア人〔語〕
1331 □	**Europe**✦ [jʊ́ərəp] 〈ユーロプ〉 アク 派 **European** [jʊ̀ərəpí:ən] 〈ユーロピーアン〉 アク	名 ヨーロッパ 形 ヨーロッパ（人）の　名 ヨーロッパ人
1332 □	**flag**✦ [flǽg] 〈フラッグ〉	名 旗

43 砂漠にすむ昆虫の知恵（1）

❶ Ken is 24 years old and works as an animal **photographer**[1]. He **visits**[2] many **places**[3] around the world to take **pictures**[4] of animals.

❷ When Ken visited the **Republic**[5] of Namibia one month ago to take pictures of some kinds of animals, he met an old man. His name is Harry. He worked in a **museum**[6] there. Ken sometimes enjoyed talking with him.

❸ One day, Harry told Ken about a small insect that has an interesting way of **collecting**[7] water. Harry said to Ken, “The name of the insect is stenocara beetle*. It lives only in the Namib **Desert**[8]. It doesn’t fly but runs very fast on the **sand**[9].”

（108 words）

*stenocara beetle「キリアツメ」

ここを check!

副詞節が長い場合

ℓ.4 〈When Ken (S') visited (V') the Republic of Namibia (O')
〈one month ago〉〈to take pictures (of some kinds of animals)〉〉, he (S) met (V) an old man (O).

文頭の When から of animals までが長い副詞節になっています。その中に one month ago（1カ月前）と to take pictures of some kinds of animals（いくつかの種類の動物の写真を撮るために）という2つの副詞句が含まれ，いずれも動詞 visited を修飾しています。

学習した
日付をいれよう！ ／ ／ ／

音声▶▶

❶ ケンは 24 歳で動物**写真家**[1]として仕事をしている。彼は動物の**写真**[4]を撮るために世界中の多くの**場所**[3] **を訪れている**[2]。

❷ ケンが 1 カ月前に何種類かの動物の写真を撮るためにナミビア**共和国**[5]を訪問した時，1 人の老人に出会った。彼の名前はハリーといった。彼はそこの**博物館**[6]で働いていた。ケンは時々彼との会話を楽しんだ。

❸ ある日，ハリーはケンに，おもしろい方法で水**を集める**[7]，小さな昆虫について話をした。ハリーはケンに言った。「その昆虫の名前はキリアツメというんだよ。それはナミブ**砂漠**[8]だけに生息しているんだ。飛ぶことはないけれど，**砂**[9]の上をとても速く走るんだ。」

主語のはたらきをする関係代名詞 that

ℓ.8 〈One day〉, Harry told Ken about a small insect (that has an interesting way (of collecting water)).

名詞句 a small insect（小さな昆虫）の後ろに that を主語にした節を続け，**説明を付け加え**ています。a small insect that has an interesting way of collecting water で「おもしろい水の集め方をする〔おもしろい方法で水を集める〕小さな昆虫」という意味になります。

さいごに，くりかえし音読しよう。

音読したら CHECK!! ▶▶ ☑☐☐☐☐

43 砂漠にすむ昆虫の知恵 (1)

1333 □ **photographer** [fətɑ́:grəfər] 〈フォタグラファ〉 アク
名 写真家

派 **photograph** [fóʊtəgræ̀f] 〈フォウトグラッ〉 アク
名 写真　動 を写真に撮る

1334 □ 関 **photo** [fóʊtoʊ] 〈フォウトウ〉
名 写真

1335 □ **visit** [vízət] 〈ヴィズィト〉
動 (を) 訪問する　名 訪問

派 **visitor** [vízətər] 〈ヴィズィタ〉
名 訪問者

1336 □ 関 **trip** [tríp] 〈トリッ〉
名 旅行
◆ *go on a trip*「旅行する」

1337 □ **place** [pléɪs] 〈プレイス〉
名 場所　動 を置く

1338 □ 関 **replace** [rɪpléɪs] 〈ゥリプレイス〉
動 に取って代わる；を取り替える

1339 □ ≒ **area** [éəriə] 〈エリア〉
名 地域；分野

1340 □ 関 **zone** [zóʊn] 〈ゾウン〉
名 地帯；区域

1341 □ 関 **section** [sékʃən] 〈セクション〉
名 部分；区分；階層；(本などの) 節

1342 □ 関 **region** [rí:dʒən] 〈ゥリーヂョン〉
名 地域

1343 □ **picture** [píktʃər] 〈ピクチャ〉
名 絵；写真
◆ *take a picture*「写真を撮る」

1344 □ 関 **drawing** [drɔ́:ɪŋ] 〈ドローイング〉
名 絵；デッサン

派 **draw** [drɔ́:] 〈ドロー〉
動 (線で) (を) 描く；を引く (draw - drew [drú:] 〈ドルー〉 - drawn [drɔ́:n] 〈ドローン〉; drawing)
❗ 鉛筆やペンなどで線で絵を描く場合, paint ではなく draw を使う。
◆ *draw a picture*「絵を描く」

1345 □ 関 **outline** [áʊtlàɪn] 〈アウトライン〉 アク
名 概略；輪郭　動 の要点を言う；に輪郭をつける

1346 □ **republic** [rɪpʌ́blɪk] 〈ゥリパブリク〉
名 共和国

1347 □ 関 **public** [pʌ́blɪk] 〈パブリク〉
形 公 (共) の

▶▶音声

▶I want to be a good **photographer**.	▶私は優秀な写真家になりたい。
▶May I take a **photograph** of your dog?	▶あなたのイヌの写真を撮ってもいいですか。
▶Shall we take a **photo**?	▶写真を撮りましょうか。
▶Some students from France **visited** us.	▶フランスからの生徒が数人私たちを訪問した。
▶Our school had a **visitor** today.	▶私たちの学校には今日訪問者があった。
▶We're taking a **trip** to the mountains.	▶私たちは山へ旅行に行くところだ。
▶This **place** is my favorite.	▶この場所は私のお気に入りだ。
▶Can you **replace** the printing ink for me?	▶印刷用インクを交換してくれますか。
▶I don't live in this **area**.	▶私はこの地域には住んでいない。
▶The field is divided into two **zones**.	▶その競技場は２つの区域に分かれている。
▶My shop is in a busy **section** of town.	▶私の店は町のにぎやかな区域にある。
▶This **region** is famous for tea.	▶この地域はお茶で有名だ。
▶Can I take a **picture** with you?	▶あなたと写真を撮っていいですか。
▶Can you show me your **drawing**?	▶あなたの絵を私に見せてくれますか。
▶My sister **drew** this picture.	▶私の姉〔妹〕がこの絵を描いた。
▶Show me the **outline** of the plan.	▶その計画の概要を見せて。
▶The president of the **republic** is usually chosen by the people.	▶共和国の大統領は普通，人民によって選出される。
▶This is a **public** park.	▶これは公営の公園だ。

43 砂漠にすむ昆虫の知恵 (1)

1348 □ **museum**✦ [mju(:)zí:əm] 〈ミュ(ー)ズィーアム〉 アク
名 博物館；美術館

1349 □ **collect**✦ [kəlékt] 〈コレクト〉
動 を集める

派 **collection**✦ [kəlékʃən] 〈コレクション〉
名 収集 (物)

1350 □ **desert** 多
名 [dézərt] 〈デザト〉
動 [dɪzə́:rt] 〈ディザート〉 アク
名 砂漠　動 を捨てる

1351 □ 注 **dessert**✦ [dɪzə́:rt] 〈ディザート〉
名 デザート

1352 □ **sand**✦ [sǽnd] 〈サンド〉
名 砂
❗ 基本的には数えられない名詞として用いられる。通例sandsで「砂浜」。

まとめてチェック 27 植物

1353 □ **tree**✦ [trí:] 〈トリー〉　名 木

1354 □ **wood** [wúd] 〈ウド〉 発　名 木材；森
❗「森」の意味ではしばしば複数形で用いられる。
派 **wooden** [wúdn] 〈ウドン〉 発　形 木 (製) の

1355 □ **root**✦ [rú:t] 〈ゥルート〉　名 根；根拠；源

1356 □ **seed** [sí:d] 〈スィード〉　名 種《たね》

1357 □ **leaf**✦ [lí:f] 〈リーフ〉　名 (草木の) 葉 (複 leaves)

1358 □ **maple**✦ [méɪpl] 〈メイプル〉　名 カエデ

▶We went to a **museum** on Tuesday.	▶私たちは火曜日に博物館へ行った。

▶We **collected** money to help sick children.	▶私たちは病気の子供たちを助けるためにお金を集めた。
▶Ali has a large **collection** of baseball cards.	▶アリは野球カードをたくさん集めている（←たくさんの収集したものを持っている）。

▶Lots of interesting animals live in the **desert**.	▶たくさんの興味深い動物が砂漠にすんでいる。
▶He **deserted** his family.	▶彼は家族を捨てた。
▶Which **dessert** would you like, cake or ice cream?	▶ケーキかアイスクリーム，どちらのデザートになさいますか。

▶The white **sand** is beautiful.	▶その白い砂は美しい。

1359 □ **bamboo** [bæmbúː]〈バンブー〉アク	名 竹
1360 □ **rose**✦ [róuz]〈ゥロウズ〉 ❗ rise（動 上がる）の過去形と同じつづり。	名 バラ
1361 □ **lily** [líli]〈リリ〉	名 ユリ
1362 □ **moss** [mɔ́ːs]〈モース〉	名 コケ
1363 □ **seaweed** [síːwìːd]〈スィーウィード〉	名 海草
1364 □ **nature** [néɪtʃər]〈ネイチャ〉 派 **natural**✦ [nǽtʃərəl]〈ナチュラル〉	名 自然；性質 形 自然の；当然の

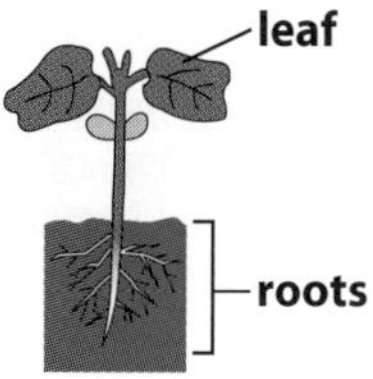

44 砂漠にすむ昆虫の知恵（2）

❶ "**Early**[1] in the morning, **fog**[2] appears in the desert, and the insect comes out of the sand. When fog **hits**[3] the insect, small **drops**[4] of water appear on the insect's body. The water goes into its mouth because it does a headstand*. Then it drinks the water."

❷ Ken became interested in Harry's story. He said to Harry, "I want to see stenocara beetles. Is it difficult to see them?"

❸ Harry said, "I don't think so. In the Namib Desert fog often appears. You should go there when it appears."

(89 words)

*headstand「(頭をつける) 逆立ち」

ここを check!

一般動詞の現在形

ℓ.2 〈**When fog** hits **the insect**〉, **small drops of water** appear 〈**on the insect's body**〉.

一般動詞の現在形は「(いつも) …する」という'現在の習慣的な動作'や'現在の状態', '現在の事実'を表します。この英文は「霧が昆虫に当たると, 小さな水のしずくが昆虫の体（の表面）に現れる」という意味になります。

❶「朝**早く**[1]，**霧**[2]が砂漠に現れると，その昆虫が砂から出てくるんだよ。霧が昆虫**に当たる**[3]と，小さな水の**しずく**[4]が昆虫の体（の表面）に現れる。その水は，昆虫が逆立ちをするから，その口の中に入っていくんだ。それから昆虫はその水を飲むんだよ。」

❷ ケンはハリーの話に興味をもった。彼はハリーに言った。「僕はキリアツメを見たいな。それらを見るのは難しいだろうか。」

❸ ハリーは言った。「そうは思わないな。ナミブ砂漠では，霧がしばしば現れるんだ。霧が現れる時に，きみはそこへ行くといいよ。」

長い主語の代わりの it

ℓ.7 Is it difficult to see them?

㊵でも説明したとおり，**主語が長くなるのを避けるために**，形式的に it を主語として置き，本当の主語となる 'to +動詞の原形' や that 節を後ろに置くことがあります。ここでは疑問文の形になっています。

さいごに，くりかえし音読しよう。

音読したら CHECK!! ▶▶ ☑□□□□

44 砂漠にすむ昆虫の知恵 (2)

1365 **early** [ə́:rli] 〈アーリ〉

副 早く　形 早い (⇔ **late**)
(early - earlier - earliest)
◆「(時間や時期が) 早い」という意味。fast は「(スピードが) 速い」。

1366 **fog** [fɑ́:g] 〈ファグ〉

名 霧

1367 **hit**✦ [hít] 〈ヒト〉

動 を打つ；(に) ぶつかる；に命中する
(hit - hit - hit; hitting)

1368 関 **target**✦ [tɑ́:rgət] 〈ターゲト〉　名 的《まと》；到達目標　動 を標的とする

1369 関 **crush**✦ [krʌ́ʃ] 〈クラシュ〉　動 を押しつぶす；つぶれる　名 混雑

1370 関 **hurt** [hə́:rt] 〈ハート〉 発　動 を傷つける；痛む (hurt - hurt - hurt; hurting)

1371 関 **injure** [índʒər] 〈インヂャ〉 アク　動 にけがをさせる

派 **injury** [índʒəri] 〈インヂャリ〉　名 負傷；(名誉などを) 傷つけること

1372 関 **ruin** [rú:ɪn] 〈ウルーイン〉　名 破滅；複 遺跡　動 を台なしにする

1373 関 **protect**✦ [prətékt] 〈プロテクト〉　動 を保護する

1374 **drop**✦ [drɑ́:p] 〈ドラプ〉

動 落ちる；を落とす (drop - dropped - dropped; dropping)　名 しずく；落下

1375 ≒ **reduce** [rɪdú:s, -djú:s] 〈ウリドゥース，ウリデュース〉　動 を減らす

1376 関 **decrease** 動 [dì:krí:s] 〈ディークリース〉 名 [dí:kri:s] 〈ディークリース〉　動 減少する；を減らす　名 減少

1377 関 **increase** 動 [ɪnkrí:s] 〈インクリース〉 名 [´–] 〈インクリース〉　動 増える；を増やす　名 増加

1378 関 **mount** [máʊnt] 〈マウント〉　動 に登る〔乗る〕；に取りかかる；増える

1379 関 **mountain**✦ [máʊntn] 〈マウントン〉 発　名 山

▶▶音声

▶I got up **early** today.	▶私は今日早く起きた。
▶The **fog** is getting thick.	▶霧が濃くなってきている。
▶I **hit** the baseball hard.	▶私は野球のボールを強く打った。
▶I often miss the **target**.	▶私はよく的を外す。
▶**Crush** these cookies and put them in the bowl.	▶これらのクッキーをつぶしてボウルに入れなさい。
▶Did you **hurt** yourself?	▶けがをしましたか。
▶I've **injured** my leg.	▶私は脚をけがした。
▶Has your **injury** got better?	▶けがはよくなりましたか。
▶I spilt my coffee and **ruined** my homework.	▶私はコーヒーをこぼして宿題を台なしにした。
▶Let's try to **protect** the earth.	▶地球を保護するよう努めましょう。
▶Be careful! Don't **drop** the cake!	▶気をつけて！　ケーキを落とさないで！
▶We need to **reduce** waste.	▶ごみを減らす必要がある。
▶Let's try to **decrease** the amount of garbage.	▶ごみの量を減らすよう努力しましょう。
▶The number of tourists to this area is **increasing**.	▶この地域への観光客数が増えている。
▶He **mounted** a bicycle.	▶彼は自転車に乗った。
▶Mt. Fuji is the highest **mountain** in Japan.	▶富士山は日本一高い山です。

45 砂漠にすむ昆虫の知恵（3）

❶ The **next**[1] day, Ken went to the Namib Desert to take pictures of stenocara beetles. Early in the morning, fog appeared and some stenocara beetles came out of the sand near him. He was excited to see them. They moved to a **higher**[2] place. They did a headstand and drank water from the fog. He took many pictures of them.

❷ A week later, Ken went back to Harry and thanked him. Ken has a **sister**[3]. Her name is Mao. She is interested in insects. So he **sent**[4] an **e-mail**[5] to her. (91 words)

ここを check!

to ＋動詞の原形「…して～だ」

ℓ.4 He was excited 〈to see them〉.

'to ＋動詞の原形' で「…して～だ」という感情の原因や理由を表せます。ここでは「それらを見て彼は興奮した」という意味になります。同じような表現としては, be happy〔glad〕to ...（…してうれしい）, be sad to ...（…して悲しい）などがあります。

学習した
日付をいれよう！　／　／　／

音声▶▶

❶ **次の**[1]日，ケンはキリアツメの写真を撮りにナミブ砂漠へ出かけた。朝早く，霧が現れて，何匹かのキリアツメが，彼の近くの砂から出てきた。それらを見て彼は興奮した。昆虫たちは，**より高い**[2]場所へと移動した。それらは逆立ちをして，霧から（得た）水を飲んだ。彼はそれらの写真をたくさん撮影した。

❷ 1週間後，ケンはハリーのところへ戻って，彼にお礼を述べた。ケンには**妹**[3]がいる。彼女の名前はマオという。彼女は昆虫に興味をもっている。そこで，彼は彼女に**電子メール**[5] **を送った**[4]。

さいごに，くりかえし音読しよう。

音読したら CHECK!! ▶▶ ☑☐☐☐☐

1380 **next**✦ [nékst]〈ネクスト〉

形 次の；隣の　副 次に
◆ *next time*「今度は」
next to ～「～の隣に」

1381 **high**✦ [háɪ]〈ハイ〉

形 高い　副 高く

1382 ≒ **tall**✦ [tɔ́:l]〈トール〉

形 背が高い

1383 **sister**✦ [sístər]〈スィスタ〉

名 姉妹；姉；妹
❗ 英語では姉と妹，兄と弟のように年齢による上下の区別をしない。特に区別をしたい時には，big〔older〕, little〔younger〕といった形容詞をつける。

1384 **send** [sénd]〈センド〉

動 (に) ～を送る (⇔ **receive**)
(send - sent [sént]〈セント〉- sent; sending)
❗「send＋人＋もの」の語順で目的語を2つとることができる。

1385 **e-mail**✦ [í:mèɪl]〈イーメイル〉

名 電子メール　動 (に) 電子メールを送る

1386 関 **mail**✦ [méɪl]〈メイル〉

名 郵便 (物)　動 を郵送する

1387 関 **letter**✦ 多 [létər]〈レタ〉

名 手紙；文字

1388 関 **dear** [díər]〈ディア〉

形 親愛なる　名 愛する人

▶▶音声

▶Hiro lives in the **next** house.	▶ヒロは隣の家に住んでいる。
▶You can jump very **high**.	▶あなたはとても高くとぶことができます。
▶Your father is very **tall**.	▶あなたのお父さんはとても背が高いですね。
▶Is that a picture of your **sister**?	▶あれはあなたのお姉〔妹〕さんの写真ですか。
▶I'll **send** you an e-mail.	▶あなたにＥメールを送ります。
▶Please contact me by **e-mail**.	▶Ｅメールで連絡をください。
▶Did the **mail** come yet?	▶郵便はもう来ましたか。
▶Please send me a **letter** sometime.	▶いつか私に手紙を送ってください。
▶Write your name in capital **letters**.	▶あなたの名前を大文字で書きなさい。
▶**Dear** Judy, Thank you for your advice.	▶親愛なるジュディ， アドバイスをありがとう。

46 砂漠にすむ昆虫の知恵（4）

❶ When Mao read her **brother**[1]'s e-mail, she was surprised to know about stenocara beetles. She said to her **mother**[2], "Look at this picture. This stenocara beetle is doing a headstand to drink water! I can't believe that." Mao wanted to know more about them. When she was looking for a **website**[3] about them, she found a website about interesting nets. She sent Ken an e-mail to tell him about them.

❷ Mao's e-mail said, "In the northern **part**[4] of the Republic of South Africa, fog often appears. So some fog researchers used the stenocara beetle's way of getting water from fog. They **built**[5] some nets by a school in 1999 to get clean water. The clean water has helped the students of the school and the people living around it." （129 words）

ここを check!

some「中には…もいる」

ℓ.10 So some fog researchers (S) used (V) the stenocara beetle's way (O) (of getting water from fog).

some は「いくらかの；多少の」などの意味がありますが，文脈によっては「中には…もいる〔ある〕」と訳すと自然なことがあります。ここでは，「霧の研究者の中には，～を利用した人たちもいた」となります。

学習した
日付をいれよう！ ／ ／ ／

音声▶▶

❶ マオが彼女の**兄**[1]の電子メールを読んだ時，彼女はキリアツメについて知って驚いた。彼女は自分の**母親**[2]に言った。「この写真を見て。このキリアツメは，水を飲むのに逆立ちをしているのよ！　そんなこと信じられないわ。」マオはキリアツメについてもっと知りたくなった。キリアツメについての**ウェブサイト**[3]を探している時に，彼女はおもしろい網についてのウェブサイトを見つけた。彼女はそれらについてケンに教えるために，彼に電子メールを送った。

❷ マオの電子メールは（次のように）伝えた。「南アフリカ共和国の北の**地域**[4]では，霧が現れることが多いのよ。だから，霧の研究者の中には，霧から水を得るキリアツメの方法を利用した人たちもいたの。彼らは1999年に，きれいな水を得るために，ある学校のそばにいくつかの網**を作った**[5]わ。そのきれいな水は，学校の生徒たちや，学校の周辺に住んでいる人々の役に立ってきたのよ。」

‘継続’を表す現在完了／名詞を後ろから修飾する現在分詞

ℓ.13 The clean water has helped the students (of the school) and the people (living around it).

‘have〔has〕＋過去分詞’で，「ずっと…している」という‘継続’の意味を表せます。この英文では，「きれいな水は～を（ずっと）助けている」という意味です。
現在分詞は名詞を修飾して，「…する；…している」という能動的な意味を表せます。この英文では，living around it は the people を後ろから修飾していて「それの周りに住んでいる人々」という意味になります。

さいごに，くりかえし音読しよう。

音読したら CHECK!! ▶▶ ☑☐☐☐☐

1389 **brother** [brʌ́ðər] ⟨ブラザ⟩ — 名 兄弟；兄；弟

1390 **mother** [mʌ́ðər] ⟨マザ⟩ — 名 母 (親)

1391 ≡ **mom** [mɑ́:m] ⟨マム⟩ — 名 お母さん；ママ (mum) (mother よりもくだけた言い方)

1392 ≡ **mommy** [mɑ́:mi] ⟨マミ⟩ — 名 ママ；お母さん (mummy) (mother よりもくだけた言い方)

1393 関 **grandmother** [grǽnmʌ̀ðər] ⟨グランマザ⟩ — 名 祖母

1394 関 **grandma** [grǽnmɑ̀:] ⟨グランマー⟩ — 名 おばあちゃん (grandmother よりもくだけた言い方)

1395 関 **granny** [grǽni] ⟨グラニ⟩ — 名 おばあちゃん (grandmother よりもくだけた言い方)

1396 **website** [wébsàɪt] ⟨ウェッサイト⟩ — 名 ウェブサイト

1397 関 **web** [wéb] ⟨ウェブ⟩ — 名 (the W-) ウェブ (インターネット)；クモの巣

1398 関 **site** [sáɪt] ⟨サイト⟩ — 名 敷地；跡地；(インターネット) サイト

1399 注 **sight** [sáɪt] ⟨サイト⟩ — 名 光景 (関 **see**)；視界

1400 関 **Internet** [íntərnèt] ⟨インタネト⟩ アク — 名 (the) インターネット
◆ *on the Internet*「インターネット (上) で」

1401 関 **download** [dáunlòud] ⟨ダウンロウド⟩ — 動 (を) ダウンロードする　名 ダウンロード

1402 **part** [pɑ́:rt] ⟨パート⟩ — 名 部分；役割
◆ *(a) part of* ～「～の一部」
take part in ～「～に参加する」

1403 ≡ **piece** [pí:s] ⟨ピース⟩ — 名 1個〔切れ；枚〕
◆ *a piece of* ～「1つの～」

1404 ≡ **role** [róul] ⟨ゥロウル⟩ — 名 役割

1405 関 **participate** [pɑ:rtísəpèɪt] ⟨パーティスィペイト⟩ アク — 動 参加する (in) (≡ **take part (in ～)**)

▶▶音声

▶Do you have any **brothers** or sisters?	▶兄弟か姉妹はいますか。
▶What is your **mother**'s name?	▶あなたのお母さんの名前は何ですか。
▶Thanks for driving me, **Mom**.	▶送ってくれてありがとう，ママ。
▶**Mommy**, I'm scared!	▶ママ，こわいわ！
▶How old is your **grandmother**?	▶あなたのおばあさんは何歳ですか。
▶I stayed at my **grandma**'s house.	▶私はおばあちゃんの家に泊まった。
▶Is that your **granny**'s house?	▶あれがあなたのおばあちゃんの家ですか。
▶Our school has a new **website**.	▶私たちの学校は新しいウェブサイトを持っている。
▶He is studying **web** design.	▶彼はウェブデザインを勉強している。
▶We will build a house on this **site**.	▶私たちはこの敷地に家を建てる予定だ。
▶We saw a lot of beautiful **sights**.	▶私たちはたくさんの美しい光景を見た。
▶Let's check the **Internet**.	▶インターネットで調べよう。
▶I **downloaded** a new app yesterday.	▶昨日新しいアプリをダウンロードした。
▶She will play a **part** in the play.	▶彼女は劇で役を演じる予定だ。
▶Would you like a **piece** of cake?	▶ケーキを一切れいかがですか。
▶What is the teacher's **role** here?	▶ここでの先生の役割は何ですか。
▶Will you **participate** in the game?	▶あなたは試合に参加しますか。

46 砂漠にすむ昆虫の知恵 (4)

1406 **build** [bíld]〈ビルド〉
動 を建てる (build - built [bílt]〈ビルト〉- built; building)

派 **building** [bíldɪŋ]〈ビルディング〉
名 建物

1407 関 **factory** [fǽktəri]〈ファクトリ〉
名 工場 (複 factories)

1408 関 **plant** 多 [plǽnt]〈プラント〉
名 植物；工場　動 を植える

1409 関 **structure** [strʌ́ktʃər]〈ストラクチャ〉
名 構造；建物

1410 関 **composition** 多 [kɑ̀mpəzíʃən]〈カンポズィション〉
名 構成；(音楽などの) 作品；作文

まとめてチェック 28 コンピューター

1411	**computer** [kəmpjúːtər]〈コンピュータ〉	名 コンピューター
1412	**digital** [dídʒətl]〈ディヂトル〉 発	形 デジタル (式) の
1413	**technology** [teknɑ́ːlədʒi]〈テクナロヂ〉	名 科学技術 (複 technologies)
1414	**robot** [róubɑːt]〈ゥロウバト〉 発	名 ロボット
1415	**IT** [áɪ tíː]〈アイ ティー〉	名 情報技術 (information technology の略)
1416	**device** [dɪváɪs]〈ディヴァイス〉	名 装置；デバイス；工夫
1417	**machine** [məʃíːn]〈マシーン〉 発	名 機械
1418	**password** [pǽswɜ̀ːrd]〈パスワード〉	名 パスワード

▶My little brother **built** a sand castle.	▶私の弟が砂の城を作った。
▶This **building** is made of wood.	▶この建物は木でできている。
▶We went on a **factory** tour.	▶私たちは工場見学に行った。
▶There are many kinds of **plants** and animals on the island.	▶その島にはたくさんの種類の植物と動物がいる。
▶It's a tall **structure**.	▶それは高い建物だ。
▶Could you please read my **composition**?	▶私の作文を読んでくださいますか。

1419 □ **online** [ɑ́:nlàin] 〈アンライン〉	形 オンラインの　副 オンラインで
1420 □ **file** [fáil] 〈ファイㇽ〉	名 (書類などの) ファイル；記録 動 をファイルに入れる
1421 □ **print** [prínt] 〈プリンㇳ〉	動 を印刷する；を出版する　名 印刷 (物)
1422 □ **copy** [kɑ́:pi] 〈カピ〉	名 写し；(同じ本・新聞などの) 1部 動 (を) 複製する；(を) 模倣する
1423 □ **CD** [sí: dí:] 〈スィー ディー〉	名 CD (compact discの略)
1424 □ **DVD** [dí: ví: dí:] 〈ディー ヴィー ディー〉	名 DVD (digital versatile 〔video〕 discの略)

まとめてチェック29 建造物

1425	**church** [tʃə́:rtʃ] 〈チャーチ〉	名 教会
1426	**bell** [bél] 〈ベル〉	名 鐘；ベル
1427	**shrine** [ʃráɪn] 〈シュライン〉	名 神社
1428	**temple** [témpl] 〈テンプル〉	名 寺院；神殿
1429	**palace** [pǽləs] 〈パラス〉	名 宮殿
1430	**hall** [hɔ́:l] 〈ホール〉	名 会館；玄関
1431	**bridge** [brídʒ] 〈ブリヂ〉	名 橋
1432	**statue** [stǽtʃu:] 〈スタチュー〉	名 像
1433	**dam** [dǽm] 〈ダム〉	名 ダム
1434	**tower** [táʊər] 〈タウア〉	名 塔；タワー
1435	**tunnel** [tʌ́nl] 〈タヌル〉	名 トンネル
1436	**post office** [póʊst ɑ̀:fəs] 〈ポウスト アフィス〉	名 郵便局
1437	関 **post** [póʊst] 〈ポウスト〉 多 発	名 郵便 (制度)；地位；柱　動 を投函する
1438	関 **poster** [póʊstər] 〈ポウスタ〉	名 ポスター
1439	関 **hang** [hǽŋ] 〈ハング〉	動 をつるす；をかける；さまよう (関 **fix**) (hang - hung [hʌ́ŋ] 〈ハング〉 - hung; hanging)
1440	**department store** [dɪpɑ́:rtmənt stɔ̀:r] 〈ディパートメント ストー〉	名 デパート (百貨店)
1441	**supermarket** [sú:pərmɑ̀:rkət] 〈スーパマーケト〉	名 スーパーマーケット
1442	**apartment** [əpɑ́:rtmənt] 〈アパートメント〉	名《米》アパート

1443 □ **sink** [síŋk]〈スィンク〉 名 シンク（台所の流し） 動 沈む；を沈める（sink - sank [sǽŋk]〈サンク〉- sunk [sʌ́ŋk]〈サンク〉; sinking）

1444 □ **bathroom** [bǽθrù:m]〈バスゥルーム〉 アク 名 浴室；トイレ

1445 □ 関 **bath** [bǽθ]〈バス〉 名 入浴；ふろ

◆ *take a bath*「入浴する」

1446 □ **bedroom** [bédrù:m]〈ベドゥルーム〉 名 寝室

1447 □ **entrance** [éntrəns]〈エントランス〉 名 入口；入学；入場

1448 □ **floor** [flɔ́:r]〈フロー〉 名 床；（建物の）階

1449 □ **stair** [stéər]〈ステア〉 名 階段

1450 □ **toilet** [tɔ́ɪlət]〈トイレト〉 名 トイレ

1451 □ **tile** [táɪl]〈タイル〉 名 タイル

1452 □ **metal** [métl]〈メトル〉 名 金属（関 **gold**）

1453 □ **elevator** [éləvèɪtər]〈エレヴェイタ〉 アク 名 エレベーター

1454 □ **escalator** [éskəlèɪtər]〈エスカレイタ〉 名 エスカレーター

1455 □ **exit** [égzət]〈エグズィト〉 名 出口

1456 □ **gate** [géɪt]〈ゲイト〉 名 門

1457 □ **key** [kí:]〈キー〉 名 鍵

❗ 形容詞的に「重要な」の意味でも使われる。

1458 □ **garage** [gərɑ́:ʒ]〈ガラージュ〉 名（車の）ガレージ；車庫

1459 □ **repair** [rɪpéər]〈ゥリペア〉 動 を修理する 名 修理

47 砂漠にすむ昆虫の知恵（5）

❶ Ken read Mao's e-mail and wanted to look at the nets by the school. So, after he **finished**[1] working in the Republic of Namibia, he went to the Republic of South Africa. When he got to the nets by the school, fog was hitting them. He was excited and took some pictures of them. At that time, a young woman walked up to him and said, "The drops of water on the nets go into **large**[2] **tanks**[3]. When I was a **child**[4], the people living around the school had to **carry**[5] clean water to their houses from other places. Now we can drink clean water from fog."

❷ Ken said to the woman, "People can learn useful **things**[6] from insects and make their lives better." (124 words)

ここをcheck!

名詞を後ろから修飾する現在分詞

ℓ.7 〈When I was a child〉, the people (living around the school) had to carry clean water 〈to their houses〉 〈from other places〉.

（the people (living around the school) = S，had to carry = V，clean water = O）

この英文でも living around the school という**現在分詞句**が the people を後ろから**修飾**しています。the people living around the school は「学校の周りに住んでいる人々」という意味で，この英文の主語になっています。このように修飾語句の多い長い文でも，まずは主語と動詞をとらえれば正しい意味が見えてきます。

❶ ケンはマオの電子メールを読んで学校のそばの網を見てみたくなった。そこで，彼はナミビア共和国での仕事**を終える**[1]と南アフリカ共和国へ行った。彼が学校のそばの網に到着した時，霧が網に当たっているところだった。彼は興奮してそれらの写真を数枚撮った。その時，若い女性が彼の方に歩いてきて，「網の水滴が**大きな**[2] **タンク**[3]に入っていくのです。私が**子供**[4]の頃，学校の周りに住む人たちは他の場所から自分の家まできれいな水**を運ば**[5]なくてはなりませんでした。今は霧からきれいな水を飲むことができます」と言った。

❷ ケンはその女性に「人々は役に立つ**こと**[6]を昆虫から学んで自分たちの生活をよりよくすることができるのですね」と話した。

さいごに，くりかえし音読しよう。

音読したら CHECK!! ▶▶ ☑☐☐☐☐

47 砂漠にすむ昆虫の知恵 (5)

1460 **finish**✦ [fíniʃ]〈フィニシュ〉
動 (を) 終える；終わる　名 終わり (⇔ **start**)
◆ ***finish ...ing***「…するのを終える」

1461 **large** [lάːrdʒ]〈ラーヂ〉
形 大きい (＝ **big**) (large - larger - largest)
❗ large は広さや量について程度が大きいことを指す。big は「(重さ・規模が) 大きい」の意味。

1462 **tank**✦ [tǽŋk]〈タンク〉
名 タンク；戦車

1463 **child**✦ [tʃáild]〈チャイルド〉
名 子供
❗ 複数形は children となる。

1464 ＝ **kid**✦ 多 [kíd]〈キド〉
名 子供　動 冗談を言う
◆ ***Just kidding.***「冗談だよ。」
You're kidding!「冗談でしょう！」

1465 関 **kindergarten** [kíndərgàːrtn]〈キンダガートン〉
名 幼稚園

1466 **carry**✦ [kǽri]〈キャリ〉
動 を運ぶ；を持ち歩く
❗ 3人称・単数・現在は carries，過去形・過去分詞は carried となる。

1467 関 **deliver** [dilívər]〈ディリヴァ〉
動 を配達する；(伝言) を伝える；(演説など) を行う

1468 関 **transportation** [trӕnspərtéiʃən]〈トランスポテイション〉
名 輸送機関；運送；乗り物

1469 **thing** [θíŋ]〈スィング〉
名 こと〔もの〕

▶▶音声

▶I **finished** cleaning ten minutes ago.	▶私は 10 分前に掃除を終えた。
▶Can I have a **large** cola?	▶大きい（サイズの）コーラをもらえますか。
▶He has a fish **tank**.	▶彼は魚の水槽を持っている。
▶A **child** is crying in the yard.	▶子供が庭で泣いている。
▶There are 25 **kids** in my class.	▶私のクラスには 25 人の子供がいる。
▶I'm just **kidding**!	▶ただの冗談だよ！
▶Many children take the bus to **kindergarten**.	▶多くの子供たちがバスに乗り幼稚園に行く。
▶I **carried** her books home for her.	▶私は彼女の本を家に運んだ。
▶They will **deliver** the food to our house.	▶彼らは私たちの家まで食べ物を配達するでしょう。
▶My father works for a **transportation** company.	▶私の父は運送会社で働いている。
▶This is my favorite **thing**.	▶これは私のお気に入りのものだ。

まとめてチェック 30 親戚

1470 □ **uncle** [ʌ́ŋkl] 〈アンクル〉	名 おじ
1471 □ **aunt** [ǽnt] 〈アント〉	名 おば
1472 □ **cousin** [kʌ́zn] 〈カズン〉	名 いとこ

まとめてチェック 31 環境問題

1475 □ **environment** [ɪnváɪərnmənt] 〈インヴァイアンメント〉 アク	名 環境
派 **environmental** [ɪnvàɪərnméntl] 〈インヴァイアンメントル〉 アク	形 環境の
1476 □ **garbage** [gɑ́ːrbɪdʒ] 〈ガーベチ〉	名 (生) ごみ
1477 □ **trash** [trǽʃ] 〈トラシュ〉	名 ごみ
1478 □ **pollution** [pəlúːʃən] 〈ポルーション〉	名 汚染；公害
1479 □ **plastic**✦ [plǽstɪk] 〈プラスティク〉 アク	名 形 プラスチック〔ビニール〕((製) の)

1473 **nephew** [néfju:] 〈ネフュー〉 名 おい

1474 **niece** [ní:s] 〈ニーㇲ〉 名 めい

1480 **greenhouse** [grí:nhàus] 〈グリーンハウㇲ〉 名 温室

❗ greenhouse gas で「温室効果ガス」。

1481 **recycle**✦ [ri:sáɪkl] 〈ゥリーサイクㇽ〉 動 (を) 再生利用する

1482 **acid rain** [ǽsɪd réɪn] 〈アスィドゥレイン〉 名 酸性雨

1483 **global warming** [glóubl wɔ́:rmɪŋ] 〈グロウブㇽ ウォーミング〉 名 地球温暖化

❗ SDGs (Sustainable Development Goals (持続可能な開発目標) の略) という単語を知っておこう。2015年9月国連サミットで採択された国際社会の目標のことで，「地球温暖化」をはじめ，環境・貧困・平和などに関する目標が定められている。

48 秘訣は精神力（1）

❶ A world-famous **golfer**[1] is on the green at the 18th hole*. He gets ready to take his **shot**[2]. Hundreds of people are watching, but that doesn't **bother**[3] him. He makes the shot and wins the **tournament**[4].

❷ What makes him a winner? As a young golfer, his mother **introduced**[5] him to Buddhist* **philosophy**[6]. This helped him **focus**[7] his mind on the **moment**[8]. He learned to **block out**[9] the **crowds**[10] and the **stress**[11]. When he was younger, his father often **created**[12] distractions* **while**[13] his **son**[14] was playing golf by **coughing**[15] or making sudden movements. Now many people say that his **mental**[16] strength helped him become the **number**[17] one golfer in the world.

（110 words）

*the 18th hole「18番ホール（ゴルフのコースのうち，最終のホール（＝競技区域））」
Buddhist「仏教の」　distraction「気を散らすこと」

ここを check!

help ～ (to) *do*「～が…するのを手伝う」

ℓ.6 This helped him focus his mind 〈on the moment〉.

'help ～ (to) ＋動詞の原形' で，「～が…するのを手伝う」という意味を表せます。to は省略されることがあり，ここでも省略されています。

学習した
日付をいれよう！　／　／　／

音声▶▶
(要パスワード→p .12)

❶ 世界的に有名な**ゴルファー**[1]が 18 番ホールのグリーン上にいる。彼は**ショット**[2]を打つ準備をしている。何百もの人が見つめているが，それは彼**のじゃまをし**[3]ない。彼はショットを打ち，その**トーナメント**[4]で優勝する。

❷ 何が彼を勝者にするのだろうか。彼がまだ幼いゴルファーだった頃，彼の母親は仏教の**哲学**[6]に彼**をふれさせた**[5]。これは彼がその**瞬間**[8]に気持ち**を集中させる**[7]ことに役立った。彼は**群衆**[10]や**ストレス** [11]**を遮断する**[9]ことを身につけた。彼がもっと小さかった頃，彼の父親はしばしば**息子**[14]がゴルフをしている**間に** [13]**せきをし**[15]たり，急に動いたりして気を散らすような状況**を生み出した**[12]。今や多くの人々が，彼の**精神の**[16]強さは彼が世界**ナンバー**[17]ワンのゴルファーになるのに役立ったと言っている。

while「…している間に」

ℓ.8 〈When he was younger〉, his father 〈often〉 created distractions 〈 while his son was playing golf〉〈by coughing or making sudden movements〉.

'**while＋主語＋動詞**' で，「**…している間に**」という意味で，ある長さをもった期間を表します。ここでは，文の途中に while の節が入っています。

さいごに，くりかえし音読しよう。

音読したら CHECK!! ▶▶ ☑☐☐☐☐

48 秘訣は精神力 (1)

1484 **golfer**
[gá:lfər] 〈ガルファ〉
名 ゴルフをする人

1485 関 **golf** [gá:lf] 〈ガルッ〉
名 ゴルフ　動 ゴルフをする

1486 **shot**
[ʃá:t] 〈シャト〉
名 発射；銃声；(テニス・ゴルフ) ショット

1487 **bother**
[bá:ðər] 〈バザ〉
動 を困らせる；心配する；(通例否定文で) わざわざ…する (to *do*)

1488 ≒ **trouble** [trʌ́bl] 〈トラブル〉
名 困ること；問題点　動 を困らせる
◆ ***be in trouble***「困難な状態である」

1489 関 **upset** [ʌpsét] 〈アップセット〉 アク
動 を動揺させる；(計画・物など) をひっくり返す
(upset - upset - upset; upsetting)
形 取り乱して；腹を立てて

1490 ≒ **confuse**
[kənfjú:z] 〈コンフューズ〉
動 を当惑させる；を混同する

1491 ≒ **concern** 多
[kənsə́:rn] 〈コンサーン〉
動 に関係する；を心配させる
名 関係；関心；心配

1492 関 **matter** [mǽtər] 〈マタ〉
名 問題；事柄　動 重要〔問題〕である
◆ ***What's the matter (with ～)?***「(～は) どうしたのですか。」

1493 **tournament**
[túərnəmənt] 〈トゥアナメント〉
名 トーナメント

1494 **introduce**
[ìntrədú:s, -djú:s]
〈イントロドゥース, イントロデュース〉
動 を紹介する
◆ ***introduce A to B***「A を B に紹介する」
introduce oneself「自己紹介をする」

派 **introduction**
[ìntrədʌ́kʃən] 〈イントロダクション〉
名 紹介；導入

1495 関 **refer** [rɪfə́:r] 〈ゥリファー〉 アク
動 言及する (to)；参照する (to)；関連がある (to)
(refer - referred - referred; referring)

1496 **philosophy**
[fəlá:səfi] 〈フィラソフィ〉 アク
名 哲学；人生観

1497 **focus**
[fóʊkəs] 〈フォウカス〉
動 の焦点を合わせる (on)；を集中させる (on)；焦点が合う (on)　名 焦点；重点

1498 ≒ **concentrate**
[ká:nsəntrèɪt] 〈カンセントレイト〉 アク
動 集中〔専念〕する (on)；を集中させる (on)

1499 **moment**
[móʊmənt] 〈モウメント〉
名 瞬間
◆ ***for a moment***「ちょっとの間」

▶▶音声

▶He wants to be a professional **golfer**.	▶彼はプロゴルファーになりたいと思っている。
▶She likes to play **golf**.	▶彼女はゴルフをするのが好きだ。
▶I heard a **shot** from the forest.	▶森の方から銃声が聞こえた。
▶That mosquito is really **bothering** me.	▶あの蚊は本当にじゃまだ。
▶I'm having **trouble** with this math question.	▶私はこの数学の問題に苦労している。
▶The news **upset** me this morning.	▶そのニュースは今朝私を動揺させた。
▶This question **confuses** me.	▶この質問は私を当惑させる。
▶Thank you for your **concern**.	▶ご心配〔心遣い〕ありがとう。
▶What is the **matter**?	▶どうしましたか（←問題は何ですか)。
▶We have a *kendo* **tournament** on Sunday.	▶日曜日に剣道のトーナメントがある。
▶Can you **introduce** us?	▶私たちを紹介してくれませんか。
▶Read the **introduction** first.	▶まず序論を読みなさい。
▶Please **refer** to the instructions.	▶説明書を参照してください。
▶Her **philosophy** of life is different from mine.	▶彼女の人生観は私のと違っている。
▶The problem became the **focus** of international attention.	▶その問題は国際的関心の的となった。
▶Let's **concentrate** on our studies.	▶勉強に集中しましょう。
▶Please wait a **moment**.	▶少々お待ちください。

1500 **block**✦ [blάːk]〈ブラック〉
名（市街地の）区画；積木　動 をふさぐ

1501 関 **brick** [brík]〈ブリック〉
名 れんが

1502 **crowd** [kráʊd]〈クラウド〉発
名 群衆；(the) 大衆　動（に）群がる

派 **crowded** [kráʊdɪd]〈クラウディド〉
形 込み合った

1503 関 **gather** [gǽðər]〈ギャザ〉
動 を集める；集まる（≒ **collect**）

1504 **stress**✦ [strés]〈ストレス〉
名 ストレス；圧迫　動 を強調する

1505 ⇔ **relax**✦ [rɪlǽks]〈ゥリラクス〉
動 をくつろがせる；くつろぐ

派 **relaxed** [rɪlǽkst]〈ゥリラクスト〉
形 くつろいだ

1506 関 **atmosphere** 多 [ǽtməsfìər]〈アトモスフィア〉アク
名 (the) 大気；雰囲気

1507 **create** [kriéɪt]〈クリエイト〉
動 を創造する（≒ **make**）

派 **creature** [kríːtʃər]〈クリーチャ〉発
名（植物を除く）生き物

派 **creative**✦ [kriéɪtɪv]〈クリエイティヴ〉
形 創造的な

派 **creativity** [krìːeɪtívəti]〈クリーエイティヴィティ〉
名 独創性

1508 関 **invent** [ɪnvént]〈インヴェント〉
動 を発明する

派 **invention** [ɪnvénʃən]〈インヴェンション〉
名 発明（品）

1509 **while** [wáɪl]〈ワイル〉
接 …する間に；…の一方で　名 しばらくの間
◆ *after a while*「しばらくして」
for a while「少しの間」

1510 **son** [sʌ́n]〈サン〉
名 息子
! sun（名 太陽）と同じ発音だが，つづりが異なる点に注意。

1511 関 **daughter** [dɔ́ːtər]〈ドータ〉
名 娘

1512 **cough** [kɔ́ːf]〈コーフ〉
動 せきをする　名 せき

▶The station is two **blocks** from here.	▶駅はここから２ブロックのところにある。
▶Our town has a lot of **brick** houses.	▶私たちの町にはれんがの家がたくさんある。
▶A large **crowd** waited for the singer.	▶大勢の観衆がその歌手を待っていた。
▶The train is **crowded** at 8 a.m.	▶その電車は午前８時には混雑している。
▶Students **gathered** in front of the school.	▶生徒は学校の前に集まった。
▶My job gives me **stress**.	▶私の仕事は私にストレスを与える。
▶We can **relax** after the test.	▶テストのあとでくつろぐことができる。
▶She is **relaxed** and happy.	▶彼女はのんびりとして幸せだ。
▶The party had a wonderful **atmosphere**.	▶そのパーティーの雰囲気はすばらしかった。
▶My hobby is **creating** computer games.	▶私の趣味はコンピューターゲームを創作することだ。
▶A lot of tiny **creatures** live on this planet.	▶この地球上にはたくさんの小さな生き物がすんでいる。
▶You are a very **creative** person.	▶あなたはとても創造性のある人です。
▶**Creativity** is important in this class.	▶この授業では創造性が重要だ。
▶Who **invented** this instrument?	▶誰がこの道具を発明したのですか。
▶What is the greatest human **invention**?	▶人類の最も偉大な発明は何ですか。
▶Please wait here **while** I buy these shoes.	▶私がこの靴を買う間ここで待っていてください。
▶He has a **son** in the army.	▶彼には軍隊にいる息子がいる。
▶Her **daughter** lives near me.	▶彼女の娘は私の近くに住んでいる。
▶She **coughed**.	▶彼女はせきをした。

48 秘訣は精神力 (1)

1513 □ **mental**✦ [méntl]〈メントル〉

形 精神的な；知能の

1514 □ **number**✦ [nʌ́mbər]〈ナンバ〉

名 数；番号
動 に番号をつける；に達する；数える
◆ *the number of* ～「～の数」
a number of ～「多くの～」(形容詞 large をともなうことも多い)

1515 □ 同 **count**✦ 多 [káunt]〈カウント〉 — 動 (を) 数える；重要である　名 計算

1516 □ 同 **amount** [əmáunt]〈アマウント〉 — 名 総額；量　動 総計～に達する (to)；等しい (to)

1517 □ 関 **add** [ǽd]〈アド〉 — 動 を加える

派 **addition** [ədíʃən]〈アディション〉 — 名 追加

派 **additional** [ədíʃənl]〈アディショヌル〉 — 形 追加の

まとめてチェック 32 数字

1518 □ **zero**✦ [zíərou]〈ズィーロウ〉 発 — 名 0〔ゼロ〕　形 ゼロの

1519 □ **one**✦ [wʌ́n]〈ワン〉 — 名 1　形 1個〔人〕の；ある～
❗ 前に出てきた数えられる名詞に代わる代名詞としても使われる。
◆ *one of* ～「～のうちの 1 つ」

1520 □ 関 **first**✦ [fə́ːrst]〈ファースト〉 — 形 1番目の；最初の　副 最初に　名 最初
◆ *at first*「初めのうちは」
first of all「まず第一に」
for the first time「初めて」

1521 □ 関 **once** [wʌ́ns]〈ワンス〉 — 副 1度；かつて
❗「2度」は twice,「3度」からは three times, four times とする。
◆ *at once*「すぐに」

1522 □ 関 **ever** [évər]〈エヴァ〉 — 副 かつて；今までに
❗ 基本的に疑問文や否定文で使う。最上級を使った文では肯定文でも使われる。

1523 □ 関 **several** [sévrəl]〈セヴラル〉 — 形 いくつかの

1524 □ 関 **single**✦ [síŋgl]〈スィングル〉 — 形 ただ1つの；(each, every を強調) 個々の；(最上級を強調) まさに；独身の；1人用の

▶Many pet owners have better **mental** health.
▶ペットの飼い主の多くは，心の健康がよりよい状態だ。

▶What is your telephone **number**?
▶あなたの電話番号は何ですか。

▶Could you **count** the money for me?
▶私の代わりにお金を数えていただけますか。

▶I ate a small **amount** of chocolate.
▶私はチョコレートを少量食べた。

▶Please **add** ice to my drink.
▶私の飲み物に氷を足してください。

▶Keita is a great **addition** to the soccer team.
▶ケイタはそのサッカーチームにとってすばらしい新戦力（←すばらしい追加）だ。

▶I have some **additional** questions.
▶さらにいくつか質問がある。

1525 □	**two** [tú:]〈トゥー〉	名 2　形 2個〔人〕の
1526 □	関 **second**✦ 多 [sékənd]〈セコンド〉	形 2番目の　名 2番目；秒
1527 □	関 **twice** [twáɪs]〈トワイス〉	副 2度；2倍
1528 □	関 **double**✦ [dʌ́bl]〈ダブル〉	形 2倍の　動 倍増する　名 ダブル
1529 □	**three** [θríː]〈スリー〉	名 3　形 3個〔人〕の
1530 □	関 **third**✦ [θə́ːrd]〈サード〉	名 形 3番目（の）
1531 □	**four** [fɔ́ːr]〈フォー〉	名 4　形 4個〔人〕の
1532 □	関 **fourth** [fɔ́ːrθ]〈フォース〉	名 形 4番目（の）
1533 □	関 **quarter**✦ [kwɔ́ːrtər]〈クウォータ〉 多	名 4分の1；地域
1534 □	**five** [fáɪv]〈ファイヴ〉	名 5　形 5個〔人〕の
1535 □	関 **fifth** [fífθ]〈フィフス〉	名 形 5番目（の）
1536 □	**six** [síks]〈スィクス〉	名 6　形 6個〔人〕の
1537 □	関 **sixth** [síksθ]〈スィクスス〉	名 形 6番目（の）
1538 □	**seven** [sévn]〈セヴン〉	名 7　形 7個〔人〕の
1539 □	関 **seventh** [sévnθ]〈セヴンス〉	名 形 7番目（の）

1540 **eight** [éɪt]〈エイト〉　名 8　形 8個〔人〕の

1541 関 **eighth** [éɪtθ]〈エイトス〉　名 形 8番目（の）

1542 **nine** [náɪn]〈ナイン〉　名 9　形 9個〔人〕の

1543 関 **ninth** [náɪnθ]〈ナインス〉　名 形 9番目（の）

1544 **ten** [tén]〈テン〉　名 10　形 10個〔人〕の

1545 関 **tenth** [ténθ]〈テンス〉　名 形 10番目（の）

1546 関 **teen**✦ [tíːn]〈ティーン〉　名 10代

1547 関 **teenage** [tíːnèɪdʒ]〈ティーネイヂ〉　形 10代の

派 **teenager**✦ [tíːnèɪdʒər]〈ティーネイヂャ〉 アク 名 10代の若者（通例13～19歳）

1548 **eleven** [ɪlévn]〈イレヴン〉　名 11　形 11個〔人〕の

1549 関 **eleventh** [ɪlévnθ]〈イレヴンス〉　名 形 11番目（の）

1550 **twelve** [twélv]〈トウェルヴ〉　名 12　形 12個〔人〕の

1551 関 **twelfth** [twélfθ]〈トウェルフス〉　名 形 12番目（の）

1552 **thirteen** [θɔ̀ːrtíːn]〈サーティーン〉　名 13　形 13個〔人〕の

1553 関 **thirteenth** [θɔ̀ːrtíːnθ]〈サーティーンス〉　名 形 13番目（の）

1554 **fourteen** [fɔ̀ːrtíːn]〈フォーティーン〉　名 14　形 14個〔人〕の

1555 関 **fourteenth** [fɔ̀ːrtíːnθ]〈フォーティーンス〉　名 形 14番目（の）

1556 □ **fifteen** [fìftíːn] 〈フィッティーン〉 名15　形15個〔人〕の

1557 □ 関 **fifteenth** [fìftíːnθ] 〈フィッティーンㇲ〉 名形15番目（の）

1558 □ **sixteen** [sìkstíːn] 〈スィクㇲティーン〉 名16　形16個〔人〕の

1559 □ **seventeen** [sèvntíːn] 〈セヴンティーン〉 名17　形17個〔人〕の

1560 □ **eighteen** [èɪtíːn] 〈エイティーン〉 名18　形18個〔人〕の

1561 □ **nineteen** [nàɪntíːn] 〈ナインティーン〉 名19　形19個〔人〕の

1562 □ **twenty** [twénti] 〈トウェンティ〉 名20　形20個〔人〕の

1563 □ 関 **twentieth** [twéntiəθ] 〈トウェンティエㇲ〉 名形20番目（の）

1564 □ **thirty** [θə́ːrti] 〈サーティ〉 名30　形30個〔人〕の

1565 □ 関 **thirtieth** [θə́ːrtiəθ] 〈サーティエㇲ〉 名形30番目（の）

1566 □ **forty** [fɔ́ːrti] 〈フォーティ〉 名40　形40個〔人〕の

1567 □ **fifty** [fífti] 〈フィッティ〉 名50　形50個〔人〕の

1568 □ **sixty** [síksti] 〈スィクㇲティ〉 名60　形60個〔人〕の

1569 □ **seventy** [sévnti] 〈セヴンティ〉 名70　形70個〔人〕の

1570 □ **eighty** [éɪti] 〈エイティ〉 名80　形80個〔人〕の

1571 □ **ninety** [náɪnti] 〈ナインティ〉 名90　形90個〔人〕の

49 秘訣は精神力（2）

❶ An **ice**[1] swimmer from England also knows a lot about the way the mind can **control**[2] the body*. He swims in ice-cold water (0°C) in just **regular**[3] swimwear. He holds the world **record**[4] for the longest cold-water swims in both the **Arctic**[5] and Antarctic.

❷ The swimmer spends **a great deal of**[6] time in mental preparation before each swim. Of course, he **prepares**[7] his body, but more importantly, he prepares his mind. He thinks about his **reasons**[8] for wanting to break records. He often spends four hours a day thinking about **challenging**[9] situations. He thinks about every minute of the swim, imagining* **exactly**[10] how it will feel. (106 words)

*the way the mind can control the body「精神が身体をあやつることができる方法」
imagining ～「～を想像しながら（think と imagine の２つの動作を同時に行っている）」

ここを check!

reason for ～「～の理由」

ℓ.8 He thinks about his reasons (for wanting to break records).

reason for ～ で，「～の理由」という意味を表せます。この英文では，reason for ...ing（…する理由）の形になっていて，...ing の部分に want to *do*「…したい」がきて，wanting to break ～ という形になっています。「記録を破りたいと思う理由」という意味です。

学習した
日付をいれよう！　／　／　／

音声▶▶
(要パスワード→p .12)

❶ あるイングランドの**氷**[1]泳選手も精神が身体**をあやつる**[2]ことができる方法についてよく知っている。彼は氷温の〔氷のように冷たい〕水の中（0度）をただ**普通の**[3]水着だけで泳ぐ。彼は**北極**[5]と南極の両方で最長の冷水水泳の世界**記録**[4]を持っている。

❷ その水泳選手は，毎回泳ぎの前に精神的な準備に**多くの**[6]時間を費やす。もちろん，彼は体**を準備する**[7]が，それよりもっと重要なこととして，心の準備をする。彼は記録を破りたいと思う**理由**[8]について考える。彼はしばしば1日に4時間，**困難な**[9]状況について考えることにかける。彼は水泳のどの瞬間についても考え，どのような感じがするかを**正確に**[10]想像している。

a「～につき」

ℓ.9 He 〈often〉 spends four hours a day thinking 〈about challenging situations〉.

‘a ＋ 数量や期間を表す名詞’で「～につき」という意味を表せます。この英文の four hours a day は，「1日につき4時間」という意味です。全体は spend ～ ...ing（…するのに～（＝時間）を費やす）の表現が使われています。

さいごに，くりかえし音読しよう。

音読したらCHECK!! ▶▶ ☑☐☐☐☐

49 秘訣は精神力 (2)

1572 □ **ice**✦ [áɪs]〈アイス〉
名 氷
❗基本的には，数えられない名詞として用いられる。

1573 □ **control**✦ [kəntróʊl]〈コントロウル〉 アク
動 を管理〔支配；操作〕する (control - controlled - controlled; controlling) 名 管理；支配

1574 □ 関 **direct**✦ 多 [dərékt]〈ディレクト〉
形 直接の；まっすぐな
動 を向ける；に指導する；に道を教える

派 **directly** [dəréktli]〈ディレクトリ〉
副 直接に

派 **direction** [dərékʃən]〈ディレクション〉
名 方向；指示；道順

派 **director**✦ [dəréktər]〈ディレクタ〉
名 監督；重役

1575 □ **regular**✦ [régjələr]〈レギュラ〉
形 規則的な；通常の

派 **regularly** [régjələrli]〈レギュラリ〉
副 定期的に

1576 □ 関 **pattern**✦ [pǽtərn]〈パタン〉 アク
名 様式；模様

1577 □ **record**✦ 動 [rɪkɔ́ːrd]〈リコード〉 名 [rékərd]〈レカド〉 アク
動 を記録〔録音〕する 名 記録

1578 □ 関 **diary**✦ [dáɪəri]〈ダイアリ〉
名 日記 (複 diaries)
◆ *keep a diary*「日記をつける」

1579 □ **Arctic** [ɑ́ːrktɪk]〈アークティク〉
形 北極（地方）の 名 (the) 北極地方

1580 □ ⇔ **Antarctic** [æntɑ́ːrktɪk]〈アンタークティク〉
形 南極（地方）の 名 (the) 南極地方

1581 □ **great**✦ [gréɪt]〈グレイト〉 発
形 偉大な；大きい

1582 □ **deal** 多 [díːl]〈ディール〉
名 程度；量；取引 動 を分ける；扱う (with) (deal - dealt [délt]〈デルト〉- dealt;dealing)
◆ *a great deal of* ～「たくさんの～」
deal with ～「～を処理する；～を扱う」

1583 □ **prepare** [prɪpéər]〈プリペア〉
動 (を) 準備する
◆ *prepare for* ～「～の準備をする」

派 **preparation** [prèpəréɪʃən]〈プレパレイション〉
名 準備

▶▶音声

▶Do you want **ice** in your drink?	▶飲み物に**氷**が欲しいですか。
▶Greg **controlled** the soccer ball well.	▶グレッグは上手にサッカーボールを**操った**。
▶We need your **direct** answer.	▶あなたの**率直な**返事をお聞かせください。
▶We can go **directly** to the store.	▶私たちはその店に**直接**行くことができます。
▶I think we're walking in the wrong **direction**.	▶私たちは間違った**道順**を歩いていると思う。
▶Ken became a famous movie **director**.	▶ケンは有名な**映画監督**になった。
▶I have **regular** violin lessons.	▶私は**定期的な**バイオリンのレッスンを受けている。
▶Do you go there **regularly**?	▶そこへは**定期的に**行きますか。
▶She has a dress with a flower **pattern**.	▶彼女は**花柄**のドレスを持っている。
▶Let's **record** our new song.	▶私たちの新しい歌を**録音し**ましょう。
▶Do you keep a **diary**?	▶**日記**をつけていますか。
▶She finally reached the **Arctic**.	▶彼女はついに**北極**に到達した。
▶The most southern part of the world is the **Antarctic**.	▶世界の最南端は**南極**だ。
▶I got a **great** score.	▶**すばらしい**成績を取った。
▶Can you **deal** with the work?	▶あなたはその仕事に**対処**できますか。
▶I'm **preparing** for the party.	▶私はパーティーの**準備**をしている。
▶We are busy in **preparation** for the journey.	▶私たちは旅行の**準備**で忙しい。

49 秘訣は精神力 (2)

1584 ≒ **provide** 多
[prəváɪd]〈プロヴァイド〉
動 を提供する；養う (for)；備える (for, against)

1585 関 **supply** [səpláɪ]〈サプライ〉
名 供給 (量)；必需品　動 を供給する

1586 **reason** 多
[ríːzn]〈ゥリーズン〉
名 理由 (≒ **cause**)

派 **reasonable**✦ 多
[ríːznəbl]〈ゥリーズナブル〉
形 道理にかなった；(価格が) 手頃な

1587 関 **expensive**
[ɪkspénsɪv]〈イクスペンスィヴ〉
形 高価な (⇔ **cheap**)
(expensive - more expensive - most expensive)

1588 関 **purpose**
[pə́ːrpəs]〈パーポス〉 発
名 目的

1589 **challenge**✦
[tʃǽlɪndʒ]〈チャレンヂ〉 アク
名 難問；挑戦
動 (考えなど) に異議を唱える；(人) に挑戦する

1590 **exactly**
[ɪgzǽktli]〈イグザクトリ〉
副 ちょうど；正確に

▶No instructions were **provided**.	▶何も指示は与えられなかった。
▶We have a good **supply** of water.	▶私たちには豊富な水の供給がある。
▶Do you have a **reason** for being late?	▶遅刻の理由はありますか。
▶You made a **reasonable** request.	▶あなたは妥当な要求をしました。
▶Was your jacket **expensive**?	▶あなたのジャケットは高かったですか。
▶The **purpose** of her visit was to see her friends.	▶彼女の訪問の目的は友人に会うことだった。
▶Climbing the mountain was a real **challenge**.	▶その登山は本当に難しいものだった。
▶That comes to **exactly** 50 dollars.	▶ちょうど 50 ドルになる。

50 秘訣は精神力（3）

Up **until** now[1], he sounds like a **normal**[2] **athlete**[3]. What he does next*, **however**[4], is extraordinary*. He **raises**[5] his body **temperature**[6] by almost 1.4°C to 38°C*. He does it all by mental control, then he dives into the water. Most people **would**[7] **die**[8] in just a few minutes in the cold water because their body temperature would drop to a dangerously **low**[9] **level**[10]. The swimmer doesn't **even**[11] shiver*. In the water, he can keep his body temperature at 36°C for 30 minutes. This is the time it takes him to **complete**[12] a one-**kilometer**[13] swim. (97 words)

*what he does next「次に彼が行うこと」 extraordinary「並外れた」 raise ~ by almost 1.4° C to 38° C「～をほぼ1.4度上げて38度にする」 shiver「震える」

ここを check!

‘推量’の助動詞 would

ℓ.4 Most people would die 〈in just a few minutes〉〈in the cold water〉〈because their body temperature would drop 〈to a dangerously low level〉〉.

‘would ＋動詞の原形’は「…かもしれない；…だろう」と‘可能性・推量’の意味を表すことがあります。この英文の 2 つの would はどちらもその意味です。

学習した
日付をいれよう！　／　／　／

音声▶▶
(要パスワード→p .12)

ここまで[1]，彼は**普通の**[2] **アスリート**[3]のように思われる。**しかし**[4]，次に彼が行うことは並外れている。彼は約 1.4 度体**温**[6] **を上げて**[5] 38 度にする。彼はそれをすべて精神的なコントロールで行い，それから水中に飛び込むのだ。ほとんどの人は冷水の中ではほんの数分で**死んでしまう**[8] **だろう**[7]。なぜなら彼らの体温は危険なほどに**低い**[9] **水準**[10]まで下がってしまうであろうからだ。その水泳選手は震えること**さえ**[11]ない。水中で彼は体温を 30 分間 36 度に保つことができるのだ。これは彼が 1 **キロメートル**[13]の水泳**をやり終える**[12]のにかかる時間である。

it takes ＋人＋時間＋ to *do*「人が…するのに（時間が）かかる」

ℓ.9 This is the time (it takes him to complete a one-kilometer swim).

'it takes ＋人＋時間＋ to ＋動詞の原形' で「人が…するのに（時間が）かかる」という意味を表せます。この英文では，it takes ～ swim が the time を後ろから説明していて，the time が「時間」に当たり，先行詞として置かれています。「これは，彼が 1km の水泳をやり終えるのにかかる時間だ」という意味です。

さいごに，くりかえし音読しよう。

音読したら CHECK!! ▶▶ ☑☐☐☐☐

50 秘訣は精神力 (3)

1591 **until** [əntíl]〈アンティル〉 アク

前 まで (ずっと)　接 …するまで (ずっと)

❗ untilは動作・状態の継続 (〜までずっと) を表す。byは動作が完了する期限 (〜までには…する) を表す。

1592 **normal**✦ [nɔ́ːrml]〈ノームル〉

形 標準の；正常な　名 標準

1593 **athlete**✦ [ǽθliːt]〈アスリート〉 アク

名 運動選手；アスリート

1594 **however** 多 [hauévər]〈ハウエヴァ〉

副 しかしながら；どんなに…であっても

1595 関 **whatever** [wʌtévər]〈ワテヴァ〉

代 …することは何でも；何が〔何を〕…しようとも

1596 **raise** 多 [réɪz]〈ゥレイズ〉 発

動 を上げる；を育てる

1597 ÷ **grow** [gróu]〈グロウ〉

動 成長する；を育てる (grow - grew [grúː]〈グルー〉 - grown [gróun]〈グロウン〉; growing)

◆ ***grow up***「大人になる」

1598 関 **develop** [dɪvéləp]〈ディヴェロプ〉 アク

動 を発達させる；を開発する；発達する

1599 **temperature** [témpərtʃər]〈テンパチャ〉 アク

名 温度；体温

1600 **would** [wúd]〈ウド〉

助 …だろう

❗ willの過去形。

◆ ***would like to do***「…したい」

I'd love to.「(誘いの返事などで) 喜んで。」

Would you ...?「…してくださいませんか。」

Would you like to do?「…したいですか。」

1601 **die** [dáɪ]〈ダイ〉 発

動 死ぬ (⇔ **live**)

❗ ...ing形はdyingとなる。

派 **dead** [déd]〈デド〉

形 死んでいる

派 **death** [déθ]〈デス〉

名 死 (⇔ **life**)

▶▶音声

▶I played games **until** midnight.	▶私は真夜中までずっとゲームをした。
▶This is a **normal** drink in Japan.	▶これは日本の普通の飲み物だ。
▶My brother is a professional **athlete**.	▶私の兄〔弟〕はプロの運動選手だ。
▶It's hot today. **However**, the wind is cool.	▶今日は暑い。しかし，風は涼しい。
▶I will say **whatever** I want to.	▶私は言いたいことを何でも言うでしょう。
▶**Raise** your hand if you're ready.	▶準備ができたら手を挙げなさい。
▶I **grew** 8 cm last year.	▶去年私は 8 センチ大きくなった。
▶The city is **developing** land near the river.	▶市は川のそばの土地を開発している。
▶The **temperature** is now 30℃.	▶気温は現在 30 度だ。
▶**Would** you help me?	▶手伝ってくださいませんか。
▶His pet mouse **died** after a couple of years.	▶彼のペットのネズミは 2，3 年で死んだ。
▶I think this battery is **dead**.	▶この電池は切れていると思う。
▶The **death** of the class goldfish was sad.	▶クラスの金魚の死は悲しかった。

50 秘訣は精神力 (3)

1602 **low** [lóʊ]〈ロウ〉発
形 低い　副 低く (⇔ high)

1603 関 **deep** [díːp]〈ディープ〉
形 深い　副 深く

派 **deeply** [díːpli]〈ディープリ〉
副 とても；深く

1604 **level** [lévl]〈レヴル〉
名 レベル；水準

1605 ≒ **grade** [gréɪd]〈グレイド〉
名 等級；学年；(学科の) 成績

1606 ≒ **degree** 多 [dɪgríː]〈ディグリー〉アク
名 程度；(温度などの) 度；学位

1607 **even** [íːvn]〈イーヴン〉
副 … (で) さえ
◆ *even if ...*「たとえ…でも」

1608 **complete** [kəmplíːt]〈コンプリート〉アク
形 完全な；まったくの；完了した
動 を仕上げる

派 **completely** [kəmplíːtli]〈コンプリートリ〉
副 完全に

1609 ≒ **achieve** [ətʃíːv]〈アチーヴ〉
動 を成し遂げる；を獲得する

1610 関 **perform** [pərfɔ́ːrm]〈パフォーム〉
動 (仕事など) を行う；(を) 上演する

派 **performance** [pərfɔ́ːrməns]〈パフォーマンス〉
名 上演；実行

1611 **kilometer** [kəlɑ́ːmətər]〈キラメタ〉アク 発
名 キロメートル

1612 関 **meter** [míːtər]〈ミータ〉発
名 メートル

1613 関 **centimeter** [séntəmìːtər]〈センティミータ〉アク 発
名 センチメートル

1614 関 **kilogram** [kíləgræ̀m]〈キログラム〉アク
名 キログラム

1615 関 **gram** [grǽm]〈グラム〉
名 グラム

▶Cook it for a few minutes at **low** heat.	▶それを弱火で数分間調理して。
▶Be careful! The water here is **deep**.	▶気をつけて！　ここは水が深くなっています。
▶I am **deeply** interested in history.	▶私は歴史に深く興味をもっている。
▶I want to try the next **level**.	▶私は次のレベルを試してみたい。
▶What **grade** are you in?	▶あなたは何年生ですか。
▶How were your **grades**?	▶あなたの成績はどうでしたか。
▶To what **degree** can I change this plan?	▶どの程度までこの計画を変更してもいいですか。
▶I can't **even** understand the first sentence.	▶私は最初の文さえ理解できなかった。
▶Your homework is not **complete**!	▶宿題は終わっていませんよ！
▶The storm has **completely** blown over.	▶嵐はすっかり吹き止んだ。
▶Work hard and you may **achieve** what you want.	▶一生懸命働けば望みを達成するでしょう。
▶We **performed** a play at the school festival.	▶私たちは学園祭で劇を上演した。
▶We saw a great musical **performance**.	▶私たちはすばらしいミュージカルの上演を見た。
▶My apartment is one **kilometer** from here.	▶私のアパートはここから１キロメートルのところだ。
▶Go about 100 **meters** and turn left.	▶ 100 メートルくらい行って左に曲がって。
▶I am 158 **centimeters** tall.	▶私の背は 158 センチです。
▶How many **kilograms** does this box weigh?	▶この箱は何キロありますか。
▶I bought a 200-**gram** chocolate bar.	▶私は 200 グラムのチョコレートバーを買った。

まとめてチェック 33 レベル

1616 □	**quality** [kwɑ́ːləti] 〈クワーリティ〉	名 質；特性
1617 □	**perfect** [pə́ːrfɪkt] 〈パーフェクト〉	形 完全な
1618 □	**excellent** [éksələnt] 〈エクセレント〉 アク	形 非常に優れた
1619 □	**major** 多 [méɪdʒər] 〈メイヂャ〉 発	形 主要な；大部分の；重大な 動 専攻する (in)　名 専攻科目

1620	**basic** [béɪsɪk] 〈ベイスィク〉 発	形 基礎の　名 複 基礎知識
	派 **base** [béɪs] 〈ベイス〉	名 基礎；土台
1621	**elementary** [èləméntəri] 〈エレメンタリ〉 アク	形 初歩の (≒ **basic**)
1622	**bottom** [bá:təm] 〈バトム〉	名 底；最下部
1623	**limit** [límət] 〈リミト〉	動 を制限する　名 制限；限界

51 秘訣は精神力（4）

The **ability**[1] of the mind to control the body is not only true for great athletes. Ellen Langer is a **psychologist**[2] who is interested in the mind-body **relationship**[3]. She studied **hotel**[4] housekeepers* who spent all day at work bending*, **stretching**[5], and **lifting**[6]. Langer asked them, “Are you **physically**[7] active?” They said no. **Medical**[8] tests agreed. The housekeepers had the same physical health as **office** workers[9]. This result did not make **sense**[10] to Langer. The women were getting a lot of good **exercise**[11]. Why weren’t[12] they showing **any**[12] **positive**[13] results? (89 words)

*housekeeper「清掃員」　bend「(身を) かがめる」

ここを check!

the same ～ as ...「…と同じ～」

ℓ.7 The housekeepers had the same physical health 〈as office workers〉.

‘the same ～ as ...’ で「…と同じ～」という意味を表せます。この英文では，「事務職員と同じ身体の健康状態」という意味です。

身体をあやつる精神の**力**[1]は偉大なアスリートにのみ当てはまるわけではない。エレン・ランガーは精神と身体の**関係**[3]に興味をもっている**心理学者**[2]だ。彼女は，1日中仕事で体をかがめたり，**伸ばし**[5]たり，**物を持ち上げ**[6]たりして過ごしている**ホテル**[4]の清掃員を調査した。ランガーは彼女らに「**身体的に**[7]活動的ですか〔体を動かしていますか〕」と質問した。彼女らはノーと答えた。**医学的**[8]検査もそれに一致した。清掃員たちの身体の健康状態は**事務職員**たち[9]と同じだった。この結果はランガーにとっては**意味**がわからない[10]ものだった。その女性たちはよい**運動**[11]をたくさんしていた。なぜ**好ましい**[13]結果を**何も**[12]示していなかった[12]のだろうか。

否定疑問

ℓ.9 **Why weren't they showing any positive results?**

ここでは**否定疑問**の形が使われています。「なぜ…示していなかったのだろうか」という意味です。ちなみに，Aren't you ...?（…ではないのですか。）と聞かれた時，答える内容が肯定の内容の時は Yes, I am.（いいえ，そうです。），否定の時は No, I'm not.（はい，ちがいます。）となることに注意しましょう。

さいごに，くりかえし音読しよう。

音読したら CHECK!! ▶▶ ☑☐☐☐☐

51 秘訣は精神力 (4)

1624 **ability** [əbíləti] 〈アビリティ〉
名 能力 (複 abilities)

派 **able** [éɪbl] 〈エイブル〉
形 可能な；有能な
◆ ***be able to do***「…することができる」

1625 ⇔ **disability** [dìsəbíləti] 〈ディサビリティ〉
名 障がい

1626 ≒ **talent** [tǽlənt] 〈タレント〉 アク
名 才能 (ある人々)

1627 関 **possible** [pɑ́:səbl] 〈パスィブル〉
形 (実現) 可能な

1628 関 **impossible** [ɪmpɑ́:səbl] 〈インパスィブル〉
形 不可能な

1629 関 **likely** [láɪkli] 〈ライクリ〉
形 ありそうな　副 たぶん
◆ ***be likely to do***「…しそうだ」

1630 **psychologist** [saɪkɑ́:lədʒɪst] 〈サイカロヂスト〉 アク
名 心理学者

派 **psychology** [saɪkɑ́:lədʒi] 〈サイカロヂ〉 アク 発
名 心理 (学)

1631 **relationship** [rɪléɪʃənʃɪp] 〈ゥリレイションシプ〉
名 関係；親密な関係

派 **relation** [rɪléɪʃən] 〈ゥリレイション〉
名 関係；親戚 (関係)

派 **relate** [rɪléɪt] 〈ゥリレイト〉
動 を関連づける (to)；を話す；関係がある (to)

派 **relative** 多 [rélətɪv] 〈ゥレラティヴ〉 アク
形 比較上の；関係のある　名 親戚

派 **relatively** [rélətɪvli] 〈ゥレラティヴリ〉 アク
副 比較的

1632 関 **chain** 多 [tʃéɪn] 〈チェイン〉
名 鎖；束縛；連鎖；チェーン (店)

1633 **hotel** [hoʊtél] 〈ホウテル〉 アク 発
名 ホテル

1634 **stretch** [strétʃ] 〈ストレチ〉
動 を (引き) 伸ばす；身体を伸ばす；(範囲などが) (に) 及ぶ　名 広がり；伸ばすこと

1635 **lift** [líft] 〈リフト〉
動 を持ち上げる (≒ **raise**)；上がる
名 リフト

▶▶音声

▶As a result of the accident, she lost her **ability** to see.	▶事故が原因で彼女は視力を失った。
▶She wasn't **able** to meet him.	▶彼女は彼に会うことができなかった。
▶This seat is for people with a **disability**.	▶この席は障がいを持った人用だ。
▶You have a **talent** for music.	▶あなたには音楽の才能があります。
▶Is it **possible** to speak to Suzy?	▶スージーと話すことはできますか。
▶It's **impossible** for people to fly.	▶人が空を飛ぶのは不可能だ。
▶The white team is **likely** to win.	▶白組が勝ちそうだ。

▶He is a famous **psychologist**.	▶彼は有名な心理学者だ。
▶She has a doctor's degree in **psychology**.	▶彼女は心理学博士の学位を持っている。

▶We have a good **relationship** with our teacher.	▶私たちは先生と良い関係を持っている。
▶My **relations** are staying with me.	▶親戚が私のところに滞在している。
▶Amy is **related** to me — she is my cousin.	▶エイミーは私と親戚関係にある—彼女は私のいとこだ。
▶Is that **relative** to this conversation?	▶それはこの会話に関係がありますか。
▶I have a **relative** in Canada.	▶私にはカナダに親戚がいる。
▶This is **relatively** simple.	▶これは比較的簡単だ。
▶The **chain** was broken.	▶その鎖は壊された。

▶We stayed in a nice **hotel**.	▶私たちはすてきなホテルに滞在した。

▶We **stretch** before running.	▶私たちは走る前に体を伸ばす。

▶She **lifted** her baby out of its bed.	▶彼女はベッドから赤ちゃんを抱き上げた。

51 秘訣は精神力 (4)

1636 **physically** [fízɪkəli]〈フィズィカリ〉
副 身体的に；物理 (学) 的に

派 **physical** [fízɪkl]〈フィズィクル〉
形 身体の；(スポーツなどが) 接触が激しい

1637 **medical**✦ [médɪkl]〈メディクル〉
形 医学の；医療の

派 **medicine** 多 [médəsn]〈メディスン〉 発
名 薬；医学

1638 **office**✦ 多 [ɑ́:fəs]〈アフィス〉
名 会社；事務所

派 **officer** [ɑ́:fəsər]〈アフィサ〉
名 役人；役員
❗ police officer (警察官) の形で出ることが多い。

派 **official**✦ [əfíʃəl]〈オフィシャル〉 アク
形 公 (式) の　名 公務員；職員

1639 **sense**✦ 多 [séns]〈センス〉
名 感覚；意味；思慮
◆ ***make sense***「理解できる；つじつまが合う」

1640 **exercise**✦ 多 [éksərsàɪz]〈エクササイズ〉
名 運動；練習；課題　動 運動する

1641 関 **effort** [éfərt]〈エフォト〉 アク
名 努力

1642 **any** [éni]〈エニ〉
形 (否定文) 少しも (～ない)；(疑問文) いくらかの；(肯定文) どんな～も
❗ 疑問文では通例 any が使われるが，人に何かを勧める時には some が使われる。
◆ ***(at) any time***「いつでも」

▶He is **physically** very strong.	▶彼は**身体的に**とても丈夫だ。
▶Rugby is a **physical** sport.	▶ラグビーは**接触が激しい**スポーツだ。
▶My brother is a **medical** student.	▶私の兄〔弟〕は**医学**生だ。
▶I got some **medicine** for my cold.	▶私は風邪**薬**をもらった。
▶The school **office** is closed today.	▶学校の**事務室**は今日は閉まっている。
▶My mother was a bank **officer**.	▶私の母は銀行の**役員**だった。
▶Visit the **official** site.	▶**公式**サイトを見てみて。
▶That student has good **sense**.	▶あの生徒はよい**センス**をしている。
▶I need to get more **exercise**.	▶私はもっと**運動**する必要がある。
▶Randy made a great **effort** to finish his report.	▶ランディは報告書を仕上げるのに大変な**努力**をした。
▶I don't have **any** pets.	▶私はペットを 1 匹**も**飼っていない。

51 秘訣は精神力 (4)

1643 **positive** 多 [pá:zətɪv]〈パズィティヴ〉 形 積極的な；肯定的な；よい；確信して

1644 ≒ **confident** [ká:nfədənt]〈カンフィデント〉 アク 形 自信のある；確信している

1645 関 **confidence** [ká:nfədəns]〈カンフィデンス〉 名 自信；信頼

1646 関 **pride** [práɪd]〈プライド〉 名 誇り；自慢

派 **proud** [práʊd]〈プラウド〉 発 形 誇りに思う

◆ *be proud of* ～「～を誇りに思う」

1647 ≒ **certain** 多 [sə́:rtn]〈サートン〉 形 確かな；(名の前で) ある～

派 **certainly** [sə́:rtnli]〈サートンリ〉 副 確かに；(会話で返事として) もちろん (≒ **sure**)

1648 ⇔ **negative** [négətɪv]〈ネガティヴ〉 形 否定的な；消極的な

まとめてチェック 34 スポーツ

1649 **marathon** [mǽrəθɑ̀:n]〈マラサン〉 名 マラソン

1650 関 **track** [trǽk]〈トラック〉 名 (陸上競技の) トラック；小道

1651 関 **jog** [dʒá:g]〈ヂャグ〉 動 ジョギングする

1652 **badminton** [bǽdmɪntən]〈バドミントン〉 名 バドミントン

1653 **tennis** [ténəs]〈テニス〉 名 テニス

1654 関 **racket** [rǽkət]〈ゥラケト〉 名 ラケット

1655 **table tennis** [téɪbl tènəs]〈テイブル テニス〉 名 卓球

1656 **baseball** [béɪsbɔ̀:l]〈ベイスボール〉 名 野球

1657 関 **ball** [bɔ́:l]〈ボール〉 名 ボール

1658 関 **glove** [glʌ́v]〈グラヴ〉 発 名 手袋；グローブ

1659 関 **steal** [stí:l]〈スティール〉 動 を盗む；こっそり動く (steal - stole [stóʊl]〈ストウル〉 - stolen [stóʊlən]〈ストウルン〉; stealing) 名 盗塁

1660 **basketball** [bǽskətbɔ̀:l]〈バスケトボール〉 アク 名 バスケットボール

1661 関 **basket** [bǽskət]〈バスケト〉 名 かご；バスケット

1662 **volleyball** [vá:libɔ̀:l]〈ヴァリボール〉 アク 名 バレーボール

1663 関 **attack** [ətǽk]〈アタック〉 動 を攻撃する 名 攻撃

1664 **soccer** [sá:kər]〈サカ〉 名 サッカー

1665 関 **goal** [góʊl]〈ゴウル〉 名 ゴール；目標

1666 関 **shoot** [ʃú:t]〈シュート〉 動 (を) 撃つ；(に) シュートする (shoot - shot [ʃá:t]〈シャト〉- shot; shooting)

1667 関 **gun** [gʌ́n]〈ガン〉 名 拳銃

▶You are always very **positive**.	▶あなたはいつもとても前向きですね。
▶I'm **confident** about this answer.	▶私はこの答えに自信がある。
▶You should show more **confidence** when you speak.	▶あなたは話す時もっと自信を持つべきです。
▶He takes **pride** in his work.	▶彼は自分の作品に誇りを持っている。
▶I'm **proud** of you.	▶私はあなたを誇りに思います。
▶Are you **certain**?	▶確かですか。
▶It's **certainly** a difficult question.	▶それは確かに難しい問題だ。
▶Why are you being so **negative**?	▶なぜあなたはそんなに弱気なのですか。

1668 □ **football** [fútbɔ̀:l] 〈フトボール〉	名 フットボール
❗ アメリカではアメリカンフットボールを，イギリスではサッカーを指す。	
1669 □ 関 **foot** [fút] 〈フト〉	名 足；(長さの単位) フィート (複 feet) ◆ *on foot*「徒歩で」
1670 □ **cricket** [kríkət] 〈クリケト〉	名 クリケット
1671 □ **cycling** [sáɪklɪŋ] 〈サイクリング〉	名 サイクリング
1672 □ **hockey** [hɑ́:ki] 〈ハキ〉	名 ホッケー
1673 □ **rugby** [rʌ́gbi] 〈ゥラグビ〉	名 ラグビー
1674 □ **skate** [skéɪt] 〈スケイト〉	動 スケートをする (skating 名 スケート)
1675 □ **ski** [skí:] 〈スキー〉	名 スキー（の板）(skiing 名 スキー) 動 スキーをする
1676 □ **surf** [sə́:ʳf] 〈サーフ〉	動 サーフィンをする
1677 □ **coach** [kóʊtʃ] 〈コウチ〉	名 監督；コーチ
1678 □ **judge** [dʒʌ́dʒ] 〈ヂャヂ〉	動 を判断する；を裁く　名 裁判官；審判
1679 □ **champion** [tʃǽmpiən] 〈チャンピオン〉	名 チャンピオン
1680 □ **medal** [médl] 〈メドル〉	名 メダル
1681 □ **gym** [dʒím] 〈ヂム〉	名 体育館；ジム
1682 □ **stadium** [stéɪdiəm] 〈ステイディアム〉 発	名 競技場；スタジアム

52 秘訣は精神力（5）

❶ Langer decided to do an experiment. She told **half**[1] of the housekeepers that their **jobs**[2] had a lot of physical exercise. After a month, Langer retested* all the women. This time, the results were different. Half of the housekeepers were **thinner**[3], stronger, and healthier. These were the housekeepers who thought they were exercising. In **fact**[4], these housekeepers had not[5] done **anything**[5] differently. The only change was in their minds. They believed they were getting exercise. They believed they should get **fitter**[6] and healthier. As **soon** as*[7] the housekeepers believed that, their bodies showed positive **effects**[8].

❷ The golfer, the ice swimmer, and the housekeepers are all examples of the power of the mind and its **mysterious**[9] relationship to the body. （119 words）

*retest「～の再試験をする」 as soon as ...「…するとすぐに」

ここを check!

助動詞 should

ℓ.9 They believed [they should get fitter and healthier].

'should ＋動詞の原形' は「たぶん…だ；…のはずだ」という '可能性・推量' の意味を表すことがあります。

学習した
日付をいれよう！　／　／　／

音声▶▶
(要パスワード→p.12)

❶ ランガーは１つの実験をすることにした。彼女は**半数**[1]の清掃員たちに彼女たちの**仕事**[2]はたくさんの運動を含んでいると伝えた。１カ月後，ランガーはすべての女性たちを再試験した。今度は違う結果になった。半数の清掃員は**やせて**[3]，より強くなり，より健康になっていた。これらは自分たちが運動をしていると思った清掃員であった。**実際に**[4]これらの清掃員たちは**何も**[5]変わった<u>こと</u>[5]をし<u>なかった</u>[5]。唯一の変化は彼女たちの心の中にあった。彼女たちは自分たちが運動をしていると信じた。彼女たちは**体調がよりよく**[6]なり，より健康的になるはずだと信じたのだった。清掃員たちがそれを信じる<u>と</u>**すぐ**[7]，彼女らの体によい**効果**[8]が現れたのである。

❷ このゴルファー，氷泳選手，清掃員はすべて，精神力とその体との**不思議な**[9]関係の例である。

as soon as ...「…するとすぐに」

ℓ.10 〈As soon as the housekeepers believed that〉, their bodies showed positive effects.

'**as soon as＋主語＋動詞**' で，「…するとすぐに」という意味を表せます。なお，この believed のあとの that は，直前の２つの文の believed の内容である，they were getting exercise と they should get fitter and healthier を指します。

さいごに，くりかえし音読しよう。

音読したら CHECK!! ▶▶ □□□□□

52 秘訣は精神力 (5)

1683 **half**✦ [hǽf]〈ハフ〉
名 半分 (複 halves)　形 半分の
◆ ***half of*** ～「～の半分」

1684 **job**✦ [dʒɑ́ːb]〈ヂャブ〉
名 仕事；職
❗ workと異なり，jobは数えられる名詞。

1685 関 **task**✦ [tǽsk]〈タスク〉
名 課題；(やるべき) 仕事；任務

1686 関 **project**✦ 多
名 [prɑ́ːdʒekt]〈プラヂェクト〉
動 [prədʒékt]〈プロヂェクト〉 アク
名 計画　動 を計画する；を映し出す

1687 関 **plan**✦ [plǽn]〈プラン〉
動 (を) 計画する (plan - planned - planned; planning)
名 計画

1688 関 **program**✦ [próʊgræm]〈プロウグラム〉
名 番組；プログラム；計画

1689 関 **hobby** [hɑ́ːbi]〈ハビ〉
名 趣味 (複 hobbies)

1690 **thin** [θín]〈スィン〉
形 薄い；細い；(病気などで) やせた

1691 ⇔ **thick** [θík]〈スィク〉
形 (分) 厚い；太い；(液体・気体が) 濃い

1692 **fact** [fǽkt]〈ファクト〉
名 事実
◆ ***in fact***「実際 (に)；実は」 

1693 関 **data**✦ [déɪtə]〈デイタ〉
名 (単複両扱い) 情報；データ (単数形は datum)

1694 関 **evidence** [évədəns]〈エヴィデンス〉 アク
名 証拠；形跡

1695 関 **phenomenon** [fɪnɑ́ːmənɑ̀ːn]〈フェナメナン〉
名 現象 (複 phenomena)

1696 **anything** [éniθìŋ]〈エニスィング〉
代 (疑問文) 何か；(否定文) 何も (…ない)；(肯定文) 何でも
❗「何か」の意味は，肯定文ではsomethingを用いる。

1697 関 **anybody** [énibɑ̀ːdi]〈エニバディ〉
代 (疑問文) 誰か；(否定文) 誰も (…ない)；(肯定文) 誰でも

1698 関 **anyone** [éniwʌ̀n]〈エニワン〉
代 (疑問文) 誰か；(否定文) 誰も (…ない)；(肯定文) 誰でも

1699 関 **anyway** [éniwèɪ]〈エニウェイ〉
副 とにかく

1700 関 **anywhere** [éniwèər]〈エニウェア〉
副 (否定文) どこにも (…ない)；(疑問文) どこかへ；(肯定文) どこにでも

1701 関 **anymore** [ènimɔ́ːr]〈エニモー〉
副 (否定・疑問文) もはや (…できない) (= any more)

1702 **fit**✦ 多 [fít]〈フィト〉
動 (大きさなどが) (に) 合う；を取りつける
形 適した；体調がよい

▶▶音声

▶**Half** of my class is sick today.	▶今日，私のクラスの半分が病気だ。
▶What is your **job**?	▶あなたの仕事は何ですか。
▶It's one of those **tasks** I just hate doing.	▶それはやるのが大嫌いな仕事の 1 つだ。
▶Let's start a new **project**.	▶新しい計画を始めましょう。
▶We should make a **plan** for the weekend.	▶私たちは週末の計画を立てるべきだ。
▶I watched a **program** about nature.	▶私は自然についての番組を見た。
▶My **hobby** is drawing manga.	▶私の趣味は漫画を描くことだ。
▶This book is quite **thin**.	▶この本はとても薄い。
▶She wears **thick** glasses.	▶彼女は分厚いメガネをかけている。
▶Can you tell me a **fact** about your country?	▶あなたの国についての事実を教えてくれませんか。
▶We collected a lot of interesting **data**.	▶私たちはたくさんの興味深いデータを集めた。
▶Do you have any **evidence**?	▶何か証拠がありますか。
▶That's a rather strange **phenomenon**.	▶それはずいぶん変わった現象だ。
▶Did you get **anything** for Christmas?	▶クリスマスに何か手に入れましたか。
▶**Anybody** can come to the party.	▶誰でもパーティーに来ることができる。
▶Is **anyone** going to soccer practice?	▶誰かサッカーの練習に行きますか。
▶**Anyway**, I'm busy tonight.	▶とにかく，私は今晩は忙しい。
▶Do you want to go **anywhere** on Sunday?	▶日曜日にどこかへ行きたいですか。
▶Mr. Tanaka doesn't live there **anymore**.	▶田中さんはもうそこには住んでいない。
▶This pencil doesn't **fit** in my pencil case.	▶この鉛筆は私の鉛筆ケースに入らない。

1703 **soon**
[sú:n]〈スーン〉

副 まもなく
◆ ***as soon as ...*** 「(接続詞として) …するとすぐに」

1704 **effect**
[ɪfékt]〈イフェクト〉 アク

名 影響；効果；結果

派 **effective**
[ɪféktɪv]〈イフェクティヴ〉

形 効果的な

1705 ≒ **impact**
[ímpækt]〈インパクト〉 アク

名 影響；衝撃；衝突

1706 ≒ **influence**
[ínfluəns]〈インフルエンス〉 アク

名 影響 (on)；影響力 (over)　動 に影響を及ぼす

1707 **mysterious**
[mɪstíəriəs]〈ミスティリアス〉 アク

形 不思議な；神秘的な

派 **mystery**
[místəri]〈ミスタリ〉

名 不思議；神秘

1708 ⇔ **clear** 多
[klíər]〈クリア〉

形 明らかな；よく晴れた；澄んだ
動 を片づける

派 **clearly** [klíərli]〈クリアリ〉

副 明らかに；はっきりと
(clearly - more clearly - most clearly)

1709 関 **plain** 多
[pléɪn]〈プレイン〉

形 明白な；易しい；地味な　名 平原

▶I'll call you **soon**.	▶あなたにすぐに電話します。
▶We felt the **effects** of the earthquake.	▶私たちは地震の影響を感じた。
▶Is this medicine **effective**?	▶この薬は効きますか。
▶Smoking will have an **impact** on your health.	▶喫煙は健康に影響を与えるでしょう。
▶Donald is a bad **influence** on Huey.	▶ドナルドはヒューイに悪い影響を与える。
▶She told me a **mysterious** story.	▶彼女は私に不思議な話をした。
▶Who painted it? It's a **mystery**.	▶誰がそれを描いたのか。それは謎だ。
▶The water is very **clear**.	▶その水はとても澄んでいる。
▶It is **clearly** time to go home.	▶明らかに家へ帰る時間だ。
▶This room is quite **plain**.	▶この部屋はまったく飾り気がない。

53 わがままな巨人（1）

❶ Every **afternoon**[1], as they were coming from school, the children often played in the **Giant**[2]'s **garden**[3].

❷ It was a large lovely garden with **soft**[4] green grass. There were beautiful flowers like **stars**[5], and there were twelve peach trees that broke out into* **pretty**[6] **blossoms**[7] in the spring. In the **autumn**[8] they bore* **rich**[9] **fruit**[10]. The birds sat on the trees and **sang**[11] so sweetly* that the children used to stop their games in **order** to*[12] **listen**[13] to them. "How happy we are here!" they said to each other. (88 words)

*break out into ～「～がどっと咲く」 bore「bear（(花・実を）つける）の過去形」 sweetly「甘く」 in order to *do*「…するために」

ここを check!

主語のはたらきをする関係代名詞 that

ℓ.3 There were beautiful flowers 〈like stars〉, / and there were twelve peach trees (that broke out 〈into pretty blossoms〉〈in the spring〉).

名詞の後ろに that を主語にした節を続けると，名詞に説明を付け加えることができます。ここでは，twelve peach trees に「春にはかわいい花々がどっと咲く」という説明を付け加えています。

学習した
日付をいれよう！　／　／　／

音声▶▶

❶ 毎日**午後**[1]に，子供たちは学校から帰ってくると，**巨人**[2]の**庭**[3]でよく遊んだ。

❷ それは，**柔らかな**[4]緑の草が生えた，大きくてすてきな庭だった。**星**[5]のように美しい花々があり，春になると**かわいい**[6] **花々**[7]がどっと咲く 12 本の桃の木があった。**秋**[8]になると，それらは**豊かな**[9] **実**[10]をつけた。鳥たちは木々にとまり，とても甘く**さえずった**[11]ので，子供たちはそれを**聴く**[13] **ために**[12]，自分たちの遊びをやめたものだった。「私たちは，ここにいてなんて幸せなんだろう！」と彼らはお互いに言い合った。

so ～ that ...「とても～なので…」／ used to *do*「よく…したものだ」

ℓ.6 The birds sat ⟨on the trees⟩ and sang so sweetly ⟨[that] the children used to stop their games ⟨in order to listen to them⟩⟩.

so ～ that ... で「とても～なので…」という意味を表せます。ここでは，「鳥たちがとても甘くさえずったので，…」という意味です。'used to ＋動詞の原形' は「(以前は) よく…したものだ」を意味します。

さいごに，くりかえし音読しよう。

音読したら CHECK!! ▶▶ ☑☐☐☐☐

53 わがままな巨人 (1)

1710 □ **afternoon** [æftərnúːn] 〈アッタヌーン〉
名 午後

1711 □ 関 **noon** [núːn] 〈ヌーン〉
名 正午
◆ *at noon*「正午に」

1712 □ 関 **evening** [íːvnɪŋ] 〈イーヴニング〉
名 夕方

1713 □ **giant** [dʒáɪənt] 〈ヂャイアント〉 アク
名 巨人；偉人　形 巨大な

1714 □ ＝ **hero** [híːroʊ] 〈ヒーロウ〉
名 英雄；(小説などの) 主人公

1715 □ **garden** [gáːrdn] 〈ガードン〉
名 庭 (園)

1716 □ 関 **soil** [sɔ́ɪl] 〈ソイル〉
名 土 (壌)；土地

1717 □ **soft** [sɔ́ːft] 〈ソーフト〉
形 柔らかい；穏やかな (⇔ **hard**)

1718 □ 関 **smooth** [smúːð] 〈スムーズ〉 発
形 なめらかな；順調な

1719 □ **star** [stáːr] 〈スター〉
名 星

1720 □ 関 **shine** [ʃáɪn] 〈シャイン〉
動 輝く (shine - shone [ʃóʊn] 〈ショウン〉- shone; shining)

1721 □ 関 **planet** [plǽnət] 〈プラネト〉 アク
名 惑星

1722 □ 関 **earth** [ə́ːrθ] 〈アース〉 多
名 (通例 the) 地球；地面

1723 □ 関 **moon** [múːn] 〈ムーン〉
名 (通例 the) 月

1724 □ 関 **space** [spéɪs] 〈スペイス〉 多
名 空間；宇宙
❗「宇宙」の意味では数えられない名詞。

1725 □ 関 **spaceship** [spéɪsʃɪp] 〈スペイスシプ〉
名 宇宙船

1726 □ 関 **universe** [júːnəvə̀ːrs] 〈ユーニヴァース〉 アク
名 (the) 宇宙；全世界

1727 □ 関 **astronaut** [ǽstrənɔ̀ːt] 〈アストロノート〉 アク
名 宇宙飛行士

1728 □ **pretty** [príti] 〈プリティ〉 多
形 かわいらしい
副 かなり (pretty - prettier - prettiest)
❗ 副 の意味にも注意。

1729 □ ＝ **cute** [kjúːt] 〈キュート〉
形 かわいい

▶▶音声

▶I have two classes in the **afternoon**.	▶午後に2科目授業がある。
▶I'll call you at **noon**.	▶正午に電話します。
▶Why don't we go out this **evening**?	▶今日の夕方出かけませんか。
▶It has a **giant** screen.	▶それには巨大なスクリーンがある。
▶She doesn't like novels without **heroes**.	▶彼女は英雄の出てこない小説は好きではない。
▶This **garden** is full of beautiful flowers.	▶この庭園は美しい花であふれている。
▶I planted the seed in some **soil**.	▶私は土にその種をまいた。
▶Sit down here. The ground is **soft**.	▶ここに座りなさい。地面が柔らかいですよ。
▶The way is now **smooth**.	▶道は今は平らです。
▶How many **stars** can you see tonight?	▶今晩星はいくつくらい見えますか。
▶The sun is **shining** through the window.	▶太陽が窓を通して輝いている。
▶The earth is the third **planet** from the sun.	▶地球は太陽から3番目にある惑星だ。
▶We live on the **earth**.	▶私たちは地球上で生きている。
▶There is a full **moon** tonight.	▶今晩は満月だ。
▶I dream of going into **space**.	▶私は宇宙へ行くことを夢見ている。
▶I loved the **spaceship** in that movie.	▶私はその映画の宇宙船が大好きだった。
▶How big is the **universe**?	▶宇宙はどのくらいの大きさですか。
▶I wanted to be an **astronaut** as a child.	▶私は子供の頃，宇宙飛行士になりたかった。
▶The pink flowers are **pretty**.	▶そのピンクの花はかわいい。
▶You are **pretty** good at soccer.	▶あなたはかなりサッカーが上手です。
▶That kitten is very **cute**.	▶あの子ネコはとてもかわいい。

53 わがままな巨人 (1)

1730 blossom [blɑ́:səm]〈ブラサム〉
名 (果樹の) 花

1731 autumn [ɔ́:təm]〈オータム〉
名 秋

1732 rich✦ [rítʃ]〈ウリチ〉
形 豊かな；裕福な (⇔ **poor**)

1733 関 **fortune** [fɔ́:rtʃən]〈フォーチュン〉
名 財産；運；運命

1734 関 **unfortunately** [ʌnfɔ́:rtʃənətli]〈アンフォーチュネトリ〉 アク
副 不幸にも

1735 fruit✦ [frú:t]〈フルート〉
名 果物；果実

1736 sing [síŋ]〈スィング〉
動 (を) 歌う；鳴く
(sing - sang [sǽŋ]〈サング〉- sung [sʌ́ŋ]〈サング〉; singing)

派 **singer✦** [síŋər]〈スィンガ〉
名 歌手

派 **song✦** [sɔ́:ŋ]〈ソーング〉
名 歌

1737 order✦ 多 [ɔ́:rdər]〈オーダ〉
名 注文；命令；順序
動 を注文する；を命令する
◆ *in order to do*「…するために」

1738 関 **row** 多 [róu]〈ウロウ〉
名 (横の) 列　動 (船を) こぐ

1739 listen [lísn]〈リスン〉 発
動 (耳を傾けて) 聴く
❗ 聴く内容を表す際には，listen to ～の形。
◆ *listen to* ～「～を聴く」

まとめてチェック 35 食材

1740 **apple✦** [ǽpl]〈アプル〉　名 リンゴ

1741 **orange✦** [ɔ́:rɪndʒ]〈オーレンヂ〉 アク 発　名 オレンジ (色)　形 オレンジ (色) の

1742 **banana✦** [bənǽnə]〈バナナ〉 アク　名 バナナ

1743 **lemon✦** [lémən]〈レモン〉　名 レモン

▶We can see cherry **blossoms** in the spring.	▶春には桜の花を見ることができる。
▶It's very warm this **autumn**.	▶今年の秋はとても暖かい。
▶How can I become **rich** in five years?	▶５年後どうしたらお金持ちになれますか。
▶He has a **fortune** in gold. ▶She told me my **fortune**. ▶**Unfortunately**, I failed the test.	▶彼は財産を金《きん》で持っている。 ▶彼女は私に，私の運命を告げた。 ▶残念ながら私はテストに不合格だった。
▶**Fruit** is good for you.	▶果物は体によい。
▶Let's **sing** this song together.	▶一緒にこの歌を歌いましょう。
▶She is my favorite **singer**. ▶My brother wrote a beautiful **song**.	▶彼女は私のお気に入りの歌手だ。 ▶私の兄〔弟〕は美しい歌を書いた。
▶Can I **order** some food?	▶料理を注文したいのですが。
▶Which **row** will we sit in? ▶We **rowed** a boat on the river.	▶どの列に座りましょうか。 ▶私たちは川でボートをこいだ。
▶**Listen** to this song.	▶この歌を聴きなさい。

1744 □ **strawberry**✦ [strɔ́:bèri]〈ストローベリ〉アク 名 イチゴ

1745 □ **peach**✦ [pí:tʃ]〈ピーチ〉 名 モモ

1746 □ **cherry**✦ [tʃéri]〈チェリ〉 名 サクランボ；桜の木

1747 □ **melon**✦ [mélən]〈メロン〉 名 メロン

53 わがままな巨人 (1)

1748 □ **grape** [gréɪp] 〈グレイプ〉 名 ブドウ

1749 □ **vegetable** [védʒtəbl] 〈ヴェヂタブル〉 発 名 野菜

1750 □ **corn** [kɔ́ːrn] 〈コーン〉 名 トウモロコシ

1751 □ **cucumber** [kjúːkʌ̀mbər] 〈キューカンバ〉 アク 名 キュウリ

1752 □ **carrot** [kǽrət] 〈キャロト〉 名 ニンジン

1753 □ **onion** [ʌ́njən] 〈アニョン〉 名 タマネギ

1754 □ **cabbage** [kǽbɪdʒ] 〈キャベヂ〉 発 名 キャベツ

1755 □ **lettuce** [létəs] 〈レタス〉 名 レタス

1756 □ **tomato** [təméɪtoʊ] 〈トメイトウ〉 アク 発 名 トマト (複 tomatoes)

1757 □ **mushroom** [mʌ́ʃruːm] 〈マシュウルーム〉 アク 名 キノコ

1758 □ **potato** [pətéɪtoʊ] 〈ポテイトウ〉 アク 名 ジャガイモ (複 potatoes)

1759 □ **egg** [ég] 〈エグ〉 名 卵

1760 □ **meat** [míːt] 〈ミート〉 名 肉
❗ 基本的には数えられない名詞として用いられる。

1761 □ **beef** [bíːf] 〈ビーフ〉 名 牛肉

1762 □ **pork** [pɔ́ːrk] 〈ポーク〉 名 豚肉

1763 □ **chicken** [tʃíkɪn] 〈チキン〉 名 ニワトリ；とり肉

1764 □ **bacon** [béɪkən] 〈ベイコン〉 名 ベーコン

1765 □ **ham** [hǽm] 〈ハム〉 名 ハム

1766 □ **sausage** [sɔ́ːsɪdʒ] 〈ソーセヂ〉 アク 名 ソーセージ

1767 □ **rice** [ráɪs] 〈ウライス〉 名 米
❗ 基本的には数えられない名詞として用いられる。

1768 □ **bread** [bréd] 〈ブレド〉 名 パン
❗ 基本的には数えられない名詞として用いられる。

1769 □ **toast** [tóʊst] 〈トウスト〉 発 名 トースト

1770 □ **honey** [hʌ́ni] 〈ハニ〉 名 ハチミツ

1771	**jam** 多 [dʒǽm]〈ヂャム〉	名 ジャム；込み合い 動 を詰め込む；を動かなくする
1772	**butter** [bʌ́tər]〈バタ〉	名 バター
1773	**milk** [mílk]〈ミルク〉	名 ミルク；牛乳
1774	**yogurt** [jóʊgərt]〈ヨウガト〉 アク 発	名 ヨーグルト
1775	**cheese** [tʃíːz]〈チーズ〉	名 チーズ
1776	**cake** [kéɪk]〈ケイク〉	名 ケーキ
1777	**biscuit** [bískɪt]〈ビスキト〉 アク 発	名 ビスケット
1778	**candy** [kǽndi]〈キャンディ〉	名 キャンディ
1779	**cereal** [síəriəl]〈スィリアル〉	名 シリアル；穀物
1780	**cookie** [kúki]〈クキ〉	名 クッキー
1781	**snack** [snǽk]〈スナク〉	名 軽食；スナック菓子
1782	**cream** [kríːm]〈クリーム〉	名 クリーム
1783	**ice cream** [áɪs krìːm]〈アイスクリーム〉 アク	名 アイスクリーム
1784	**jelly** [dʒéli]〈ヂェリ〉 発	名 ゼリー
1785	**juice** [dʒúːs]〈ヂュース〉 ❗ 果汁100%のものを指す。	名 ジュース；汁
1786	**soda** [sóʊdə]〈ソウダ〉 発	名 ソーダ
1787	**tea** [tíː]〈ティー〉	名 茶
1788	**coffee** [kɔ́ːfi]〈コーフィ〉 アク	名 コーヒー
1789	**beer** [bíər]〈ビア〉 発	名 ビール
1790	**wine** [wáɪn]〈ワイン〉	名 ワイン
1791	**pepper** [pépər]〈ペパ〉	名 コショウ
1792	**sauce** [sɔ́ːs]〈ソース〉	名 ソース
1793	**ingredient** [ɪngríːdiənt]〈イングリーディエント〉 アク	名 (料理などの) 材料；成分

54 わがままな巨人（2）

❶ One day, the Giant came back from his friend's house after an **absence**[1] of seven years. His friend lived **abroad**[2]. When the Giant arrived back at his **own**[3] **castle**[4], he saw the children from the **village**[5] in his garden.

❷ "What are you doing here?" he cried in a **loud**[6] voice. "My own garden is my own garden. **Nobody**[7] can play in it," said the Giant.

❸ So he built a high **wall**[8] all **round**[9] it, and he wrote.

NO CHILDREN CAN **ENTER**[10] MY GARDEN.

He was a very **selfish**[11] Giant. (89 words)

ここを check!

see ～ ＋ '場所' を表す前置詞句

ℓ.3 〈When the Giant arrived back 〈at his own castle〉〉, he saw the children (from the village) 〈in his garden〉.

'see ～ ＋ '場所' を表す前置詞句' で「～が…にいるのを見る」という意味を表せます。この英文では，「村から来た子供たちが彼の庭にいるのを見た」という意味です。

学習した
日付をいれよう！　／　／　／

音声▶▶

❶ ある日，巨人が７年の**留守**[1]のあとに，彼の友だちの家から帰ってきた。彼の友だちは**外国に**[2]住んでいたのだ。巨人が彼**自身の**[3] **城**[4]に帰り着いた時，彼は**村**[5]から来た子供たちが自分の庭にいるのを見た。

❷「おまえたちはここで何をしているのだ？」彼は**大きな**[6]声で叫んだ。「私自身の庭は，この私自身のものだ。その中では**誰も**[7]遊ぶことはでき**ない**[7]んだ」と巨人は言った。

❸ そこで，彼はそれ（＝庭）**の周り**[9]全体**に**[9]高い**壁**[8]を建てて，彼は書いた。

「子供たちは誰も私の庭**に入って**[10]はいけない。」

彼はとても**わがままな**[11]巨人だった。

文全体を否定する no

ℓ.9 NO CHILDREN CAN ENTER MY GARDEN.

no を主語につけると，「１人の〔いかなる〕～も…ない」と文全体を否定することができます。

さいごに，くりかえし音読しよう。

音読したら CHECK!! ▶▶ ☑□□□□

第1章 1 2 3 4 5 6 7 8
第2章 9 10 11 12 13 14 15 16 17 18 19 20 21 22 23 24 25
第3章 26 27 28 29 30 31 32 33 34 35 36 37 38 39
第4章 40 41 42 43 44 45 46 47 48 49 50 51 52 53 54 55 56 57 58 59 60

1794 **absence** [ǽbsəns] 〈アッセンス〉 — 名 不在；欠席

1795 関 **lack** [lǽk] 〈ラック〉 — 名 不足　動 を欠いている

1796 **abroad** [əbrɔ́:d] 〈アブロード〉 発 — 副 外国〔海外〕に〔へ；で〕

❗ 副詞だということに注意。× go to abroad。

◆ ***go abroad***「外国へ行く」

1797 ≒ **overseas** — 副 海外へ〔で〕　形 海外の

副 [òuvərsí:z] 〈オウヴァスィーズ〉

形 [ˊ−−ˊ] 〈オウヴァスィーズ〉 アク

1798 関 **passport**✦ [pǽspɔ̀:rt] 〈パスポート〉 アク — 名 パスポート

1799 **own** [óun] 〈オウン〉 — 形 自分自身の　動 を所有している

派 **owner**✦ [óunər] 〈オウナ〉 — 名 所有者

1800 関 **belong** [bilɔ́:ŋ] 〈ビローング〉 — 動 所属している

◆ ***belong to*** ～「～に所属している」

1801 **castle** [kǽsl] 〈キャスル〉 発 — 名 城

1802 **village** [vílidʒ] 〈ヴィレヂ〉 — 名 村

派 **villager** [vílidʒər] 〈ヴィレヂャ〉 — 名 村人

1803 **loud** [láud] 〈ラウド〉 — 形 (声・音が) 大きい

派 **loudly** [láudli] 〈ラウドリ〉 — 副 大声で

派 **aloud** [əláud] 〈アラウド〉 — 副 声に出して

1804 **nobody** [nóubədi] 〈ノウボディ〉 — 代 誰も…ない (関 **anyone**)

❗ 基本的に単数扱いになる。

1805 **wall** [wɔ́:l] 〈ウォール〉 — 名 壁；塀

▶▶音声

▶He returned home after an **absence** of ten years.	▶彼は 10 年ぶり（← 10 年の不在のあと）に帰国した。
▶My cat is fat from **lack** of exercise.	▶私のネコは運動不足で太っている。
▶Let's go **abroad** this summer.	▶この夏は海外へ行こう。
▶Will you live **overseas** in the future?	▶将来海外で暮らす予定ですか。
▶Please show me your **passport**.	▶パスポートを見せてください。
▶I don't have my **own** car.	▶私は自分自身の車を持っていない。
▶Who is the **owner** of this bicycle?	▶この自転車の所有者は誰ですか。
▶That book **belongs** to me.	▶その本は私のものだ。
▶A powerful king lived in this **castle**.	▶有力な王がこの城に住んでいた。
▶My grandparents live in a small **village**.	▶私の祖父母は小さな村に住んでいる。
▶The **villager** gave me a lot of potatoes.	▶村人は私にたくさんのジャガイモをくれた。
▶That car is too **loud**.	▶あの車はうるさすぎる。
▶He was snoring **loudly**.	▶彼は大きな音をたてていびきをかいていた。
▶Please read this sentence **aloud**.	▶この文を声に出して読んでください。
▶**Nobody** was late for school today.	▶今日は誰も学校に遅刻をしなかった。
▶I will meet you by that **wall**.	▶あの塀のそばで会いましょう。

54 わがままな巨人 (2)

1806 **round**✦ [ráʊnd] 〈ゥラウンド〉	前 の周りに　副 周りに　形 丸い
1807 関 **surround** [səráʊnd] 〈サラウンド〉	動 を囲む
1808 **enter**✦ [éntər] 〈エンタ〉	動 (に) 入る；に入学する
1809 **selfish** [sélfɪʃ] 〈セルフィシュ〉	形 利己的な
1810 関 **self**✦ [sélf] 〈セルフ〉	名 自己

▶It's warm here all year **round**. ▶Do you know why manhole covers are **round**? ▶Mountains **surround** the village.	▶ここは1年中暖かい。 ▶マンホールのふたがなぜ丸いか知っていますか。 ▶山がその村を囲んでいる。
▶My brother **entered** the room.	▶私の兄〔弟〕が部屋に入った。
▶You are **selfish** to do such a thing. ▶He is his old **self** again.	▶そんなことをするなんて君はわがままだ。 ▶彼はまたもとの自分に戻った。

55 わがままな巨人（3）

❶ The **poor**[1] children couldn't play in the garden which they loved. So, they tried to play on the **road**[2], but the road was **full**[3] of hard **stones**[4]. They did not like it. They walked round the high wall when their **lessons**[5] were **over**[6], and talked about the beautiful garden that was inside the high wall. "How happy we were there," they said to each other.

❷ Then the Spring came, and there were little blossoms and little birds all over the country. Only in the garden of the Giant it was **still**[7] **winter**[8]. The birds did not sing in it because there were no children. The flowers on the trees **forgot**[9] to **open**[10]. Once a beautiful flower put its **head**[11] out from the grass, but it went back into the ground again and went **off**[12] to sleep. The flower felt sorry for the children.

（143 words）

ここをcheck!

目的語のはたらきをする関係代名詞 which

ℓ.1 **The poor children couldn't play**

⟨in the garden (which they loved)⟩.

which they loved は **the garden** を後ろから修飾していて，the garden は意味上 loved の目的語に当たります。意味は「彼らが大好きなその庭」です。which は修飾する名詞が‘人以外’の場合に使われますが，このように目的語のはたらきをする時には省略されることもあります。

学習した
日付をいれよう！　／　／　／

音声▶▶

❶ **かわいそうな**[1]子供たちは，彼らが大好きな庭で遊ぶことができなかった。だから，彼らは**道**[2]で遊ぼうとしたが，道は硬い**石**[4]で**いっぱい**[3]だった。彼らはそれが気に入らなかった。彼らは自分たちの**授業**[5]が**終わる**[6]と，高い壁の周りを歩き，高い壁の内側の美しい庭について話した。「私たちは，あそこにいてなんて幸せだったんだろう」と，彼らはお互いに言い合った。

❷ それから春が来て，小さな花々や小鳥たちが国中に現れた。巨人の庭の中だけ，**まだ**[7] **冬**[8]だった。子供たちがいなかったので，鳥はその〔巨人の庭の〕中ではさえずらなかった。木々の花々は，**咲く**[10]の**を忘れた**[9]。1度，1輪の美しい花が草からその**頭**[11]を出したが，再び地面の中へと戻って，そして眠りへと**去って**[12]〔寝ついて〕しまった。その花は，子供たちを気の毒に思ったのだった。

感情を強調して述べる文

ℓ.6 "How happy we were ⟨there⟩," / they said ⟨to each other⟩.

文中の形容詞を 'How ＋形容詞 ' の形で文頭に出すと，**「なんと…でしょう」**と，**感動などの強い感情**を表すことができます。「そこ（＝庭）で私たちはなんて幸せだったんだろう」という意味です。

さいごに，くりかえし音読しよう。

音読したら CHECK!! ▶▶ ☑☐☐☐☐

55 わがままな巨人 (3)

1811 **poor** [púər]〈プア〉
形 貧しい (⇔ **rich**)；かわいそうな；下手な
◆ ***be poor at*** ～「～が不得意で」

派 **poverty** [pá:vərti]〈パヴァティ〉
名 貧困

1812 注 **pour** [pɔ́:r]〈ポー〉発
動 を注ぐ；(雨が) 激しく降る；流れ出る

1813 **road**✦ [róud]〈ゥロウド〉発
名 道(路)

1814 ＝ **street**✦ [strí:t]〈ストリート〉
名 通り
❗ road は一般的な「道」を，street は「町中で家や店が立ち並ぶ道」を指す。

1815 ＝ **path** [pǽθ]〈パス〉
名 小道 (＝ **way**)

1816 関 **lane**✦ [léɪn]〈レイン〉
名 小道；車線

1817 **full**✦ [fúl]〈フル〉
形 いっぱいの；完全な
◆ ***be full of*** ～「～でいっぱいだ」

派 **fully** [fúli]〈フリ〉
副 十分に

1818 関 **fill** [fíl]〈フィル〉
動 を満たす
◆ ***be filled with*** ～「～でいっぱいだ」(＝ ***be full of*** ～)

1819 ⇔ **empty** [émpti]〈エンプティ〉
形 空《から》の

1820 **stone**✦ [stóun]〈ストウン〉
名 石

1821 関 **rock**✦ [rá:k]〈ゥラク〉
名 岩

1822 注 **lock**✦ [lá:k]〈ラク〉
名 動 錠 (をかける)

1823 **lesson**✦ [lésn]〈レスン〉
名 授業；課；教訓

1824 **over**✦ 前 [òuvər]〈オウヴァ〉 副 [ˊ–]〈オウヴァ〉
前 の上に；を越えて　副 越えて；終わって
❗ 前 over は上から覆うイメージ。副 の「終わって」の意味にも注意。
◆ ***all over*** ～「～中 (で)」
over there「向こうに」

▶▶音声

▶My father was **poor** when he was young.	▶私の父は若い時は貧しかった。
▶I'm **poor** at tennis.	▶私はテニスが下手だ。
▶Many people still live in **poverty**.	▶いまだ多くの人々が貧困の中で生活している。
▶Let me **pour** you a glass of water.	▶グラスに水をお注ぎしますよ。
▶This **road** goes to the station.	▶この道は駅に通じている。
▶The store is at the end of the **street**.	▶その店は通りの端にある。
▶Take this **path** through the park.	▶公園を通ってこの道を行きなさい。
▶We should not drive in this **lane**.	▶私たちはこの車線を走るべきではない。
▶This glass is **full**.	▶このコップはいっぱいだ。
▶I'm **fully** recovered from my injury.	▶私はけがからすっかり回復した。
▶Can you **fill** my water bottle for me?	▶私の水のボトルをいっぱいにしてくれますか。
▶My water bottle is **empty**.	▶私の水のボトルは空だ。
▶My house is made of **stone**.	▶私の家は石材でできている。
▶We found this **rock** by the sea.	▶私たちは海のそばでこの岩を見つけた。
▶The **lock** is broken.	▶錠は壊れている。
▶How many **lessons** do you have today?	▶今日は何時間授業があるの？
▶I put a cover **over** the screen.	▶私は画面の上にカバーをかけた。
▶The exam is **over**.	▶試験は終わった。

55 わがままな巨人 (3)

1825 **still** [stíl]〈スティル〉
副 (今でも) まだ　形 静かな
❗「(今でも) まだ」という意味では基本的に一般動詞の前，be動詞・助動詞のあとに置かれる。

1826 ≡ **quiet** [kwáɪət]〈クワイエト〉
形 静かな
❗ quite (副 とても) とつづりを混同しないように注意。

派 **quietly** [kwáɪətli]〈クワイエトリ〉
副 静かに

1827 **winter**✦ [wíntər]〈ウィンタ〉
名 冬

1828 **forget** [fərgét]〈フォゲト〉
動 (を) 忘れる (forget - forgot [fərgáːt]〈フォガト〉- forgotten [fərgáːtn]〈フォガトン〉; forgetting)
◆ *forget ...ing*「…したことを忘れる」
forget to do「…するのを忘れる」

1829 **open**✦ [óupən]〈オウプン〉 発
動 を開ける；開く　形 開いている；公開の

1830 関 **free**✦ [fríː]〈フリー〉
形 自由な；暇な；無料の

派 **freedom** [fríːdəm]〈フリーダム〉
名 自由

1831 ⇔ **close**✦ 多
動 [klóuz]〈クロウズ〉
形 [klóus]〈クロウス〉 発
動 を閉じる；閉まる　形 接近した；親しい

1832 **head**✦ [héd]〈ヘド〉
名 頭 (脳)

1833 関 **headache** [hédèɪk]〈ヘデイク〉 アク 発
名 頭痛
◆ *have a headache*「頭痛がする」

1834 関 **stomachache** [stʌ́məkèɪk]〈スタマケイク〉 アク 発
名 腹痛

1835 **off**✦ [ɔ́ːf]〈オーフ〉
副 離れて　前 から離れて

▶He is **still** not here. ▶The night was quiet and **still**.	▶彼はまだここにいない。 ▶その夜はひっそりと静かだった。
▶Please be **quiet**.	▶どうぞ静かにしてください。
▶We must talk **quietly**.	▶私たちは静かに話さなければならない。
▶It snows here in the **winter**.	▶ここは冬には雪が降る。
▶I **forgot** the code.	▶数字を忘れた。
▶Let me **open** the door for you.	▶私がドアを開けましょう。
▶Our bird got **free** from its cage. ▶This drink is **free**. ▶**Freedom** is the most important thing.	▶私たちの鳥はかごから解放された。 ▶この飲み物は無料だ。 ▶自由は最も大事なものだ。
▶**Close** your eyes and I'll give you a surprise. ▶The taxi stand is very **close** to the station.	▶目を閉じて，驚かせるから。 ▶タクシー乗り場は駅にとても近いところにある。
▶My **head** hurts today.	▶今日は頭が痛い。
▶I have a **headache** today.	▶今日は頭痛がする。
▶How is your **stomachache**?	▶腹痛の具合はどうですか。
▶I **took** my cap **off**.	▶私は帽子を脱いだ。

56 わがままな巨人（4）

❶ The only people who were pleased were the Snow and the **Frost**[1]. “Spring has forgotten this garden,” they cried. The Snow **covered**[2] the garden with her great white coat, and the Frost **painted**[3] all the trees **silver**[4].

❷ Then they **invited**[5] the North **Wind**[6]. He **blew**[7] all day. “This is a **wonderful**[8] **spot**[9],” he said, “We **must**[10] invite the Hail*, too.” So the Hail came. He was **dressed**[11] in gray, and his **breath**[12] was like ice. Every day for three hours, he made a loud noise on the **roof**[13] of the castle. (91 words)

*hail「あられ」

ここを check!

‘完了・結果’を表す現在完了

ℓ.2 “Spring has forgotten this garden,” / they cried.

‘have〔has〕＋過去分詞’で，「…してしまった」という‘完了・結果’の意味を表せます。この英文では，「春はこの庭を忘れてしまった（から，今も覚えていない）」という意味です。

学習した
日付をいれよう！　／　／　／

音声▶▶

❶ 喜んだ唯一の人々は，雪と**霜**[1]だった。「春はこの庭を忘れてしまったのだ」と彼らは叫んだ。雪は彼女の巨大な白いコートで庭**を覆い**[2]，そして霜はすべての木々**を**[3] **銀色**[4] **に塗った**[3]。

❷ それから，彼らは北**風**[6] **を招いた**[5]。北風は１日中**吹いた**[7]。「ここは**すばらしい**[8] **場所**[9]だ」と彼は言った。「我々は，あられも招待**しなければならないな**[10]。」それで，あられがやってきた。彼は灰色の**服を着て**[11]，彼の**息**[12]は氷のようだった。毎日３時間，彼は城の**屋根**[13]の上でうるさい音をたてた。

paint ～ ...「～を…に塗る」

ℓ.3 The Snow covered the garden 〈with her great white coat〉, / and the Frost painted all the trees silver.

paint ～ ... で「～を…（＝色）に塗る」という意味です。ここでは，「すべての木々を銀色に塗った」という意味です。

さいごに，くりかえし音読しよう。

音読したら CHECK!! ▶▶ ☑☐☐☐☐

第1章 1 2 3 4 5 6 7 8
第2章 9 10 11 12 13 14 15 16 17 18 19 20 21 22 23 24 25
第3章 26 27 28 29 30 31 32 33 34 35 36 37 38 39
第4章 40 41 42 43 44 45 46 47 48 49 50 51 52 53 54 55 56 57 58 59 60

56 わがままな巨人 (4)

1836 □ **frost** [frɔ́ːst]〈フロースト〉
名 霜《しも》

1837 □ **cover**✦ [kʌ́vər]〈カヴァ〉
動 を覆う；を含む　名 覆い
◆ ***be covered with*** ～「～に覆われて」

1838 □ ≒ **hide** [háɪd]〈ハイド〉 発
動 を隠す (hide - hid [híd]〈ヒド〉- hidden [hídn]〈ヒドン〉〔hid〕; hiding)

1839 □ 関 **mask**✦ [mǽsk]〈マスク〉
名 マスク；仮面　動 (事実・感情など) を隠す

1840 □ 関 **bury** [béri]〈ベリ〉 発
動 (死者や物) を埋める

1841 □ **paint**✦ [péɪnt]〈ペイント〉
動 (絵の具で) を描く；(に) ペンキを塗る；を (…に) 塗る　名 ペンキ；絵の具

派 **painter** [péɪntər]〈ペインタ〉
名 画家

1842 □ **silver**✦ [sílvər]〈スィルヴァ〉
形 銀 (色) の　名 銀

1843 □ **invite** [ɪnváɪt]〈インヴァイト〉
動 を招待する

1844 □ **wind**✦ [wínd]〈ウィンド〉
名 風

派 **windy** [wíndi]〈ウィンディ〉
形 風の強い

1845 □ **blow**✦ [blóʊ]〈ブロウ〉
動 (風が) 吹く (blow - blew [blúː]〈ブルー〉- blown [blóʊn]〈ブロウン〉; blowing)

1846 □ **wonderful**✦ [wʌ́ndərfl]〈ワンダフル〉
形 すばらしい

派 **wonder** [wʌ́ndər]〈ワンダ〉 発
動 …かしらと思う；不思議に思う　名 不思議

1847 □ 関 **fantastic** [fæntǽstɪk]〈ファンタスティック〉
形 すてきな；架空の

1848 □ ⇔ **terrible** [térəbl]〈テリブル〉
形 恐ろしい；ひどい

1849 □ **spot**✦ [spɑ́ːt]〈スパト〉
名 場所；斑点

▶▶音声

▶The **frost** will soon disappear.	▶霜はまもなく溶けるだろう。
▶Let's **cover** the table with this cloth.	▶このクロスでテーブルを覆いましょう。
▶Did you **hide** my pen case?	▶私のペンケースを隠した？
▶He says he's never worn a **mask**.	▶マスクをしたことがないと彼は言う。
▶My dog **buries** bones.	▶私のイヌは骨を埋める。
▶I **painted** my room blue.	▶私は部屋を青に塗った。
▶A famous **painter** lived here.	▶有名な画家がここに住んでいた。
▶My great-grandfather has **silver** hair.	▶私の曽祖父の髪は銀色だ。
▶I **invited** Ken to the party.	▶私はケンをパーティーに招待した。
▶The **wind** is strong today.	▶今日は風が強い。
▶It's a very **windy** day.	▶とても風の強い日だ。
▶The wind is **blowing** hard today.	▶今日は風が強く吹いている。
▶This picture is **wonderful**.	▶この絵はすばらしい。
▶I **wonder** what he will say.	▶彼は何と言うだろうか。
▶The view was **fantastic**.	▶眺めはすばらしかった。
▶A **terrible** storm is coming.	▶恐ろしい嵐がやってきている。
▶This is a great **spot** for a picnic.	▶ここはピクニックにはとてもよい場所だ。

1850 □ **must** [mʌ́st]〈マスト〉

助 …しなければならない；…に違いない

❗「…しなければならない」という意味の強さではmust > have to。否定形のmust not *do* (…してはならない) とdon't have to *do* (…する必要がない) では意味が異なる。

1851 □ **dress**✦ [drés]〈ドレス〉

動 に服を着せる；服を着る　名 服 (装)

1852 □ **breath**✦ [bréθ]〈ブレス〉

名 息；呼吸

派 **breathe** [brí:ð]〈ブリーズ〉発

動 (を) 呼吸する

1853 □ **roof** [rú:f]〈ウルーフ〉

名 屋根

まとめてチェック 36 衣服

1854 □ **shirt**✦ [ʃə́:rt]〈シャート〉	名 ワイシャツ
1855 □ **T-shirt**✦ [tí:ʃə̀:rt]〈ティーシャート〉	名 T シャツ
1856 □ **button**✦ [bʌ́tn]〈バトン〉発	名 ボタン
1857 □ **sweater**✦ [swétər]〈スウェタ〉発	名 セーター
1858 □ **ribbon**✦ [ríbən]〈ゥリボン〉	名 リボン
1859 □ **scarf**✦ [skɑ́:rf]〈スカーフ〉	名 スカーフ
1860 □ **tie**✦ [táɪ]〈タイ〉	名 ネクタイ；きずな 動 を結ぶ；をつなぐ
1861 □ **skirt**✦ [skə́:rt]〈スカート〉	名 スカート
1862 □ **jeans**✦ [dʒí:nz]〈ヂーンズ〉	名 ジーンズ
1863 □ **pants**✦ [pǽnts]〈パンッ〉	名 ズボン
1864 □ **pocket**✦ [pɑ́:kət]〈パケト〉アク	名 ポケット
1865 □ **belt**✦ [bélt]〈ベルト〉	名 ベルト
1866 □ **shoe**✦ [ʃú:]〈シュー〉	名 複 靴

❗ 通例shoesの形。a shoeは片方の靴を表す。「1足」,「2足」はa pair of shoes, two pairs of shoesのように表す。

▶We **must** leave school by 6 p.m.	▶私たちは午後 6 時までに学校を出なければならない。
▶My little sister can't **dress** herself yet.	▶私の妹はまだ 1 人で服を着ることができない。
▶Take a deep **breath** before you jump. ▶**Breathe** deeply before you start.	▶ジャンプする前に深く息を吸いなさい。 ▶始める前に深呼吸をしなさい。
▶A bird is standing on the **roof**.	▶ 1 羽の鳥が屋根に止まっている。

1867 □ **sock**✦[sá:k]〈サㇰ〉	名 複 靴下
1868 □ **hat**✦[hǽt]〈ハㇳ〉	名 (ふちのある) 帽子
1869 □ **cap**✦[kǽp]〈キャㇷ゚〉	名 (ふちのない) 帽子
1870 □ **coat**✦[kóʊt]〈コウㇳ〉 発	名 コート
1871 □ **jacket**✦[dʒǽkɪt]〈ヂャケㇳ〉	名 上着
1872 □ **handkerchief**✦ [hǽŋkərtʃɪf]〈ハンカチㇷ〉 アク	名 ハンカチ
1873 □ **apron**✦[éɪprən]〈エイプロン〉 発	名 エプロン
1874 □ **thread** [θréd]〈スレㇳ゙〉	名 糸
1875 □ **silk**✦[sílk]〈スィルㇰ〉	名 絹《きぬ》
1876 □ **style**✦[stáɪl]〈スタイㇽ〉	名 様式；型
1877 □ **size**✦[sáɪz]〈サイㇲ゙〉	名 大きさ
1878 □ **costume**✦[ká:stju:m]〈カㇲテューㇺ〉	名 (職業・階級などに特有の) 服装
1879 □ **fashion**✦ 多 [fǽʃən]〈ファション〉	名 流行 (の服)；やり方；流儀
1880 □ **brand**✦[brǽnd]〈ブランㇳ゙〉	名 銘柄；ブランド

57 わがままな巨人（5）

❶ “Why has the Spring not come to my garden **yet**[1]?” said the Giant, as he sat at the **window**[2] and looked out at his cold white garden.

❷ But the **weather**[3] didn’t change and the Spring never came. The **Summer**[4] didn’t, **either**[5]. The Autumn gave **golden**[6] fruit to every garden, but she gave no fruit to the Giant’s garden.

❸ It was always Winter in the garden. The North Wind, and the Hail, and the Frost, and the Snow **danced**[7] about through the trees.

（82 words）

ここをcheck!

‘完了・結果’を表す現在完了の否定文／時を表す as

ℓ.1 “Why has the Spring not come 〈to my garden〉 〈yet〉?” / said the Giant, 〈[as] he sat 〈at the window〉 / and looked out 〈at his cold white garden〉〉.

現在完了の否定文にはよく yet が置かれ，「まだ…していない」という意味になります。この英文ではそれが疑問文になって，「なぜ私の庭にはまだ春が来ていないのか」という意味を表しています。
‘as ＋主語＋動詞’にはいろいろな意味がありますが，ここでは，「…しながら巨人は言った」と，**‘時’**の意味だと考えるのが自然です。

学習した
日付をいれよう！　／　／　／

音声▶▶

❶「どうして春は，私の庭に**まだ**[1]来ないのだろう」と，巨人は**窓**[2]辺に座って，自分の冷たく白い庭を見ながら言った。

❷ しかし，**天気**[3]は変わらず，春は決してやってこなかった。**夏**[4] **も**[5]来なかった。秋は，どの庭にも**金色の**[6]果実を与えたが，巨人の庭には果実を何も与えなかった。

❸ 庭の中は，ずっと冬だった。北風と，あられと，霜と，そして雪が，木々の間を**踊り**[7]回っていた。

さいごに，くりかえし音読しよう。

音読したら CHECK!! ▶▶ ☑☐☐☐☐

57 わがままな巨人 (5)

1881 yet 多
[jét]〈イェト〉
副 (否定文) まだ (…ない)；(疑問文) もう
接 けれども
❗「もう (すでに)」の意味は，基本的に肯定文ではalready，疑問文ではyetを用いる。

1882 関 **though** [ðoʊ]〈ゾウ〉発
接 …だけれども

1883 関 **although**
[ɔːlðóʊ]〈オールゾウ〉アク
接 …だけれども

1884 window✦
[wíndoʊ]〈ウィンドウ〉
名 窓

1885 関 **frame**✦
[fréɪm]〈フレイム〉
名 (窓などの) 枠；(絵などの) 額縁；骨組み

1886 weather✦
[wéðər]〈ウェザ〉
名 天気

1887 ≒ **climate**
[kláɪmət]〈クライメト〉アク 発
名 (年間を通じての) 気候

1888 summer✦
[sʌ́mər]〈サマ〉
名 夏

1889 関 **firework**
[fáɪərwə̀ːrk]〈ファイアワーク〉アク
名 花火

1890 either
[íːðər]〈イーザ〉
副 (否定文) 〜もまた (…ない)
形 どちらの〜 (でも)　代 どちらでも
◆ *either* 〜 *or* ...「〜か…のどちらか」

1891 関 **whether** 多
[wéðər]〈ウェザ〉
接 (…する) かどうか；(whether A or B) AであろうとBであろうと；…すべきかどうか (to *do*)

1892 golden✦
[góʊldn]〈ゴウルドン〉発
形 金色の

派 **gold**✦ [góʊld]〈ゴウルド〉発
名 金　形 金の

1893 dance✦
[dǽns]〈ダンス〉
動 (を) 踊る　名 ダンス

派 **dancer**✦ [dǽnsər]〈ダンサ〉
名 踊る人；ダンサー

▶▶音声

▶I haven't seen that movie **yet**. ▶Have you eaten lunch **yet**?	▶私はまだその映画を見ていない。 ▶あなたはもう昼食を食べましたか。
▶I feel cold, even **though** it's summer. ▶**Although** it is raining, we will leave soon.	▶夏なのに寒く感じる。 ▶雨が降っているが，私たちはすぐに出発するつもりだ。
▶I'll clean the **windows** later. ▶He showed me a picture in a silver **frame**.	▶あとで窓を掃除します。 ▶彼は私に銀の額縁に入った絵を見せた。
▶How's the **weather** today? ▶Our **climate** is warming slowly.	▶今日の天気はどうですか。 ▶私たちの気候はゆっくりと温暖化している。
▶Where will you go this **summer**? ▶I love watching **fireworks** in the summer.	▶この夏はどこに行く予定ですか。 ▶私は夏に花火を見るのが大好きだ。
▶You can have **either** strawberry **or** chocolate. ▶I don't know **whether** I should go or not.	▶イチゴかチョコレートのどちらかを食べることができます。 ▶行くべきかどうかわからない。
▶She has **golden** hair. ▶Is that a **gold** necklace?	▶彼女は金髪だ。 ▶あれは金のネックレスですか。
▶Who will **dance** with me? ▶She was a **dancer** once.	▶誰が私と踊るの？ ▶彼女はかつてダンサーでした。

まとめてチェック 37 天候

1894 □ **warm** [wɔ́ːrm] 〈ウォーム〉 発	形 暖かい
1895 □ **heat** [híːt] 〈ヒート〉	名 熱；暑さ　動 を熱する
1896 □ **cool** [kúːl] 〈クール〉	形 涼しい；冷静な；かっこいい
1897 □ **dry** [dráɪ] 〈ドライ〉	形 乾いた　動 を乾かす (dry-dried [dráɪd] 〈ドライド〉-dried; drying)
1898 □ **wet** [wét] 〈ウェト〉	形 湿った；ぬれた
1899 □ **sun** [sʌ́n] 〈サン〉	名 (通例 the) 太陽
派 **sunny** [sʌ́ni] 〈サニ〉	形 よく晴れた
1900 □ 関 **sunlight** [sʌ́nlàɪt] 〈サンライト〉 アク	名 日光
1901 □ 関 **sunshine** [sʌ́nʃàɪn] 〈サンシャイン〉	名 日光；日なた
1902 □ 関 **sunrise** [sʌ́nràɪz] 〈サンゥライズ〉 アク	名 日の出
1903 □ 関 **sunset** [sʌ́nsèt] 〈サンセト〉 アク	名 日没
1904 □ 関 **solar** [sóʊlər] 〈ソウラ〉	形 太陽の

1905 □	**cloud** [kláʊd]〈クラウド〉	名 雲
	派 **cloudy** [kláʊdi]〈クラウディ〉	形 曇った
1906 □	**rain**✦ [réɪn]〈ゥレイン〉	名 雨　動 雨が降る
	派 **rainy** [réɪni]〈ゥレイニ〉	形 雨の；雨降りの
1907 □	関 **raincoat**✦ [réɪnkòʊt]〈ゥレインコウト〉	名 レインコート
1908 □	関 **umbrella** [ʌmbrélə]〈アンブレラ〉 アク	名 傘
1909 □	**snow**✦ [snóʊ]〈スノウ〉	名 雪　動 雪が降る
	派 **snowy** [snóʊi]〈スノウイ〉	形 雪の多い
1910 □	**storm** [stɔ́ːrm]〈ストーム〉	名 嵐
1911 □	**tornado**✦ [tɔːrnéɪdoʊ]〈トーネイドウ〉 発	名 竜巻

58 わがままな巨人（6）

❶ One morning, the Giant was **lying**[1] in bed when he heard lovely **music**[2]. It sounded **sweet**[3] to his **ears**[4], and he thought the **King**[5]'s musicians were **passing**[6] by. It was really only a little bird which was singing outside his window. However, it **seemed**[7] to him to be* the most beautiful music in the world. Then the Hail stopped dancing, and the North Wind stopped blowing. A delicious **perfume**[8] came to him through the window. "The Spring has come to my garden!" said the Giant, and he looked out.

❷ What did he see? （93 words）

*seem to be ～「～であるように思われる」

ここを check!

when の用法

ℓ.1 〈One morning〉, the Giant was lying in bed 〈when he heard lovely music〉.

この英文のように，when は前から順に「…していたら，（when 以下のことが起こった）」というふうに and then の意味でとらえると自然な場合があります。この表現は物語でよく用いられ，過去進行形＋ when ... の形がよく見られます。

学習した
日付をいれよう！　／　／　／

音声▶▶

❶ ある朝，巨人がベッドに**横たわって**[1]いると，すてきな**音楽**[2]が聞こえた。それは彼の**耳**[4]には**快く**[3]聞こえたので，彼は**王様**[5]の音楽家たちが**通りがかっ**[6]たのだと思った。それは，実際は，彼の窓の外でさえずっていた１羽の小鳥にすぎなかった。しかし，彼にとってそれは世界で最も美しい音楽である**ように思えた**[7]。すると，あられは踊るのをやめ，さらに北風は吹くのをやめた。よい**香り**[8]が，窓を通って彼のところへ入ってきた。「春が私の庭にやってきた！」と巨人は言って，外を見た。

❷ 彼は何を見たのだろうか。

主語のはたらきをする関係代名詞 which

ℓ.3 It was 〈really〉 only a little bird (which was singing 〈outside his window〉).

この which 以下の関係代名詞の節は，a little bird に「窓の外で鳴いている」という説明を付け加えています。この really は「実際は；本当は」という意味を表しています。

さいごに，くりかえし音読しよう。

音読したら CHECK!! ▶▶ ☑☐☐☐☐

1912 **lie** 【多】 [láɪ] 〈ライ〉
【動】横たわる (lie - lay [léɪ] 〈レイ〉- lain [léɪn] 〈レイン〉; lying [láɪɪŋ] 〈ライイング〉)；うそをつく (lie - lied - lied; lying)
【名】うそ

1913 【注】 **lay** [léɪ] 〈レイ〉
【動】を横たえる；を置く (lay - laid [léɪd] 〈レイド〉- laid; laying)
❗ lie (【動】横たわる) の過去形と同じつづり。

1914 【関】 **pretend** [prɪténd] 〈プリテンド〉
【動】(の) ふりをする

1915 **music** [mjú:zɪk] 〈ミューズィク〉
【名】音楽

【派】 **musical** [mjú:zɪkl] 〈ミューズィクル〉
【形】音楽 (好き) の　【名】ミュージカル

【派】 **musician** [mju(:)zíʃən] 〈ミュ(ー)ズィシャン〉 【アク】
【名】音楽家

1916 【関】 **classic** [klǽsɪk] 〈クラスィク〉 【アク】
【名】傑作；古典　【形】第１級の；典型的な；古典の

【派】 **classical** [klǽsɪkl] 〈クラスィクル〉
【形】古典の；クラシックの

1917 【関】 **artist** [ɑ́:rtəst] 〈アーティスト〉
【名】芸術家；画家

【派】 **art** [ɑ́:rt] 〈アート〉
【名】芸術；美術

1918 【関】 **artificial** [ɑ̀:rtəfíʃəl] 〈アーティフィシャル〉
【形】人工の

1919 【関】 **concert** [kɑ́:nsərt] 〈カンサト〉
【名】コンサート

1920 【関】 **chorus** [kɔ́:rəs] 〈コーラス〉
【名】合唱 (曲)

1921 【関】 **rhythm** [ríðm] 〈ゥリズム〉
【名】リズム

1922 **sweet** [swí:t] 〈スウィート〉
【形】甘い；快い

【派】 **sweetly** [swí:tli] 〈スウィートリ〉
【副】甘く；心地よく

1923 **ear** [íər] 〈イア〉
【名】耳

1924 【関】 **earring** [íərrìŋ] 〈イアゥリング〉
【名】イヤリング

▶▶音声

▶My dog is **lying** by the fire.
▶私のイヌは火のそばで横たわっている。

▶Don't tell a **lie**.
▶うそをついてはいけません。

▶My father **laid** his hand on my head.
▶父は私の頭に手を置いた。

▶The kids **pretended** to be soldiers.
▶子供たちは兵隊ごっこをした。

▶What kind of **music** do you like?
▶どんな種類の音楽が好きですか。

▶Are you very **musical**?
▶あなたは音楽好きですか。

▶I want to be a **musician**.
▶私は音楽家になりたい。

▶That man bought a **classic** car.
▶その男性はクラシックカーを買った。

▶I like **classical** music the best.
▶私はクラシック音楽が一番好きだ。

▶It was painted by a famous **artist**.
▶それは有名な画家によって描かれた。

▶I went to an **art** gallery.
▶私はある画廊へ行った。

▶It looks like wood, but it's **artificial**.
▶それは木に見えますが人工です。

▶I have a piano **concert** tomorrow.
▶明日ピアノのコンサートがあります。

▶The **chorus** is easy to sing.
▶その合唱曲は歌いやすい。

▶I like the **rhythm** of this song.
▶私はこの歌のリズムが好きだ。

▶This candy is too **sweet** for me.
▶このキャンディーは私には甘すぎる。

▶The little girl smiled **sweetly**.
▶その幼い少女はにこやかにほほえんだ。

▶My **ears** are cold. I need a hat!
▶耳が冷たい。帽子が必要だ！

▶She was wearing diamond **earrings**.
▶彼女はダイヤのイヤリングをつけていた。

58 わがままな巨人 (6)

1925 **king**✦ [kíŋ] 〈キング〉
名 王

1926 関 **queen**✦ [kwíːn] 〈クウィーン〉
名 女王

1927 関 **prince**✦ [príns] 〈プリンス〉
名 王子；君主

派 **princess**✦ [prínsəs] 〈プリンセス〉
名 王女

1928 関 **royal**✦ [rɔ́ɪəl] 〈ゥロイアル〉
形 国王の；王立の

1929 関 **emperor** [émpərər] 〈エンパラ〉
名 皇帝

1930 **pass**✦ 多 [pǽs] 〈パス〉
動 (を) 通り過ぎる；(時が) 経つ；を手渡す；(に) 合格する
❗「pass＋人＋もの」の語順で目的語を２つとることができる。

派 **passage** 多 [pǽsɪdʒ] 〈パセヂ〉
名 (文章の) 一節；通路；通行

1931 関 **passenger** [pǽsəndʒər] 〈パセンチャ〉 アク
名 乗客

1932 **seem** [síːm] 〈スィーム〉
動 …のように思われる (≒ **appear**)
❗「seem＋(to be) 形容詞」の形の他，seem to *do* や seem that ... の形でも使われる。
◆ ***seem to do***「…するようだ」

1933 **perfume**✦ [pə́ːrfjuːm] 〈パーフューム〉
名 香水；芳香

まとめてチェック 38 楽器

1934 **instrument** [ínstrəmənt] 〈インストラメント〉 アク
名 楽器；器具

1935 **drum**✦ [drʌ́m] 〈ドラム〉
名 たいこ；ドラム

1936 **guitar**✦ [gɪtɑ́ːr] 〈ギター〉 アク
名 ギター

1937 **piano**✦ [piǽnoʊ] 〈ピアノウ〉
名 ピアノ (複 pianos)

1938 関 **pianist**✦ [piǽnəst] 〈ピアニスト〉
名 ピアニスト

▶Who is the **king** of Spain?	▶スペインの王は誰ですか。
▶Who was the **queen** of England then?	▶当時のイングランドの女王は誰でしたか。
▶A **prince** lives in that palace.	▶王子があの宮殿に住んでいる。
▶My little sister wants to be a **princess**.	▶私の妹は王女になりたがっている。
▶This is a picture of the **royal** family.	▶これは王室の写真だ。
▶I've seen the **Emperor** of Japan.	▶私は日本の天皇を見たことがある。
▶We **passed** Mike on the street.	▶私たちは通りでマイクを追い越した。
▶You can **pass** the test.	▶あなたはテストに合格できますよ。
▶Just go down this short **passage**.	▶ただこの短い通路を行きなさい。
▶How many **passengers** are there?	▶何人の乗客がいますか。
▶This question **seems** difficult.	▶この質問は難しそうだ。
▶The flower has a very sweet **perfume**.	▶その花はとてもよい香りがする。

1939 □ **trumpet** [trʌ́mpət]〈トランペト〉アク　名 トランペット

1940 □ **violin** [vàɪəlín]〈ヴァイオリン〉アク　名 バイオリン

1941 □ **band** [bǽnd]〈バンド〉　名 楽団；ひも

❗ brass band（ブラスバンド）の形を覚えておこう。

59 わがままな巨人（7）

He saw a very wonderful **scene**[1]. Through a little hole in the wall the children were coming into the garden, and they were sitting in the **branches**[2] of the trees. The trees were so **glad**[3] because they could see the children again. And they were **waving**[4] their **arms**[5] kindly **above**[6] the children's heads. The birds were flying about* and the flowers were laughing. However, in one **corner**[7] it was still winter, and a little boy was **standing**[8] there. He was **quite**[9] small, so he couldn't **reach**[10] the branches of the tree. "**Climb**[11] up! Little **boy**[12]," said the Tree. (98 words)

*fly about「飛び回る」

ここを check!

時制の一致

ℓ.3 The trees were so glad 〈because they could see the children again〉.

この文は主となる節が過去時制なので，**時制の一致**で because 節の時制も **can の過去形** could が使われています。このように従節に助動詞が含まれる時は，助動詞が過去形になります。

学習した
日付をいれよう！　／　／　／

音声▶▶

彼は，とてもすばらしい**光景**[1]を目にした。壁の小さな穴を通って，子供たちが庭の中へ入ってきており，彼らは木々の**枝**[2]に腰かけていた。木々は，もう一度子供たちに会うことができたので，とても**喜んだ**[3]。そして，木々は子供たちの頭**の上で**[6]，優しくその**腕**[5] **を揺らし**[4]ていた。鳥たちは飛び回り，花々は笑っていた。しかし，1つの**すみ**[7]ではまだ冬のままで，1人の小さな男の子がそこに**立って**[8]いた。彼は**非常に**[9]小さかったので，木の枝**に触れる**[10]ことができなかった。「**登って**[11]おいで！ちっちゃな**ぼうや**[12]」とその木は言った。

however「しかしながら」

ℓ.7 However, ⟨in one corner⟩ it was ⟨still⟩ winter,
/ and a little boy was standing ⟨there⟩.

however は「しかしながら」という‘**逆接**’の意味を表すことがあります。先に述べられていることと対照させる時によく使われます。

さいごに，くりかえし音読しよう。

音読したら CHECK!! ▶▶ ☑□□□□

59 わがままな巨人 (7)

1942 **scene** [sí:n]〈スィーン〉 発
名 景色；場面

派 **scenery** [sí:nəri]〈スィーナリ〉
名 風景

1943 ≒ **view** 多 [vjú:]〈ヴュー〉
名 眺め；意見

1944 関 **review** [rɪvjú:]〈ゥリヴュー〉 アク
動 を批評する；を見直す；を復習する
名 批評；再検討；復習

1945 **branch** 多 [brǽntʃ]〈ブランチ〉
名 枝；支店

1946 関 **department** [dɪpá:rtmənt]〈ディパートメント〉
名 (組織の) 部門；学科

1947 **glad** [glǽd]〈グラド〉
形 うれしく思う
❗ be glad to *do* (…してうれしい) の形で口語表現でよく使われる。

1948 ⇔ **sad** [sǽd]〈サド〉
形 悲しい (⇔ **happy**) (sad - sadder - saddest)

1949 関 **lonely** [lóunli]〈ロウンリ〉
形 さびしい

1950 関 **angry** [ǽŋgri]〈アングリ〉
形 怒った
◆ *be angry with* ～「～に腹を立てて」
get angry「腹を立てる」

派 **anger** [ǽŋgər]〈アンガ〉
名 怒り

1951 **wave** [wéɪv]〈ウェイヴ〉
名 波　動 を振る

1952 **arm** [á:rm]〈アーム〉
名 腕；複 武器

1953 関 **army** [á:rmi]〈アーミ〉
名 軍隊

1954 関 **military** [mílətèri]〈ミリテリ〉
形 軍隊〔軍人〕の　名 (the) 軍隊

1955 関 **soldier** [sóuldʒər]〈ソウルヂャ〉 発
名 (陸軍の) 軍人；戦士

1956 関 **war** [wɔ́:r]〈ウォー〉 発
名 戦争

1957 関 **peace** [pí:s]〈ピース〉
名 平和

派 **peaceful** [pí:sfl]〈ピースフル〉
形 穏やかな；静かな；平和的な

1958 関 **harmony** [há:rməni]〈ハーモニ〉
名 調和

▶▶音声

▶I enjoyed the final **scene** of the movie.	▶私はその映画の最終シーンを楽しんだ。
▶The **scenery** from the balcony was quite nice.	▶バルコニーからの風景はとてもすてきだった。
▶What is your **view** on the new rule?	▶新しいルールについてあなたの意見はどうですか。
▶She wrote a **review** for a newspaper.	▶彼女は新聞に批評を書いた。
▶Let's tie the rope to that **branch**.	▶ロープをあの枝に結びましょう。
▶I want to study in the science **department**.	▶私は理学部で勉強がしたい。
▶I'm so **glad** to see you again.	▶あなたにまたお会いできてとてもうれしいです。
▶Why do you feel **sad**?	▶なぜ悲しいのですか。
▶I was **lonely** before I met you.	▶あなたと出会う前，私はさびしかったのです。
▶Why are you **angry** with me?	▶なぜ私に怒っているの？
▶Try to control your **anger**.	▶怒りをコントロールするようにしなさい。
▶I can hear the **waves** from here.	▶ここから波の音が聞こえる。
▶She **waved** her arms around.	▶彼女はぐるぐる腕を振り回した。
▶Harry broke his **arm** last summer.	▶ハリーは去年の夏に腕の骨を折った。
▶Many **arms** were found on the boat.	▶たくさんの武器がボートで発見された。
▶My cousin is in the **army**.	▶私のいとこは軍隊にいる。
▶This is a **military** airport.	▶これは軍用飛行場だ。
▶Some **soldiers** helped our town.	▶数人の軍人が私たちの町を助けた。
▶**War** is a terrible thing.	▶戦争は恐ろしいものだ。
▶We all wish for **peace**.	▶私たちはみな平和を願っている。
▶The garden is very **peaceful** in spring.	▶その庭園は春はとても静かだ。
▶Practice living in **harmony** with nature.	▶自然と調和して暮らすように実践しなさい。

59 わがままな巨人 (7)

1959 □ **above**
前 [əbʌ̀v]〈アバッ〉
副 [əbʌ́v]〈アバッ〉

前 の上に〔の〕 副 上方に〔で；の〕
❗ above は接触せずに離れて上にある状態を指す。接触している場合は on を用いる。

1960 □ **corner**✦
[kɔ́ːrnər]〈コーナ〉

名 すみ；かど

1961 □ **stand**✦ 多
[stǽnd]〈スタンド〉

動 立っている；をがまんする
(stand - stood [stúd]〈ストゥド〉- stood; standing)
◆ ***stand up*** 「起立する」

1962 □ **quite**
[kwáɪt]〈クワイト〉

副 とても；すっかり
❗ quiet (形 静かな) との違いに注意。

1963 □ 関 **rather** [rǽðər]〈ゥラザ〉

副 むしろ；やや；いくぶん

1964 □ **reach**
[ríːtʃ]〈ゥリーチ〉

動 に到着する；(に) 達する

1965 □ **climb**
[kláɪm]〈クライム〉 発

動 (に) 登る

1966 □ **rise** [ráɪz]〈ゥライズ〉

動 上がる；昇る (rise - rose [róuz]〈ゥロウズ〉- risen [rízn]〈ゥリズン〉; rising) 名 上昇

1967 □ **boy**✦
[bɔ́ɪ]〈ボイ〉

名 男の子

1968 □ 関 **girl**✦ [gə́ːrl]〈ガール〉

名 女の子

▶Look at the stars **above**.	▶上の星を見て。
▶The store is on the **corner**.	▶その店は角にある。
▶We are tired of **standing**.	▶私たちは立っているのにうんざりしている。
▶I'm **quite** tired after P.E. class.	▶私は体育のあと，とても疲れている。
▶It's **rather** warm in here.	▶ここはいくぶん暖かい。
▶When will we **reach** his house?	▶彼の家に着くのはいつですか。
▶I can't **climb** trees very well.	▶私はあまり上手に木に登れない。
▶The sun **rises** in the morning.	▶太陽は朝昇る。
▶There are eighteen **boys** in our class.	▶私たちのクラスには 18 人の男子がいる。
▶That **girl** is in my class.	▶あの女の子は私のクラスだ。

60 わがままな巨人（8）

❶ As he looked out, the Giant said, "I have never been kind to people until now! I will **knock** down[1]* the wall. Then, children will be able to play in my garden **forever**[2]."

❷ When the children saw him in the garden, they all **ran**[3] away, and the garden became winter again. Only the little boy didn't run, because his eyes were full of **tears**[4] and he couldn't see the Giant. The Giant took him in his hand, and put him at the **top**[5] of the tree. Then, the other children saw that the Giant was not a bad person. The Spring came back to the garden with them.

❸ "It is your garden now, little children," said the Giant.

(118 words)

*knock down ～「～を取り壊す」

ここを check!

'経験'を表す現在完了

ℓ.1 I have never been **kind to people** 〈**until now**〉!

'have〔has〕＋過去分詞'で,「(今までに) …したことがある」という'経験'の意味を表せます。否定文はよく never とともに表され,「一度も…したことがない」という意味になります。この英文は「私は今まで一度も人に親切にしたことがなかった！」という意味です。

学習した
日付をいれよう！　／　／　／

音声▶▶

❶ 外を見ながら巨人は言った。「私は今まで一度も人に親切にしたことがなかった！　壁**を取り壊す**[1]ことにしよう。そうすれば，子供たちは私の庭で，**いつまでも**[2]遊ぶことができるだろう。」

❷ 子供たちが庭で彼を見かけると，彼らはみな**逃げ**出し[3]，庭はまた冬になった。小さな男の子だけは逃げなかった。それは彼の目が**涙**[4]でいっぱいで，巨人が見えなかったからだった。巨人は自分の手の中に彼を抱いて，木の**てっぺん**[5]に乗せた。そうすると，他の子供たちは，巨人が悪い人ではないとわかった。春は彼らとともに庭に戻ってきた。

❸「ここはもうおまえたちの庭だよ，小さな子供たちよ」と巨人は言った。

be able to *do*「…できる」

ℓ.3 〈Then〉, children will be able to play 〈in my garden〉〈forever〉.

‘be 動詞＋ able to ＋動詞の原形’で「…できる」という意味を表せます。ここでは will のあとなので，be 動詞は原形になっており「…できるだろう」という意味です。

さいごに，くりかえし音読しよう。

音読したら CHECK!! ▶▶ ☐☐☐☐☐

1969 **knock** [nɑ́:k]〈ナッ〉発
動 ノックする　名 ノック

1970 ≒ **tap** [tǽp]〈タッ〉
動 名 (を) 軽くたたく (こと)

1971 関 **strike** [stráɪk]〈ストライッ〉
動 にぶつかる
(strike - struck [strʌ́k]〈ストラッ〉- struck; striking)
名 打撃；ストライキ

1972 関 **kick** [kík]〈キッ〉
動 (を) ける　名 けること

1973 関 **beat** [bí:t]〈ビートッ〉
動 をたたく；を打ち負かす (beat - beat - beat (en)；beating)　名 打つこと；鼓動

1974 **forever** [fərévər]〈フォレヴァ〉
副 永久に (≒ **for ever**) (⇔ **never**)

1975 **run** 多 [rʌ́n]〈ゥラン〉
動 走る；(液体が) 流れる；を経営する
(run - ran [rǽn]〈ゥラン〉- run; running)
◆ ***run out of*** ～「～を切らす」
run around「走り回る」　***run away***「逃げる」
run into ～「～にばったり出会う」

1976 関 **runner** [rʌ́nər]〈ゥラナ〉
名 ランナー

1977 ≒ **manage** [mǽnɪdʒ]〈マネヂ〉アク 発
動 を経営する；どうにか…する (to *do*)

派 **manager** [mǽnɪdʒər]〈マネヂャ〉アク
名 経営者；支配人

1978 **tear** 多 名 [tíər]〈ティア〉 動 [téər]〈テア〉発
名 (通例 複) 涙　動 を裂く

1979 **top** [tɑ́:p]〈タッ〉
名 (the) 頂上；最上部

1980 ≒ **summit** [sʌ́mɪt]〈サミトッ〉
名 (the) 頂上；首脳会談

1981 関 **president** [prézədənt]〈プレズィデントッ〉
名 大統領；会長；《米》学長；《米》社長

1982 関 **mayor** [méɪər]〈メイア〉
名 市長；(自治体の) 長

▶▶音声

▶**Knock** before you enter!
▶入る前にノックをしなさい！

▶Meg felt a **tap** on her shoulder.
▶メグは肩をトントンとたたかれたのを感じた。

▶The ball **struck** the window.
▶ボールが窓にぶつかった。

▶**Kick** the ball into the goal.
▶ボールをゴールにけりなさい。

▶Our team **beat** the other team 1-0.
▶私たちのチームは相手チームを 1 対 0 で破った。

▶Can we stay here **forever**?
▶ここにずっと滞在してよいのですか？

▶Let's **run** for the bus.
▶バスに向かって走りましょう。

▶My father **runs** a business.
▶私の父は会社を経営している。

▶The **runner** set a new record.
▶そのランナーは新記録を樹立した。

▶I **managed** to finish in time.
▶私は何とか時間内に終わらせることができた。

▶Who is the new **manager** of the store?
▶新しい店長は誰ですか。

▶A **tear** fell from my eye.
▶私の目から涙が 1 粒落ちた。

▶Why did you **tear** the paper?
▶なぜその書類を破ったのですか。

▶I climbed to the **top** of the mountain.
▶私は山の頂上に登った。

▶We reached the **summit** in two hours.
▶私たちは 2 時間で頂上に着いた。

▶The **President** of the USA came to Japan.
▶アメリカ合衆国の大統領が来日した。

▶We saw the **mayor** on TV.
▶私たちはテレビで市長を見た。

まとめてチェック 39 要注意の多義語

1983	**age** [éɪdʒ] 〈エイヂ〉 多	名 年齢；時代 動 年を取る；を老けさせる ◆ *at the age of* ～「～歳の時に」
1984	**agency** [éɪdʒənsi] 〈エイヂェンスィ〉 多	名 代理店；(政府などの) 機関
1985	**bank** [bǽŋk] 〈バンク〉 多	名 銀行；土手
1986	**bow** [báʊ] 〈バウ〉 多 発 ❗ 弓の意味の時は発音は [bóʊ] 〈ボウ〉。	動 おじぎをする 名 おじぎ；(発音が変わって) 弓
1987	**character** [kǽrəktər] 〈キャラクタ〉 多 アク	名 性格；特徴；登場人物；文字
1988	**cost** [kɔ́ːst] 〈コースト〉 多 発	名 費用；犠牲　動 (費用) がかかる (cost - cost - cost; costing)
1989	**current** [kə́ːrənt] 〈カーレント〉 多	形 現在の；(考えなどが) 通用して 名 (水・空気・考えなどの) 流れ
1990	**field** [fíːld] 〈フィールド〉 多	名 野原；畑；分野；競技場 ◆ *field trip*「校外見学；現地調査」
1991	**figure** [fígjər] 〈フィギャ〉 多	名 姿 (≒ **shape**)；(～な) 人物；図；数字
1992	**fine** [fáɪn] 〈ファイン〉 多	形 すばらしい；元気な；晴れた；細かい　名 罰金

1993 □ **flat** [flǽt] 〈フラト〉 多	形 平らな；単調な　名《英》アパート
1994 □ **issue** [íʃuː] 〈イシュー〉 多	名 問題（点）；発行（物） 動（声明・本など）を出す
1995 □ **note** [nóʊt] 〈ノウト〉 多	名 メモ；《英》紙幣 動 に気を配る；に言及する
1996 □ **period** [píəriəd] 〈ピリオド〉 多	名 期間；時代；時限；ピリオド（終止符）
1997 □ **point** [pɔ́ɪnt] 〈ポイント〉 多	名 論点；特色；得点　動（を）指さす ◆ ***point to*** **〜**「〜を指さす」
1998 □ **race** [réɪs] 〈ウレイス〉 多	名 競走；人種　動（と）競争する
1999 □ **respect** [rɪspékt] 〈ウリスペクト〉 多 アク	動 を尊敬する　名 尊敬；点（≒ **point**）
2000 □ **rest** [rést] 〈ウレスト〉 多	名 休憩；残り　動 休む；を休ませる ◆ ***take a rest***「ひと休みする」
2001 □ **ring** [ríŋ] 〈ウリング〉 多	動（電話・ベルが）鳴る；を鳴らす (ring - rang [rǽŋ] 〈ウラング〉 - rung [rʌ́ŋ] 〈ウラング〉; ringing) 名（指）輪
2002 □ **scale** [skéɪl] 〈スケイル〉 多	名 規模；段階；はかり；うろこ
2003 □ **stage** [stéɪdʒ] 〈ステイヂ〉 多	名 舞台；（発達などの）段階
2004 □ **treat** [tríːt] 〈トリート〉 多	動 を扱う；を治療する　名 もてなし

単語 INDEX

単語太字（例：**abc**）　：青色の囲みで出てきた単語
単語細字（例：abc）　：それ以外の単語（類義語，反意語，関連語，派生語など）

A

C

F

G

Q

R

S

T

U

Z

熟語 INDEX

A

B

C

S

T

U

W

Y

不規則動詞の例

原形	過去形	過去分詞	...ing形
bear（を産む）	bore	born	bearing
become（になる）	became	become	becoming
begin（を始める）	began	begun	beginning
blow（（風が）吹く）	blew	blown	blowing
break（を壊す）	broke	broken	breaking
bring （を持って〔連れて〕くる）	brought	brought	bringing
build（を建てる）	built	built	building
buy（（に）～を買う）	bought	bought	buying
catch（をつかまえる）	caught	caught	catching
choose（（を）選ぶ）	chose	chosen	choosing
come（来る）	came	come	coming
cost（（費用）がかかる）	cost	cost	costing
cut（（を）切る）	cut	cut	cutting
draw（（線で）（を）描く）	drew	drawn	drawing
drink（（を）飲む）	drank	drunk	drinking
drive（（を）運転する）	drove	driven	driving
eat（（を）食べる）	ate	eaten	eating
fall（落ちる）	fell	fallen	falling
feel（（を）感じる）	felt	felt	feeling
fight（（と）戦う）	fought	fought	fighting
find（を見つける）	found	found	finding
fly（飛ぶ）	flew	flown	flying
forget（（を）忘れる）	forgot	forgotten	forgetting
get（を得る）	got	gotten〔got〕	getting
give（（に）～を与える）	gave	given	giving
go（行く）	went	gone	going
grow（成長する）	grew	grown	growing
hang（をつるす）	hung	hung	hanging

原形	過去形	過去分詞	...ing形
have（を持っている）	had	had	having
hear（が聞こえる）	heard	heard	hearing
hide（を隠す）	hid	hidden〔hid〕	hiding
hit（を打つ）	hit	hit	hitting
hold（を持っている）	held	held	holding
hurt（を傷つける）	hurt	hurt	hurting
keep（を保つ）	kept	kept	keeping
know（(を) 知っている）	knew	known	knowing
lay（を横たえる）	laid	laid	laying
lead（を導く）	led	led	leading
learn（(を) 学ぶ）	learned〔learnt〕	learned〔learnt〕	learning
leave（(を) 去る）	left	left	leaving
lend（を貸す）	lent	lent	lending
lie（横たわる）	lay	lain	lying
lose（を失う）	lost	lost	losing
make（を作る）	made	made	making
mean（を意味する）	meant	meant	meaning
meet（(に) 会う）	met	met	meeting
mistake（を間違える）	mistook	mistaken	mistaking
pay（(代金など) (を) 支払う）	paid	paid	paying
put（を置く）	put	put	putting
read（(を) 読む）	read	read	reading
ride（(に) 乗る）	rode	ridden	riding
ring（(電話・ベルが) 鳴る）	rang	rung	ringing
rise（上がる）	rose	risen	rising

原形	過去形	過去分詞	...ing 形
run（走る）	ran	run	running
say（(を) 言う）	said	said	saying
see（(が) 見える）	saw	seen	seeing
sell（を売る）	sold	sold	selling
send（(に) ～を送る）	sent	sent	sending
shake（を振る）	shook	shaken	shaking
shine（輝く）	shone	shone	shining
show （(に) ～を見せる〔案内する〕）	showed	shown	showing
sing（(を) 歌う）	sang	sung	singing
sit（座る）	sat	sat	sitting
sleep（眠る）	slept	slept	sleeping
speak（(を) 話す）	spoke	spoken	speaking
spend（(お金) を使う）	spent	spent	spending
spread（を広げる）	spread	spread	spreading
stand（立っている）	stood	stood	standing
swim（泳ぐ）	swam	swum	swimming
take（を連れて〔持って〕いく）	took	taken	taking
teach（(に) ～を教える）	taught	taught	teaching
tell（(に) ～を言う〔話す〕）	told	told	telling
think（(と) 思う）	thought	thought	thinking
throw（(を) 投げる）	threw	thrown	throwing
understand （(を) 理解する）	understood	understood	understanding
wake（目をさます）	woke	woken	waking
wear（を着ている）	wore	worn	wearing
win（(に) 勝つ）	won	won	winning
write（(を) 書く）	wrote	written	writing

英文出典

9～11　宮崎県公立高校

12～18　桜丘高校

19～25　獨協埼玉高校
HEYER, SANDRA, TRUE STORIES IN THE NEWS: A BEGINNING READER, 3rd Ed., ©*2008*. Reprinted by permission of Pearson Education, Inc., New York.

26, 27　成蹊高校
From *ELEMENTARY READER IN ENGLISH FOR THE FOREIGN BORN* by *Robert J.Dixson*

28～31　栃木県公立高校

32～34　同志社国際高校

35～39　新潟県公立高校 改

40～42　千葉県公立高校

43～47　奈良県公立高校

48～52　巣鴨高校
From *Read This! Fascinating Stories from the Content Areas 2* by *Daphne Mackey, Alice Savage* © Cambridge University Press 2014, adapted with permission. Reproduced with permission of Cambridge University Press through PLSclear.

53～60　大阪女子高校（現 あべの翔学高校）
From *THE SELFISH GIANT (The Happy Prince and Other Tales)* by *Oscar Wilde*

※ 本書の英文ページ掲載の英文は高校入試の英文です。ただし，原典のある英文は入試では一部改変されている場合があります。また，高校入試は，上記に「改」と記載されているもの以外にも，Z会で改変している場合があります。

参考資料
『CEFR-J Wordlist Version1.5』東京外国語大学投野由紀夫研究室．（URL: http://www.cefr-j.org/download.html より 2019年4月ダウンロード）

書籍のアンケートにご協力ください

抽選で**図書カード**を

プレゼント！

Z会の「個人情報の取り扱いについて」はZ会Webサイト(https://www.zkai.co.jp/home/policy/)に掲載しておりますのでご覧ください。

速読英単語　中学版［改訂版］

初版第1刷発行…………2011年4月1日
改訂版第1刷発行………2020年3月20日
改訂版第13刷発行……2024年10月10日

著者…………………………風早寛
発行人………………………藤井孝昭
発行…………………………Z会
〒411-0033　静岡県三島市文教町1-9-11
【販売部門：書籍の乱丁・落丁・返品・交換・注文】
TEL 055-976-9095
【書籍の内容に関するお問い合わせ】
https://www.zkai.co.jp/books/contact/
【ホームページ】
https://www.zkai.co.jp/books/
装丁…………………………山口秀昭（Studio Flavor）
印刷・製本…………………シナノ書籍印刷株式会社
編集協力……………………株式会社 シー・レップス
音声録音・編集……………一般財団法人 英語教育協議会（ELEC）

ISBN978-4-86531-312-3　C6082